# Membership
### Eine Theorie der Sozialen Arbeit

Hans S. Falck, Ph. D., geboren 1922 in Hamburg, war Professor für Sozialarbeit in der School of Social Work und Professor für Psychiatrie am Medical College of Virginia der Virginia Commonwealth University in Richmond. Er war der Leiter der Abteilung für Gesundheitswesen an der School of Social Work. Hans S. Falck ist Autor zahlreicher Artikel und Monographien zu den Themen groupwork (Gruppenarbeit), health social work (Gesundheitsdienste), medical sociology (Medizinsoziologie), philosophy of science (Wissenschaftsphilo-sophie) bzw. social policy (Sozialpolitik). Von 1978 bis 1984 war Hans S. Falck Herausgeber des Journal of Education for Social Work. In Ergänzung zu seinen Sozialarbeitsstudien beschäftigt sich Hans S. Falck seit einigen Jahren auch mit neurologischen Forschungen, insbesondere mit der Frage nach Rolle und Funktion der Neurotransmitter für das menschliche Verhalten. Hans S. Falck ist Mitglied der Royal Society of Health in London. Im Wintersemester 1995/96 war er auf Einladung des Forschungsinstitutes für Sozial- und Geisteswissenschaften zu einer Gastprofessur an der Universität GH Siegen.

Hans S. Falck

# Membership
Eine Theorie der Sozialen Arbeit

Übersetzt von Jan Andrees Dönch

Mit einem Vorwort zur deutschen Ausgabe
von Michael Schumann und Jürgen Zinnecker

Ferdinand Enke Verlag Stuttgart 1997

Übersetzer:
**Jan Andrees Dönch**
Universität GH Siegen

Redaktion:
**Michael Schumann**
**Jürgen Zinnecker**
Universität GH Siegen

**Die Deutsche Bibliothek – CIP-Einheitsaufnahme**

**Falck, Hans S.:**
Membership : eine Theorie der sozialen Arbeit / Hans S. Falck.
Übers. von Jan Adrees Dönch. – Stuttgart : Enke, 1997
  Einheitssacht.: Social work – the membership perspective <dt.>
  ISBN 3-432-27691-5

Titel der amerikanischen Originalausgabe:
Hans S. Falck: Social Work – The Membership Perspective
Copyright © 1988 by Springer Publishing Company, Inc., New York 10012

Das Werk, einschließlich aller seiner Teile, ist urheberrechtlich geschützt. Jede Verwertung ist ohne Zustimmung des Verlages außerhalb der engen Grenzen des Urheberrechtsgesetzes unzulässig und strafbar. Das gilt insbesondere für Vervielfältigungen, Übersetzungen, Mikroverfilmungen und die Einspeicherung und Verarbeitung in elektronischen Systemen.

© 1997 Ferdinand Enke Verlag, P.O. Box 30 03 66, D-70443 Stuttgart
– Printed in Germany
Satz: Schreibbüro Schelling, D-71691 Freiberg/N.
Schrift: 10/11 Times New Roman
Druck: Gruner Druck, D-91058 Erlangen

# Vorwort zur deutschen Ausgabe

## Begegnung und Biographie

Daß wir heute in der Lage sind, das Hauptwerk des nordamerikanischen Wissenschaftlers Hans S. Falck in deutscher Sprache vorzulegen, hat eine längere Vorgeschichte. Unsere (M. Schumanns, d. Hrsg.) Mitarbeit am Buch von Joachim Wieler und Susanne Zeller „Emigrierte Sozialarbeit" (Wieler/Zeller 1995) hat uns auf Hans S. Falck als einen der deutsch-jüdischen Emigranten aufmerksam gemacht, die in der Kriegs- und Nachkriegszeit in den USA zu Protagonisten der Sozialarbeit geworden sind. Im Vergleich zu anderen emigrierten 'Sozialarbeits-Wissenschaftlern', die – wie Louis Lowy etwa – bald nach 1945 wieder in das Nachkriegsdeutschland als Wegbereiter einer neuen Fachlichkeit kamen, hat sich Hans S. Falck bis in die Neunziger Jahre hinein solcher Schritte enthalten. Seine Kontakte zum Nachkriegsdeutschland waren – bis auf kleinere Ausnahmen (vgl. Oppl/Tomaschek 1986) – rein privaten Charakters. Umso schwieriger war der Prozeß gegenseitiger Annäherung im Rahmen der Vorbereitungen auf das Buch von Wieler/Zeller. Es erfolgte ein längerer Briefwechsel mit zumeist sehr kontroversen Stellungnahmen über Deutschland, über deutsche Philosophie und Pädagogik sowie über den wiedererwachenden Rechtsextremismus im vereinigten Deutschland. Im Rahmen dieses sich über eineinhalb Jahre hinziehenden Briefwechsels mußte eine tragfähige Basis für eine Verständigung auf dem Hintergrund der historischen (Faschismus) wie aktuellen (Hoyerswerda) Ereignisse erst gefunden werden. Im Verlauf dieser schrittweisen Annäherung kam es schließlich zu einem ersten Besuch von Hans S. Falck in Siegen (1994), der mit einem Vortrag an der Universität im Rahmen des Aufbaustudienganges „Außerschulisches Erziehungs- und Sozialwesen" verbunden war. Bei dieser Gelegenheit wurde die Idee geboren, Falck für ein ganzes Semester als Gastdozenten einzuladen, was dann auch im Wintersemester 1995/96 geschah. Auf Einladung des „Forschungsinstitutes für Geistes- und Sozialwissenschaften" (figs) hatte Hans S. Falck Gelegenheit, von Oktober 1995 bis April 1996 als Gastprofessor an der Universität GH Siegen in Lehre und Forschung tätig zu sein. Seine Hauptarbeit in dieser Zeit galt der Vorlesung „Social Work in den USA", in der er die Grundzüge amerikanischer Sozialarbeit vermittelte. Daneben entstanden eine Reihe von Forschungsarbeiten, welche als Vortrag gehalten bzw. inzwischen veröffentlicht sind (vgl. Falck 1996a, 1996b, 1996c). Vortragsreisen führten Hans S. Falck nach Hildesheim (KFS), Oberwesel (Jahresversammlung für Sozialarbeit und Ethik), an die Fachhochschulen in Bochum, Erfurt und Hamburg.

Hierbei war in besonderer Weise die Reise nach Hamburg für ihn bedeutsam. Hamburg ist die Stadt, in der Hans S. Falck 1923 als Kind einer jüdischen Kaufmannsfamilie geboren wurde und die er 1939 in den späten Stunden des 23. Septembers mit seiner Familie verlassen mußte, um dem drohenden Holocaust zu entgehen. So war die Fahrt nach Hamburg mehr als alle anderen Reisen eine Konfrontation nicht nur mit der deutschen Vergangenheit, sondern auch und vor allem mit der eigenen Lebensgeschichte. Hunderte von Hamburger Studenten und Studentinnen waren Zeugen dieser Begegnung, als er in einer Großveranstaltung der

Hamburger Fachhochschule von seiner Hamburger Kindheit und seiner Familie, einer deutsch gesinnten Hamburger Kaufmannsfamilie erzählte, von seiner Schulzeit, der beginnendenden Ausgrenzung und den Vorbereitungen der jüdischen Gemeinde auf das Exil, der Weigerung des Vaters, die Heimat zu verlassen, bis zu der schließlich 1939 – kurz vor der endgültigen Schließung der Grenzen – erfolgenden 'Austreibung' durch die Nazis (vgl. hierzu Wieler/Zeller 1995, S. 76 ff.). Nicht nur in Hamburg, auch in Siegen haben wir mehr und mehr den Eindruck gewonnen, daß hier ein Dialog zwischen den 'Enkeln' und 'Großvätern' stattfand, der beiderseits von erheblicher Dynamik getragen war, weil er die Möglichkeit eröffnete, das Schweigen, mit dem unsere Generation als erste Nachkriegsgeneration aufgewachsen war, zu durchbrechen.

Aber auch auf einer anderen Ebene entwickelte sich ein intensiver Dialog mit Hans S. Falck. Hier ging es vor allem um die kulturelle Differenz zwischen der Sozialen Arbeit im Nachkriegsdeutschland und den USA. Im Rahmen seiner Hauptvorlesung hatte Hans S. Falck Gelegenheit, diese Unterschiede anhand zentraler Themen herauszuarbeiten wie z.B.: demographische Entwicklung in den USA und Soziale Planung, staatliche Sozialpolitik und Subsidiarität, professionelle und ehrenamtliche Arbeit (voluntarism), Armut, Alter, Krankheit als Lebenslage, Soziale Hilfe und Befähigung (empowerment) etc. Hierbei stellte sich bald heraus, daß das geheime Thema der Vorlesungen die in diesem Buch entwickelte Membership-Theorie war, welche seit Erscheinen des amerikanischen Originals im Jahr 1988 unter dem Titel „Social Work: The Membership Perspective" für die Fachwelt mit dem Namen von Hans S. Falck verbunden ist.

Im Rahmen des Forschungsaufenthaltes von Hans S. Falck an der Universität GH Siegen ist die Idee entstanden, dieses Hauptwerk von Hans S. Falck zu übersetzen und für die deutsche Fachdiskussion zu erschließen. Dies schien uns umso reizvoller als die Fachdiskussion hierzulande in den vergangenen Jahren fast ausschließlich auf dem Hintergrund modernisierungstheoretischer Überlegungen geführt wurde. So gibt es kaum neuere Ansätze sozialpädagogischer bzw. sozialarbeiterischer Theoriebildung in Deutschland, welche nicht von individualisierungstheoretischen Annahmen ausgehen, d.h. der Grundannahme einer 'Individualisierung' unseres Lebens, unserer Lebensläufe und unserer Gesellschaft. Mit diesen Grundannahmen ist – entgegen den von Ulrich Beck 1986 gemachten Ausführungen (Vgl. Beck 1986) – oftmals ein defizitärer bzw. kulturkritischer Ansatz verbunden, der den mit der Individualisierung einhergehenden Verlust an sozialen Bindungskräften beklagt und zum Ausgangspunkt einer sozialpädagogischen Handlungstheorie macht. Solchen defizitären Theorieansätzen gegenüber (die allerdings auf eine unvollständige Rezeption modernisierungstheoretischer Konzepte zurückgehen) ist die von Hans S. Falck entwickelte Membership-Theorie eher als ein ressourcenorientierter Theorieansatz zu verstehen, welcher die Tatsache der sozialen Zugehörigkeit des Menschen zur Arbeitsgrundlage für jedwede Sozialarbeit macht, nicht seine Defizite und Unzulänglichkeiten etc. Damit ist ein Denkansatz bezeichnet, welcher große Auswirkungen auf das Verständnis Sozialer Arbeit überhaupt hat, auf die Sicht sozialer Problemlagen, die Klient-Helfer-Beziehung wie ihre praktisch-methodische Bearbeitung, weil er von einem defizitären Denken wegführt, welches den Einzelnen und seine Unangepaßtheit ins Auge faßt. Soziale Problemlagen und ihre praktische Bearbeitung sind auf dem Hintergrund dieses Denkansatzes eher als eine Befähigung (empowerment) in der Wahrnehmung und Ausübung von 'membership' zu begreifen. Auch die Klient-Helfer Beziehung bzw. das in ihr zur Anwendung kommende methodische Handlungsrepertoire kann auf dem Hintergrund dieser Theorie nicht –

in Anlehnung an klinisch-medizinische Handlungsmodelle – als therapeutische 'Intervention' des Helfers in den Lebenszusammenhang von 'Betroffenen' verstanden werden, sondern eher als verantwortungsvoll wahrgenommene und professionell ausgeübte 'membership'. Auf dem Hintergrund einer ganzheitlichen (holistischen) Sicht der Lebenszusammenhänge, wie sie in der Membership-Theorie zum Ausdruck kommt, ist Soziale Arbeit selbst als Teil der Lebenszusammenhänge zu begreifen, die es in der professionellen Arbeit zu bearbeiten gilt, und ist darauf verwiesen, ihre eigenen Anteile, Bedürfnisse und Interessen an diesen zu erkennen.

Der theoretische Ansatz von Hans S.Falck steht im Zusammenhang – und in Auseinandersetzung – mit der in den USA seit Beginn der 80er Jahre laufenden Debatte um den Kommunitarismus, d.h. um eine Neuorientierung sozialen und politischen Handelns an den Erfordernissen von 'Gemeinschaft', besser würde man wohl sagen: des Gemeinwohls (vgl. zur deutschen Rezeption Honneth 1992; Zahlmann 1994; Böllert/Otto 1994). Ein solcher Zusammenhang mit der Debatte um den Kommunitarismus existiert, auch wenn Hans S. Falck in den Diskussionen immer wieder darauf verwiesen hat, daß der 'Kommunitarismus' vom Individualismus her entwickelt ist: gegenüber einer an Eigennutz und Egoismus orientierten Gesellschaft wird hier die Frage nach der gesellschaftlichen Natur und Aufgabe des Menschen aufgeworfen. Geht es dem Kommunitarismus eher um die ethische Frage einer neuen, an Gemeinsinn orientierten sozialen Tugend, so versteht Hans S. Falck 'Membership' nicht als moralisch-ethische Kategorie, sondern in einem radikaleren Sinne als eine Art anthropologische Grundtatsache menschlichen Daseins und menschlichen Lebens überhaupt, welche bis hinein in die biologische Ausstattung des Menschen reicht (vgl. hierzu unten Kapitel 2). Der Autor läßt sich als Gegenstimme zur biologischen Grundlegung der Erkenntnistheorie bei Maturana und Varela lesen, die zur Begründung des radikalen Konstruktivismus und von Konzepten der Autopoiesis (konsequenter Individualismus) in den Sozialwissenschaften dienen (Maturana, Varela 1984).

Die Beschäftigung mit der Theorie des 'Membership' steht bei Hans S. Falck in einer langen Kette biographischer Auseinandersetzungen mit Sozialen Gruppen bzw. Gruppenarbeit (social group work). Da ist zum einen der mit der 'Austreibung' und seinem persönlichen Schicksal als jüdischer Emigrant in den USA verbundene biographische Aspekt einer Infragestellung bzw. notwendigen Neudefinition von 'Zugehörigkeit'. Bis heute versteht sich Hans S. Falck als Mitglied und Mittler zwischen verschiedenen Welten, der Alten Welt in Europa und der Neuen Welt in den USA, der Welt der deutsch-jüdischen Gemeinde in Hamburg und der Welt der amerikanisch-jüdischen Gemeinde in Richmond, der deutschen Philosophie des Idealismus und dem amerikanischen Pragmatismus etc. Hans S. Falck liebt das Bild von der Nußschale auf den Wellen des Atlantiks, die zwischen zwei Kontinenten schwimmt und sich zu behaupten sucht, wenn es darum geht, seine komplexe Identitäts- und Vermittlungsarbeit zu bezeichnen, wie sie sich für ihn darstellt.

Es gehört möglicherweise zur Identität deutsch-jüdischer und amerikanisch-jüdischer Intellektualität, die Frage nach dem dritten Weg zu stellen – ein dritter Weg zwischen der Verführung durch den absolut gesetzten Individualismus und der Verführung durch das absolut gesetzte Kollektiv. Diese theoretische und politisch-praktische Suche nach dem dritten Weg setzt Hans Falck in eine Linie mit prominenten Wissenschaftler-Emigranten der dreißiger Jahre – die vor dem Hintergrund des Mißbrauchs des Kollektivgedankens im faschistischen und stalinistischen Europa und vor der Herausforderung des angloamerikanischen und angelsächsischen Individualismus nach einem Ausweg für die Zukunft suchten. Zu nennen wären beispielhaft der zwangsemigrierte Kurt Lewin, Gründungsvater der gruppendynamischen Bewegung, die sich als ein Beitrag zur Demokratisierung der Gesellschaft und zur Überwindung des autoritären Gesellschaftszustandes verstand. Einzubeziehen wäre auch Norbert Elias (1987), der von England aus eine Theorie der sozialen Figurationen von Menschen als Triebkraft für die Geschichte formulierte – die sozialen Figurationen, die Menschen eingehen, seien es, die die Geschichte bewegten, nicht die Individuen und auch nicht die Kollektivgebilde.

Da ist aber auch das andere, eher berufsbiographische Thema einer früh beginnenden Sozialisation als social group worker. Bereits ganz am Anfang seiner beruflichen Tätigkeit im Rahmen seiner Arbeit in einem Nachbarschaftsheim lernte Falck social group work kennen, ein Arbeitskonzept, welches – auf den Theorien von Dewey und Kilpatrick aufbauend (vgl. hierzu Schiller 1963) – seit den 20er Jahren in den USA verbreitet und in den 40er Jahren von Grace Coyle weitgehend konzeptualisiert war (Coyle 1948). Falck hat an diesem Arbeitskonzept, welches die Gruppe zum Angelpunkt Sozialer Arbeit macht, lebenslang festgehalten und hat selbst eine Reihe von theoretischen Beiträgen zur Fortschreibung des group work geleistet (vgl. hierzu als neuesten Beitrag Falck 1995). Dies gilt in besonderer Weise für die Zeit Anfang der 60er Jahre, als es in den USA unter dem Eindruck der Lewinschen Feldversuche zu einer Neubelebung der Thesen von Grace Coyle kam. Die theoretischen Arbeiten von Falck aus dieser Zeit zeigen, daß er vorwiegend beschäftigt ist mit Fragen von Theorie und Praxis des group work, ihren philosophischen Grundlagen und methodischen Aspekten, insbesondere im Bereich der Gesundheitsdienste und psychosozialen Versorgung. Über die Methode des längst etablierten klinischen case work hinaus und in Konkurrenz zu ihr sah Hans S. Falck im group work die Möglichkeit einer nichtindividualisierenden Hilfe sowie einen Beitrag zur demokratischen Erziehung in der nachfaschistischen Ära überhaupt. Ein Anspruch, der zu hoch gesteckt war, wie Falck heute bekennt, da auch das group work vielfach in einem individualistischen Ansatz stecken blieb. In diesem Zusammenhang ist es auch zu sehen, wenn Hans S. Falck 1979 Mitbegründer der „Association for the Advancement of Social Work with Groups" wurde, der weltweiten Berufsorganisation der group worker.

Der biographische wie fachwissenschaftliche Kontext von Falcks Membership-Theorie wäre freilich unzureichend beschrieben, wenn nicht auch auf eine andere, dem Membership-Konzept verwandte Theorie verwiesen würde: die Theorie bzw. das theoretische Konzept des 'Life Model', welches von Germain und Gitterman in den USA 1980 unter dem Titel „The Life Model of Social Work Practice" veröffentlicht und vom Enke Verlag erstmalig 1983 in deutscher Übersetzung herausgegeben wurde (vgl. Germain/Gitterman 1988). Auf dem Hintegrund der Ökologie-Bewegung der 70er Jahre wird hier eine ökologische Theorie Sozialer Arbeit entwickelt: zentraler Fokus ist die Grundannahme, daß soziale Probleme, Lebenskrisen bzw. in der Diktion von Germain und Gitterman 'Lebensstreß' auf dem Hintergrund unangemessener Interaktionsbeziehungen zwischen Individuum und Umwelt zu deuten sind und folglich soziale Interventionen dahin gehen müssen, für eine bessere Angepaßtheit des Individuums an seine Umwelt bzw. – vice versa – der Umwelt an die Bedürfnisse des Individuums zu sorgen (vgl. Germain/Gitterman 1988, S. 2 ff.). Dieses unter dem Begriff 'Life Model' zusammengefaßte Handlungskonzept kommt dem Falck'schen Denkansatz sehr nahe, insofern auch hier die individualisierenden Tendenzen, wie sie im case work-Konzept der 50er und 60er Jahre zum Ausdruck kamen, überwunden sind. Im Zentrum der Aufmerksamkeit steht nicht mehr das Individuum mit seinen Unangepaßtheiten und Defiziten, sondern – modem gesprochen – das System Mensch-Umwelt. Soziale Arbeit richtet sich folglich auch nicht mehr auf das Individuum alleine, sondern auf die interaktiven bzw. systemischen Aspekte der Mensch-Umwelt-Beziehung.

In ähnliche Richtung, vielleicht noch weiter und konsequenter als dies Germain und Gitterman getan haben, geht Falck's Konzept. Seine Membership-Theorie basiert auf einer radikalen Deutung menschlichen Daseins unter dem Aspekt sozialer Mitgliedschaft bzw. Zugehörigkeit und bringt damit zugleich ein neues Verständnis Sozialer Arbeit zum Ausdruck, welches Soziale Arbeit als Befähigung („empowerment") des Klienten versteht, seine Mitgliedschaft/Zugehörigkeit („membership") in Familie, Nachbarschaft, Gemeinde und Gesellschaft zu leben und seine Kompetenzen zu stärken. Mehr noch als in der Theorie des 'Life Model' von Germain und Gitterman wird hier 'Zugehörigkeit' (membership) als eine Art anthropologische Grundtatsache menschlichen Daseins verstanden, deren Konsequenz nicht nur eine systemische Erweiterung (und Abschwächung) des vorherrschenden Individualismusprinzips ist, sondern seine Infragestellung überhaupt.

## Übersetzungsarbeit als kultureller Dialog

Die Arbeit des Übersetzens wurde als Teamarbeit konzipiert. Die Hauptlast der Übertragung in die deutsche Sprache trug der Übersetzer. Da er nicht „vom Fach" war, standen ihm bei der Justierung fachlicher Begriffe die beiden Herausgeber als akademische Sozialpädagogen zur Seite. Der Autor schließlich wachte darüber, daß die „Eindeutschung" des Textes nicht zu radikal erfolgte und eine gewisse Differenz zwischen nordamerikanischer und deutscher Sozialer Arbeit sichtbar blieb. Das schuf eine gänzlich andere Situation als im Fall der Übertragung des Buches in die italienische Sprache und Begrifflichkeit des Faches. Der italienische Herausgeber operierte autonom, der Autor besaß keine entsprechende Sprachkompetenz, um mit seinen Vorstellungen korrigierend einzugreifen.

Die Teamarbeit war aufschlußreichen Diskursen über die unterschiedlichen Kulturen, in die Soziale Arbeit in beiden Gesellschaften eingelassen ist, förderlich. Sie erschwerte aber auch die Arbeit und erhöhte die (Selbst)Bedenken des Autors, ob die Stoßrichtung oder Pointe der Membership-Theorie überhaupt Sinn mache im Raum Sozialer Arbeit in Deutschland. Dabei handelte es sich, wie gesagt, nicht lediglich um eine sprach- und fachbezogene Frage, sondern um das Gelingen oder Mißlingen einer deutsch-jüdischen Re-Migration nach einem halben Jahrhundert intellektuellen Entferntseins vom theoretischen Diskurs hierzulande und am Ende einer intensiven akademischen social-work-Laufbahn in den Vereinigten Staaten.

Zwei sprachliche Schichten erwiesen sich lexikalisch und semantisch als widerständig bei der Neucodierung in der deutschen (Fach)Sprache. Die eine Sprachebene betraf die vom Autor initiierten Neuerungen fachwissenschaftlicher Begriffe, allen voran die Wortfamilie um die Schlüsselbegriffe „member" und „membership" (siehe dazu das Stichwortverzeichnis in diesem Buch). Bei der anderen Sprachschicht ging es um die Übertragbarkeit der „gewöhnlichen" Begrifflichkeiten, die social work auf der einen und Soziale Arbeit auf der anderen Seite kennzeichnen. Ein gutes Beispiel für erstere Schwierigkeit ist der Umgang mit „membership" in diesem Buch. Nach vielen Versuchen, die alle wieder verworfen wurden, einigte sich das Übersetzungsteam darauf, den Begriff nicht zu übersetzen. Unter den äquivalenten Begriffen, die die Prüfung nicht bestanden, befanden sich u.a. Mitgliedschaft – Zugehörigkeit – Zugehörigsein – Mitgliedsein. Der deutsche Begriff „Mitglied" und „Mitgliedschaft" hat sich auf die Bedeutung einer sozialen Zugehörigkeit zu einem Verein oder einer Organisation verengt, während im amerikanisch-englischen die biologische, organische Verbundenheit (erkennbar im Wortstamm „Glied") sich noch erhalten hat – und auf diesen doppelten Wortsinn kommt es bei der Membership-Theorie gerade an.

Die Codierung der Profession, die Fachausbildung und die Fachsprache, weichen an entscheidenden Knotenpunkten voneinander ab. Die unterschiedliche Weichenstellung macht sich beim kulturellen Transfer eines theoriebezogenen Werkes als Übersetzungsproblem bemerkbar. Unter den kulturellen Selbstverständlichkeiten der nordamerikanischen social work Fachsprache, die sich als besonders sensibel herausstellten, gehörten Begriffe aus dem Sprachspiel des Funktionalismus: „social functioning" oder „healthy and effective personality" lösen, wörtlich als „soziales Funktionieren" oder „gesunde und effiziente Persönlichkeit" übertragen, heftigen Widerstand bei deutschen Vertretern des Faches aus. Wir erwarten bei positiv besetzenden Zielbestimmungen Sozialer Arbeit eher eine Begrifflichkeit, die im Umkreis der Semantik von sozialer Handlungsfähigkeit oder sozial kompetenter Persönlichkeit angelagert ist. Auch historische Annäherungen zwischen den beiden social work/Sozialarbeit Kulturen sind erkennbar, so bei der Begrifflichkeit des vom Autor reichlich verwendeten „management" in der Sozialen Arbeit, die als Soziales oder Qualitätsmanagement in Deutschland mittlerweile den Rang eines Topos für Innovation gewonnen hat, vor nicht wenigen Jahren aber als ökonomisch-technisches Handeln mehrheitlich noch verworfen worden wäre.

Anhand einer Leitdifferenz zwischen nordamerikanischer und deutscher Sozialarbeit läßt sich der unterschiedliche Gebrauch und die abweichende Entwicklung der „alltäglichen" Fachsprache aufklären. Das nordamerikanische social work folgt einem relativ stark geschlossenen professionellen Code, während die deutsche Soziale Arbeit mehr dem Modell eines offenen Codes folgt (wir machen hier eine Anleihe bei einer von B. Bernstein [1977] eingeführten Unterscheidung zwischen Typen von Curricula und Kulturen im Bildungssystem). Geschlossener professioneller Code heißt in diesem Fall, daß das nordamerikanische social work vergleichsweise zentralisiert auf der Basis eigener Normen und Institutionen operiert, während im Fall der westdeutschen Sozialen Arbeit konkurrierende Milieus, organisatorische „Säulen" und Umwelteinflüsse – Nachbarprofessionen – für eine gewisse Pluralität sorgen. Darin spiegeln sich sowohl der aktuelle Stand der Professionalisierung als auch unterschiedliche historische Entwicklungen in beiden Kulturen wider. Der entscheidende Modernisierungsschub erfolgte in den U.S.A. in den fünfziger Jahren, in Westdeutschland Ende der sechziger Jahre. Über dieser Zeitdifferenz darf aber nicht die Differenz vergessen werden, die aus der unterschiedlichen kulturellen Einlagerung der Profession des Sozialen resultiert. Dieser Unterschied der Codes von social work und Sozialer Arbeit soll im weiteren kurz an den Beispielen a) der universitären Ausbildung, b) der Bezugswissenschaften und Institutionen und c) der Kontrolle und Weiterentwicklung der nationalen Fachsprache erläutert werden.

Zu a) Die Ausbildung zum social worker ist in den U.S.A. landeseinheitlich geregelt. Sie umfaßt ein dreiphasiges System, dessen Stufen hierarchisch aufeinander aufbauen. Die unterste Stufe bildet ein vierjähriges Studium an einem College oder einer Universität, das allgemeinbildenden Charakter trägt, kombiniert mit einer Spezialisierung auf social work. Diese Stufe wird mit dem Bachelor of Social Work (BSW) abgeschlossen und qualifiziert insbesondere für gewisse – geringer geschätzte – kommunale Positionen. (Derzeit bieten 396 Colleges oder Universitäten ein solches Programm an.) Darauf baut ein graduate-Studium auf, das mit einem „Master of Social Work" (MSW) abschließt. Dieses Studium wird von ca. 150 Universitäten landesweit angeboten, die ein Verfahren der Akkreditierung ihres Curriculums durchlaufen haben, das in regelmäßigen Abständen von einem nationalen Ausschuß kontrolliert wird. Die dritte Stufe umfaßt ein Doktorandenprogramm, angeboten von derzeit rund 50 akkreditierten Universitäten, das mit dem Doctor in Social Work (DSW) oder mit dem Doctor in Philosophy (Ph. D.) abgeschlossen wird.

Im Vergleich hierzu sind die Studiengänge und Abschlüsse in Westdeutschland pluraler angelegt, ohne eine konsekutive Struktur. Diplome können sowohl an den Fachhochschulen als an den Universitäten erworben werden; die Abschlüsse an Fachhochschulen qualifizieren (bislang) nicht für ein Promotionsstudium; Programme auf dieser dritten Stufe (etwa als Graduiertenkollegs) sind bislang nicht vorhanden. Zudem konkurrieren staatliche und kirchliche Studiengänge unterschiedlicher Bundesländer miteinander usw. Im Ergebnis durchlaufen die Studierenden sehr unterschiedliche Curricula, wie die Buntheit des Lehrbuchmarktes belegt, und keinesfalls ein national nach einheitlichen Prüfkriterien zusammengestelltes, von dem die Akkreditierung einer Hochschule abhängig gemacht wird.

Zu b) Eine vergleichbare Situation finden wir vor, wenn wir die Bezugswissenschaften betrachten, die in der Ausbildung eine Rolle spielen. In den U.S.A. hat sich, curricular durch die Ausbildung und professionell durch einen starken nationalen Berufsverband vermittelt, so etwas wie eine einheitliche „Sozialarbeitswissenschaft" entwickelt. In Deutschland ist diese Schließung und Engführung der professionellen Bezugswissenschaft bislang nicht erfolgreich durchgesetzt worden, obwohl sie verschiedentlich gefordert wurde und wird. Statt dessen kooperieren und konkurrieren als Ratgeber in Ausbildung, Weiterbildung und Professionalität deutscher Sozialer Arbeit schiedlich-friedlich Pädagogik, Psychologie, Soziologie, Philosophie, Sozialmedizin, Recht u.a. Auch hier also Breite und Offenheit gegenüber der relativen Engführung und Geschlossenheit in den U.S.A.

Zu c) Für unseren Zusammenhang, den kulturellen Dialog der Fachsprachen, ist die unterschiedliche „Politik" der beiden Kulturen im Umgang mit und bei der Weiterentwicklung der Fachsprache besonders interessant. Auch hier spielt der zentrale Berufsverband, die National Association of Social Workers, eine „schließende" Rolle. In der 19. Auflage gibt er eine dreibändige Encyclopedia of Social Work (Edwards 1995) heraus, in der die verschiedenen Wissenschafts- und Tätigkeitsfelder relativ einheitlich kodiert werden. Als zweites Standardwerk der Vereinheitlichung fungiert mittlerweile auch The Social Work Dictionary, in dritter Auflage (Barker 1995), in dem Schlüsselbegriffe der Profession sorgfältig aufbereitet werden, sowie ein einheitliches statistisches Datenwerk, der Social Work Almanac, in zweiter Auflage, vom gleichen Verband autorisiert (Ginsburg 1995). Entsprechend autorisierte Definitions- und Nachschlagewerke finden sich nicht in Deutschland. Die jeweiligen „Milieus" Sozialer Arbeit geben ihre jeweils eigenen Lexika, Wörterbücher, Sammelbände heraus, wobei vor allem die Wohlfahrtsverbände, die Fachhochschulen (Sozialwesen) und die Universitäten (Sozialpädagogik) aktiv sind, von kirchlich-konfessionellen und länderspezifischen Versäulungen zu schweigen.

Auf allen Ebenen finden wir also die Eingangsthese bestätigt, daß einem relativ geschlossenen professionellen und Ausbildungs-Code der nordamerikanischen social work ein vergleichsweise pluraler und offener Code im Falle der Sozialen Arbeit in Deutschland entspricht.

Abschließend möchten die Herausgeber Dankesschuld abtragen. Verschiedene Personen und Einrichtungen haben dazu beigetragen, daß dieses Werk in Deutschland veröffentlicht werden kann. Es ist dem Enke Verlag zu danken, daß er mit der Veröffentlichung von Falck's Membership-Theorie die in den frühen 80er Jahren begonnene Fachdiskussion heute fortsetzt. Die Forschungskommission der Universität-GH Siegen half durch einen Zuschuß maßgeblich mit, die Übersetzungskosten zu finanzieren. Der Übersetzer Jan Andrees Dönch bewies viel Einfühlungsvermögen und Geduld bei der Überarbeitung der Erstübersetzung. Nicht zuletzt ist dem Autoren selbst, Hans S. Falck, für sein nicht nachlassendes Engagement bei Fragen des kulturellen Dialoges zwischen den Sozialarbeitskulturen zu danken.

Siegen, im Winter 1997   Prof. Dr. Michael Schumann, Prof. Dr. Jürgen Zinnecker

**Literatur**

Barker, Robert L. (1995): The Social Work Dictionary. National Association of Social Worker. Washington D.C.: NASW Press. 3rd. Edition
Beck, U. (1986): Risikogesellschaft. Auf dem Weg in eine andere Moderne. Frankfurt
Bernstein, B. (1977): Beiträge zu einer Theorie des pädagogischen Prozesses. Frankfurt a.M.
Böllert, K./Otto, H.U. (Hrsg.) (1994): Zwischen Gemeinschaft und Gesellschaft. Bielefeld
Coyle, G.(1948): Group Work with American Youth. Harper and Brothers Publ. New York
Edwards, R.L. et. al. (eds.) (1995): Encyclopedia of Social Work. National Association of Social Workers. Washington: NASW Press. 19th Edition, 3 Vol.
Elias, N. (1987): Die Gesellschaft der Individuen. Frankfurt a.M.
Falck, H.S. (1988): Social Work: The Membership Perspective. New York
Falck, H.S. (1995): Central Characteristics of Social Work with Groups – A Sociocultural Analysis. In: Kurland, R./Salmon (Hrsg.): Group Work Practice in a Troubled Society. The Haworth Press N.Y, S. 63 ff.
Falck, H.S.(1996a): Aspekte der Ausbildung des Sozialarbeiters in der Membership-Perspektive. In: Bulletin Gilde Sozialer Arbeit. Januar 1996
Falck, H.S.(1996b): Social Work and Social Welfare: Exchange versus Communal Model. In: Scandinavian Journal of Social Welfare. Juli 1996
Falck, H.S.(1996c): Das Individuum und die Soziale Arbeit. in: Siegen:Sozial (Si:So) Analysen-Berichte-Kontroversen. Jg. 1, Heft 2, 1996, S. 27 ff.
Germain, C.B./Gitterman, A.(1983): Praktische Sozialarbeit: Das „Life Model" der sozialen Arbeit. Stuttgart
Ginsberg, L. (1995): Social Work Almanac. Washington D.C.: NASW Press. 2rd Edition
Honneth, A.(Hrsg.)(1992): Kommunitarismus. Eine Debatte über die moralischen Grundlagen der Gesellschaft. Frankfurt
Maturana, H./Varela, F. (1984): Der Baum der Erkenntnis. Bern, München, Wien
Oppl, H./Tomaschek, H. (Hrsg.)(1986): Soziale Arbeit 2000. Freiburg
Schiller, H. (1963): Gruppenpädagogik (Social Group Work) als Methode der Sozialarbeit. Wiesbaden-Biebrich (Haus Schwalbach)
Wieler, J./Zeller, S. (Hrsg.) (1995): Emigrierte Sozialarbeit. Freiburg
Zahlmann, C. (Hrsg.) (1994): Kommunitarismus in der Diskussion. Berlin

# Inhalt

**1 Die zweigeteilte Welt der Sozialen Arbeit: Zur Kritik individualistischer Theorietraditionen** ..... 1
1.1 Anthropologische Grundlagen Sozialer Arbeit ..... 2
1.2 Das Klientel aus der Sicht Sozialer Arbeit ..... 3
1.3 Die Theoriediskussion in der Sozialen Arbeit seit 1940 ..... 6
1.4 Die Spaltung Individuum – Umwelt ..... 12
1.5 Vier Wege mit der Spaltung umzugehen ..... 14
1.6 Weitere Betrachtungen ..... 16
1.7 Fazit ..... 17

**2 Die Membership-Theorie in anthropologischer Sicht** ..... 21
2.1 Member oder Mitgliedsein ..... 21
2.2 Membership oder Mitgliedschaft ..... 23
2.3 Membership-Handeln ..... 25
2.4 Die Eigenschaften des Membership-Handelns ..... 32
2.5 Jenseits von Mitgliedsein ..... 34
2.6 Fazit ..... 36

**3 Die Membership-Theorie als Konzept Sozialer Arbeit** ..... 39
3.1 Grundlagen Sozialer Arbeit ..... 40
3.2 Der Versuch einer Definition ..... 40
3.3 Der Gegenstand Sozialer Arbeit ..... 41
3.4 Die Gruppe als helfender Prozeß ..... 44
3.5 Membership als universelles Prinzip Sozialer Arbeit ..... 50
3.6 Handlungsleitende Regeln im Lichte des Membership-Ansatzes ..... 51
3.7 Beobachtungen zur Methodologie Sozialer Arbeit ..... 53
3.8 Fazit ..... 54

**4 Der Klient aus der Sicht der Membership-Theorie** ..... 55
4.1 Grundlagen der Klient-Helfer-Beziehung ..... 55
4.2 Helfende Beziehung und Selbsthilfe ..... 56
4.3 Membership als Prozeß in der Zeit ..... 59
4.4 Dimensionen der Klient-Helfer-Beziehung ..... 62
4.5 Wege in die Klient-Helfer-Beziehung ..... 64
4.6 Kompetenzen des Klienten ..... 65
4.7 Fazit ..... 71

**5 Der Sozialarbeiter aus der Sicht der Membership-Theorie** ..... 73
5.1 Dimensionen sozialarbeiterischen Handelns ..... 73
5.2 Zielorientiertes Handeln ..... 73

| | | |
|---|---|---|
| 5.3 | Die Anwendung von Berufswissen | 76 |
| 5.4 | Rationalität als Prinzip | 81 |
| 5.5 | Methodisches Handeln durch die eigene Person | 83 |
| 5.6 | Zur Logik sozialarbeiterischen Handelns | 84 |
| 5.7 | Fazit | 86 |
| **6** | **Sozialarbeiter und Klient I** | **88** |
| 6.1 | Gegenstandsbereiche Sozialer Intervention | 89 |
| 6.2 | Stile Sozialer Intervention | 90 |
| 6.3 | Techniken | 91 |
| 6.4 | Soziale Intervention in soziokultureller Perspektive | 97 |
| 6.5 | Fazit | 99 |
| **7** | **Sozialarbeiter und Klient II** | **100** |
| 7.1 | Gemeinsame Situationsbestimmung | 100 |
| 7.2 | Fazit | 108 |
| **8** | **Gemeinwesenarbeit in der Membership-Theorie** | **109** |
| 8.1 | Allgemeine Betrachtungen über Gemeinwesenarbeit | 109 |
| 8.2 | Interaktion in der Gemeinwesenarbeit | 110 |
| 8.3 | Symbolisierung und Delegation in der Gemeinwesenarbeit | 112 |
| 8.4 | Internalisierung in der Gemeinwesenarbeit | 114 |
| 8.5 | Die Rolle des Körpers | 116 |
| 8.6 | Ziele der Gemeinwesenarbeit | 116 |
| 8.7 | Motivation und Wahrnehmung in der Gemeinwesenarbeit | 117 |
| 8.8 | Der Kontext von Gemeinwesenarbeit: ehrenamtliche und professionelle Mitarbeit | 118 |
| 8.9 | Gemeinwesenarbeiter, Sozialarbeiter und andere Professionelle im Gemeinwesen | 120 |
| 8.10 | Gemeinwesenarbeit und religiöse Motivation | 121 |
| 8.11 | Fazit | 123 |
| **9** | **Der Sinn von Gemeinschaft: Über die Wechselseitigkeit von Membership** | **125** |
| 9.1 | Über Membership und Gemeinschaft | 125 |
| 9.2 | Member oder Mitgliedsein als unteilbare Größe | 126 |
| 9.3 | Membership als universeller Ansatz in der Sozialen Arbeit | 127 |
| 9.4 | Membership-Theorie und Methode | 128 |
| 9.5 | Membership-Theorie als Haltung | 129 |

**Nachwort des Autors zur deutschen Ausgabe** ............................................. 131

**Sachregister** ............................................. 136

# Einleitung zur amerikanischen Ausgabe

Das vorliegende Buch beschreibt die Membership-Theorie der Sozialarbeit. Folgende Prinzipien liegen ihm zugrunde:

1. Sozialarbeit ist ein Beruf mit eigenen grundlegenden und erkennbaren Eigenschaften.
2. Die grundlegenden Themen und Prinzipien der Sozialarbeit beziehen sich auf alle Gebiete der Sozialarbeit, von der klinischen Sozialarbeit bis hin zur Gemeinwesenarbeit.
3. Die Definition einer spezialisierten Sozialarbeitspraxis beruht auf den Prinzipien, die den Beruf als Ganzes auszeichnen.

Im vorliegenden Buch wird dahingehend argumentiert, daß sich der professionelle Sozialarbeiter vom Nichtprofi dadurch unterscheidet, daß er, oftmals gleichzeitig, in der Lage ist, abstrakt zu denken und konkret zu handeln. Das grundlegende Ziel dieses Buches ist es, Sozialarbeit mit dem Begriff des Membership zu fassen und die darauf beruhende Praxis darzustellen.

Im gesamten Buch wird davon ausgegangen, daß sich Sozialarbeit dadurch auszeichnet, daß sie besonders stark auf menschliche Bedürfnisse hin ausgerichtet ist. Bereits in ihren Anfängen bestand die Sozialarbeit aus zwei wichtigen Strömungen. Die eine stellte soziale Reformen in den Vordergrund und beinhaltete Forderungen und Kritik hinsichtlich der sozialen Gerechtigkeit, die Verteilung von finanziellen Mitteln sowie das Funktionieren von Gemeinschaft und Nachbarschaft; kurz, das gemeinschaftliche und kollektive Gute. Die zweite Strömung stellte persönliches Funktionieren und das Membership in Gruppen in den Vordergrund sowie individuelle und familiäre Anpassung. Die Hauptaufmerksamkeit dieser Strömung galt den persönlichen Bedürfnissen der Individuen.

In den letzten Jahren haben Sozialarbeitstheoretiker und -praktiker daran gearbeitet, eine Verbindung dieser beiden Strömungen herzustellen. Bei diesem Prozeß haben Sozialarbeiter oft auf System-, Ökologie- und Umwelttheorien zurückgegriffen, um umfassendere Ansätze für die Praxis der Sozialarbeit zu entwickeln. (Briar, 1987; Germain & Gitterman, 1980; Meyer, 1970, 1984, 1987). Während diese Anstrengungen zweifelsfrei dazu beigetragen haben, die Konzepte des Individuums und der Umwelt zusammenzuführen, sind gleichzeitig schwerwiegende Probleme aufgetaucht. Eines dieser Probleme ist die Unfähigkeit, Begriffe wie „Umwelt", „Ökologie", „System" und „Ökosystem" dergestalt zu verwenden, daß sie für die tatsächliche, praktische Sozialarbeit von Bedeutung und hilfreich sind (Meyer, 1987). Diese Unfähigkeit hat wiederum zu einer Reihe oftmals widersprüchlicher Definitionen der Begriffe geführt. Schließlich wird so gegen eine der Grundregeln der Theoriebildung verstoßen: gegen das Kriterium der internen Übereinstimmung, welches fordert, daß Konzepte semantische Klarheit und Übereinstimmung von Definition und Verwendung benötigen (Fawcett & Downs, 1986).

Meyers (1987) Überblick über direkte Sozialarbeitspraxis unterstützt diese Aussage. Meyer stellt dar, daß sich Sozialarbeiter einer verwirrenden Vielzahl von Entscheidungen gegenübersehen, wenn es darum geht, Konzepte für die Praxis auszuwählen. Es liegen keine „empirischen Beweise vor, daß der eine oder andere Ansatz unbedingt erfolgreicher ist als andere" (S. 414).

All dies bedeutete für die Entwicklung der Membership-Theorie, daß Theorien und Modelle, die auf situativen oder anderen individualistischen Ansätzen beruhen, welche umweltbezogene, ökologische oder systemische Konzepte beinhalten, nur von begrenztem Nutzen sind. Diese Ansätze basieren auf Voraussetzungen, die sich stark von denen unterscheiden, die der Membership-Theorie zugrunde liegen. Die Membership-Theorie entspricht der rapide zunehmenden Fähigkeit von Wissenschaftlern in vielen Bereichen, lineare Argumentationsmethoden durch holistische Modelle zu ersetzen. Deshalb müssen viele Ansätze einer theoretischen Begründung Sozialer Arbeit neu überdacht werden. Meyer (1987) beispielsweise geht davon aus, daß, egal welche umfassenden Perspektiven sich eines Tages herausbilden, sie den Mensch-Umwelt Blickwinkel enthalten müssen, welcher in den Mittelpunkt der Sozialarbeitspraxis gerückt ist (S. 414). Eine Alternative zu Meyers Schlußfolgerung wäre es, das Mensch-Umwelt Paradigma neu zu bewerten. Wenn davon ausgegangen wird, daß das Ziel weiter gesteckt ist als eine bessere Angleichung zwischen den Konzepten von Mensch und Umwelt, kann das Mensch-Umwelt Paradigma auf der Grundlage gegenwärtigen Wissens über menschliches Verhalten abgeschafft werden.

Vor diesem Hintergrund wurde die Entscheidung getroffen, die wichtigen Theorien und Modelle, die seit 1940 entwickelt wurden, neu zu überdenken, um Personen als Individuen zu konzeptualisieren, die, gemeinsam mit Umwelten, als Objekte der Sozialarbeit definiert werden. Die Ergebnisse dieses Prozesses werden in Kapitel 1 des Buches dargestellt. Letztendlich führte die Neubewertung zu Fragen darüber, wie Klienten von Sozialarbeitern innerhalb dieser theoretischen Ansätze und in der Alltagspraxis konzeptualisiert wurden.

Neben der Notwendigkeit zu verstehen, wie Sozialarbeitstheorien Menschen und Klienten traditionell konzeptualisiert haben, besteht das Erklärungsbedürfnis, was Sozialarbeiter überhaupt tun. Hier wird der Standpunkt eingenommen, daß dieses Bedürfnis dann am besten befriedigt wird, wenn das Verhalten des Sozialarbeiters und die Rahmenbedingungen der Sozialarbeit kongruent sind. Solch ein Zusammentreffen ermöglicht es dem gut ausgebildeten, erfahrenen Profi, die theoretischen Hintergründe seiner Methoden zu erkennen und die eine oder andere zu variieren. Fragen darüber, wie Klienten verstanden werden und wie die grundlegenden Eigenschaften der Sozialarbeit definiert werden, sind daher voneinander abhängig.

Diese Fragen und Neueinschätzungen verdeutlichen, daß sich die Membership-Theorie grundsätzlich von anderen Ansätzen unterscheidet, auch wenn sich Vorläufer in der Geschichte der Sozialarbeit finden. Mit großer Sorgfalt weist Carlton (1984) bei seiner Anwendung der Membership-Theorie auf die Quellen der Sozialarbeit im Gesundheitsbereich hin. Ebenso sorgfältig geht er mit der Terminologie um. Er belegt, daß die Membership-Terminologie kaum bzw. gar keine Vorläufer in früheren Ansätzen hat. In der Membership-Theorie wird kein Member als Individuum dargestellt, und kein Individuum wird als Member dargestellt. Aufgrund der Tatsache, daß diese beiden Begriffe in der Sozialarbeit immer wieder austauschbar verwendet werden und aufgrund der Tatsache, daß Sprache und ihre Implikationen immer relevant sind, wurde in der Entwicklung des vorliegenden Buches großer Wert auf die Behandlung grundlegender Begriffe gelegt. Dies ist auch der Grund dafür, daß Verbindungen zu anderen Sozialarbeitstheorien im Laufe des Buches bei der Darstellung der Membership-Theorie abnehmen. Die Membership-Theorie betritt Neuland.

Es ist schwierig, seine Art zu denken und zu sprechen zu ändern, wenn man mit der Sprache des Individualismus aufgewachsen ist. Dies liegt daran, daß der Individualismus eine schmeichelhafte Art besitzt, sich selbst und andere zu verstehen. Der Begriff *individuell* steht nicht einsam in der kommunikativen Bedeutung über bestimmte Menschen, so wie es jede Sprache tut, sondern er beeinflußt auch menschliches Handeln, das mit anderer Arbeit verbunden ist. In wichtigen theoretischen Rahmenabhandlungen zu Sozialarbeit wird der Begriff *individuell* mit Gemeinschaften in Verbindung gebracht, die die Individualisten als *Gruppe, Familie, Organisation* oder *Umwelt* bezeichnen. Gemeinschaften implizieren jedoch eine Anzahl von Individuen.

Vorausschauend auf die zentralen Überlegungen, die dieses Buch darstellen möchte, können wir hier schon sagen, daß das Konzept des Members sich auf halber Strecke zwischen Individuum und Gemeinschaft befindet. Das Individuum ist erkennbar daran, daß es einzigartig ist, sich von anderen unterscheidet, sogar heilig ist. Gemeinschaft verbinden wir mit Gruppe, Ökologie, Umwelt. In beiden Fällen stellt die einzelne Person alleine oder in einer festlegbaren Anzahl das Grundelement dar.

Der Begriff Member impliziert, daß es andere Member gibt. Die Grenzen des einen Members sind dergestalt, daß sie immer Platz für andere lassen. Es besteht keine Notwendigkeit, für gegenseitige Abhängigkeit zu argumentieren. Sie ist von Anfang an da und muß lediglich als solche erkannt werden. Wir werden sehen, daß Membership Elemente umfaßt, die weitaus universeller und unterschwelliger sind, als wir zu diesem Zeitpunkt darlegen möchten.

Die Membership-Theorie verwirft den Individualismus und alle seine Konzepte. Wer nun die Membership-Terminologie und ihre Sichtweise der menschlichen Natur verstehen und aufnehmen möchte, muß bereit sein, Gedanken und Gebräuche stark zu ändern. Diese Änderungen werden dadurch gerechtfertigt, ja das überzeugendste Argument dafür, daß die Gültigkeit der individualistischen Sprache, die mit Sozialarbeit verwachsen ist, infrage gestellt wird, liegt darin, daß die Wissenschaft die permanent zunehmende Wissensbasis verändert hat, was gleichzeitig zu einer Veränderung des konzeptuellen Rahmens führt.

Diese Schlußfolgerung erfordert eine eingehendere Diskussion. Cohen (1985) erklärt, daß Freuds „besonderes Interesse an den Schäden des menschlichen Eigenbildes" auf die Entdeckungen Kopernikus' und Darwins zurückgeht. So zeigt beispielsweise Kopernikus, daß der Mensch auf seiner Erde nichts als ein Staubkorn im unendlichen Universum ist und noch nicht einmal in der Lage ist, sich selber in wichtigen Bereichen unter Kontrolle zu haben. Nach Freud hat Kopernikus den Menschen von seiner festen, zentralen Stelle im Universum verdrängt. Darwins Abstammungstheorie lieferte den biologischen Aspekt, als er die „Nähe des Menschen zu anderen Tieren" darstellte. Freud wiederum zeigte, wie die Verbindung zwischen dem bewußten Ich und dem übermächtigen Unbewußten die menschliche Eigenliebe beeinträchtigt. Nach Cohen glaubte Freud, „daß der Mensch mächtige Schläge gegen sein narzißtisches Selbstbewußtsein eingesteckt habe", und zwar in den Bereichen Kosmologie, evolutionäre Biologie und Psychologie (S. 360f).

Im Kontext der Wissenschaftsgeschichte geht die Membership-Theorie mit ihrer Ablehnung der narzißtischen, ideologischen Beschäftigung mit individueller Souveränität einen Schritt weiter. Die Membership-Theorie muß verstanden werden als Ablehnung aller Wissenschaftsbereiche, die den Menschen als Teilelement der Unendlichkeit an die Natur binden will. Als Teil der Unendlichkeit ist der Member herausgefordert, seine Autonomie als selbstkritischer Mitspieler in der Verteidigung eigener und fremder Interessen zu verwalten. Die Membership-Verbindung aller mit allen stellt die quantitative Basis menschlicher Existenz dar, während die Qualitäten des Membership-Stils und Verhaltens von menschlichen Überlegungen, Entscheidungen und Veränderungen abhängen.

Dieses Buch ist in neun Kapitel unterteilt. Das erste Kapitel beleuchtet wichtige Sozialarbeitstheorien und -ansätze, die seit 1940 entwickelt wurden, und stellt die grundlegenden Probleme des Individualismus dar, auf denen diese Entwicklungen beruhen. So dient dieses Kapitel als Hintergrund für die Erläuterungen der Membership-Theorie, die sich in den folgenden Kapiteln anschließt.

Kapitel 2 erforscht die Membership-Theorie im menschlichen Verhalten. Es zeigt die Wissensquellen auf, die zu den zwei Prinzipien führten, die Membership im menschlichen Leben generell definieren und die daher auf die Gesamtheit der Sozialarbeitstheorie und -praxis angewendet werden können.

Das dritte Kapitel überträgt das Membership-Paradigma auf professionelle Sozialarbeitspraxis. Ein neues Konzept der Sozialarbeit wird vorgestellt, wobei alle zentralen Begriffe definiert werden. Kapitel 3 führt dann das Konzept der helfenden Beziehung in der Sozialen Arbeit ein, als Medium, in dem jegliche Sozialarbeitsintervention stattfindet.

Kapitel 4 definiert den Klienten der Sozialarbeit als Member und untersucht die Prinzipien, die Eigenheiten, Rollen, Voraussetzungen und Fertigkeiten, die das Klientsein erfordert. Ähnlich definiert Kapitel 5 den Sozialarbeiter als Member und entwirft die Elemente der Sozialarbeitsaktivitäten.

Kapitel 6 und 7 betrachten den Sozialarbeiter und den Klienten als gemeinsame Teilnehmer der helfenden Beziehung. In diesen Kapiteln werden Inhalt und Stil sowie die Techniken der Sozialarbeitsintervention und -bewertung beleuchtet.

Das achte Kapitel widmet sich der Sozialarbeit in der Gesellschaft aus der Perspektive des Membership. Es wird gezeigt, daß alle Elemente der Membership-Theorie auf die Sozialarbeit in der Gesellschaft angewendet werden können. Auf diese Weise werden die historischen Strömungen der Sozialarbeitstheorie (das gemeine und kollektive Gut sowie persönliches Funktionieren und Gruppenzugehörigkeit) in ein holistisches Konzept für jegliche Sozialarbeit zusammengeführt.

Das letzte Kapitel besteht aus einer abschließenden Diskussion über den Sinn der Gemeinschaft, die im Membership inhärent ist. Diese Diskussion zeigt die Universalität des Memberships als unteilbare Variable im menschlichen Leben und seine reziproken Eigenschaften.

Graphische Darstellungen und andere Beispiele aus der Sozialarbeitspraxis illustrieren wichtige Punkte in jedem Kapitel. Diese Beispiele stammen aus einer großen Bandbreite von Sozialarbeitsfeldern. Wenn der Anschein entsteht, daß einigen Feldern mehr Bedeutung geschenkt wird als anderen, soll dies nicht bedeuten, daß die Membership-Theorie einige Aktivitäten anderen vorzieht. Alle Beispiele dienen ausschließlich der Illustration. Wenn alle Kapitel dieses Buches eine gemeinsame Aussage machen, dann die, daß es universelle Themen in der Sozialarbeit gibt, die die Membership-Theorie aufnimmt. Diese wiederum führen zu der Formulierung der grundlegenden Aussagen über die verbindenden Charakteristika, die aus allen Sozialarbeitsbereichen einen gemeinsamen Beruf machen.

Als wir dieses Buch schrieben, mußten wir uns davor hüten, eine sozialphilosophische Diskussion zu beginnen, die die Betrachtung der Membership-Theorie in die lange Geschichte der Analyse von Individuum und Gemeinschaft gezogen hätte.

Wir haben dies getan, weil die sozialen Aspekte der Membership-Theorie zwar einen wichtigen Platz in unserer Argumentation einnehmen, aber nicht das einzige bzw. wichtigste Attribut darstellen. Verstärkt wird das Problem noch dadurch, daß in der Umgangssprache die Begriffe Member und Membership den Sozialwissenschaften zugeordnet werden. Wenn wir Member sozialwissenschaftlich definieren, tauchen andere Aspekte biologischer, psychologischer und symbolischer Natur auf. Schließlich sind wir nicht der Ansicht, daß die Membership-Theorie viel zur Sozialphilosophie beiträgt. Ihr Ton unterscheidet sich von dem, dem wir beispielsweise bei Bellah, Madsen, Sullivan, Swidler und in Tiptons Buch *Habits of the Heart* (1985) begegnen. Letzteres ist ein weiterer Beweis für das große Interesse am Individualismus, welcher natürlich weit über den Begriff an sich hinausreicht. Der Begriff wird üblicherweise de Tocqueville zugerechnet. Eine Abhandlung der Geschichte und der Ethik der Membership-Theorie, die eine kontextbezogenere Diskussion fordert, als in diesem Buch möglich wäre, muß warten. Es scheint ratsam, bis dahin die Perspektive mit Hilfe von knappen und unzweideutigen Begrifflichkeiten zu erklären und ihre genaue Darstellung sowie ihre Einbindung in die Geschichte der sozialen Theorien zu vertagen.

Der biologischen Komponente des Membership gebührt besondere Aufmerksamkeit, ohne die die gesamte Perspektive ein anderes Gesicht hätte. Forschung auf diesem Gebiet ist so weitreichend, daß wir uns mit ihr nur so viel wie nötig beschäftigen konnten, ohne ihren wichtigen Aussagen gerecht zu werden, die uns helfen, das menschliche Leben zu verstehen. Sie verwirft den Eindruck, daß es sich bei Sozialarbeit um eine angewandte Sozialwissenschaft handele, und behauptet vielmehr, daß viele Prinzipien, die in der Zellbiologie bis hin zum Zentralen Nervensystem mit besonderer Bedeutung für das Verhalten der Neurotransmitter gelten, auch auf andere Bereiche des menschlichen Lebens angewendet werden können (P.M. Churchland 1984; P.S. Churchland 1986). Auch dies ist so gut wie unerforscht in der Literatur zur Sozialarbeit, mit der Ausnahme von Johnson (1984).

Schließlich ist es leicht, die Membership-Theorie als Ablehnung der Individualismusideologie und Membership als ideologischen Ersatz einzuschätzen. Dies ist nicht das Ziel, und unser Argument ruht auch nicht auf einem ideologischen Grund. Zwar gibt es kaum wissenschaftliche Texte, die nicht an irgendeiner Stelle ideologisch geprägt sind, egal ob implizit, explizit oder beides. Trotzdem kommt es darauf an, wo die Betonung liegt. In unserem Fall liegt die Betonung, soweit es das Material erlaubt, auf wissenschaftlichen und faktischen Elementen, wie wir im gesamten Buch zu zeigen versucht haben. Wenn Vorlieben bei der konkreten Arbeit auftauchen, so ist dies gut, da jeder helfende Beruf seine Vorlieben beurteilen und untersuchen muß. Nichtsdestotrotz ist es unser erstes Ziel, eine Blickrichtung auf die menschliche Lage und die Sozialarbeitspraxis anzubieten, die, wenn auch ungleichmäßig, auf wissenschaftlichem Gebiet zu verteidigen ist.

**Literatur**

Bellah, R.N., Madsen, R., Sullivan, W.M., Swidler, A., Tipton, S.M. (1985). Habits of the heart: Individualism and commitment in American life. New York: Harper & Row.
Briar, S. (1987). Direct practice: Trends and issues. Encyclopedia of social work (18th ed.) (Band I, S.394-395). Silver Spring, MD: National Association of Social Workers.

Carlton, T.O. (1984). Clinical social work in health settings: A guide to professional practice with exemplars. New York: Springer Publishing Company.

Churchland, P.M. (1984). Matter and consciousness. Cambridge, MA: The MIT Press.

Churchland, P.S. (1986). Neurophilosophy – Toward a unified science of the mind/brain. Cambridge, MA: The MIT Press.

Cohen, B. (1985). Revolution in science. Cambridge: Harvard University Press.

Fawcett, J., Downes, F.S. (1986). the relationship of theory and research. Norwalk, CT: Appleton-Century-Crofts.

Germain, C.B., Gitterman, A. (1980). The life model of social work practice. New York: Columbia University Press.

Johnson, H.C. (1084). The biological bases of psychopathology. In F.J. Turner (hrsg), Adult psychopathology, a social work perspective (S.6-72). New York: The Free Press.

Meyer, C.H. (1970). Social work practice – A response to the urban crisis (S.147-185). New York: The Free Press.

Meyer, C.H. (1984). Selecting appropriate models. In A. Rosenblatt und D. Waldfogel (hrsg), Handbook of clinical social work (S.736-737). San Francisco: Jossey-Bass.

Meyer, C.H. (1987). Direct practice in social work: Overview. Encyclopedia of social work (18th ed.) (Band I, S.409-422). Silver Spring, MD: National Association of Social Workers.

# Danksagungen

Alle, die in den fünfziger Jahren den Beruf des Sozialarbeiters wählten, haben in den letzten 35 Jahren viel Spannendes und einiges Enttäuschendes erlebt. Spannend war es deshalb, weil es sich um einen Beruf handelt, der ein Entwicklungsstadium, ja eine Reife erreicht hat, die spektakulär genannt werden kann. Enttäuschend bleibt weiterhin, wie die amerikanische Gesellschaft sich permanent Probleme bereitet, indem sie keine klare Entscheidung hinsichtlich eines vernünftigen Krankenfürsorge- und Sozialsystems fällt. Im ganzen jedoch werden die Enttäuschungen durch die Fortschritte der Sozialarbeit aufgewogen, zu denen viele Menschen beigetragen haben.

Es gibt viele Vordenker, die dieses Buch beeinflußt haben. Einige nehmen durch ihre Vorschläge eine herausragende Position ein. Mit Dank erinnere ich mich an meinen Lehrer Paul K. Weinandy, der seinen Studenten gezeigt hat, was Membership bedeutet. Mehr als jeder andere hat er mir die Sozialarbeit nahegebracht. Die 35 Jahre, die verstrichen sind, seit ich das erste Mal sein Büro betrat, haben weder die Erinnerungen noch die Gültigkeit dessen, was er lehrte, verbleichen lassen.

Der verstorbene Talcott Parsons war die Quelle meines Interesses daran, Soziologie mit der Objektrelationstheorie zu verbinden. Seine Arbeiten über die Sozialstruktur und die Entwicklung der Persönlichkeit haben mich zu Freuds Beitrag über die Verbindung von Soziologie und Psychologie geführt. Gut erinnere ich mich an die Begeisterung, mit der ich Parsons Buch gelesen habe, und an das anschließende Versprechen, das ich mir gegenüber abgelegt habe, daß ich dazu beisteuern wollte, seine Vorschläge weiter zu erforschen. Das vorliegende Buch stellt das Ergebnis dieses Versprechens dar.

Durch Emmanuel Tropp machten meine Überlegungen große Fortschritte. Seine Ansätze haben das gesamte Berufsfeld positiv beeinflußt. In diesem Zusammenhang gebührt Dank auch dem verstorbenen William Schwartz. Von vielen mißverstanden und bis heute teilweise falsch interpretiert, bleibt Schwartz eine wichtige Motivation für mich und für viele andere progressiv Denkende. Auch wenn Bill und ich uneins waren, blieb der gegenseitige Respekt erhalten, und, aus meiner Sicht, auch die Bewunderung seiner Überlegungen und seiner Fähigkeit, diese auszudrücken.

Nicht genug kann ich die Möglichkeiten hervorheben, die mir die Virginia Commonwealth University School of Social Work geboten hat. Elaine Z. Rothenberg, ehemalige Dekanin der School of Social Work, lud mich nach Richmond ein. Sowohl ihr, als auch der nachfolgenden Grace E. Harris gebührt Dank dafür, daß sie eine Atmosphäre geschaffen haben, in der ernsthafte Forschung über längere Zeit hinweg möglich war. Es bereitet mir Freude, ihnen Dank auszusprechen.

Ebenso bin ich Bryant Mangum vom Fachbereich Englisch der Virginia Commonwealth University zu Dank verpflichtet. Er erklärte sich bereit, meinen Text Korrektur zu lesen, was für jemanden, der mit meinen Germanismen nicht vertraut ist, keine leichte Aufgabe ist.

In der School of Social Work waren in der Zeit meiner ordentlichen Professur Thomas O. Carlton und Dennis L. Poole meine engsten Mitarbeiter. Beide sind erstklassige Wissenschaftler und ehren denjenigen, der die Möglichkeit hat, mit ihnen zusammenzuarbeiten. Sehr genau haben sie mein Manuskript gelesen und kritisiert. Poole stellte immer die richtigen Fragen; Carlton steuerte sein enormes Wissen und seine Fähigkeiten bei, aber auch sein Erinnerungsvermögen an das, was ich in den letzten 25 Jahren verfaßt habe. Ihm gilt immer dort Dank, wo dieses Buch die Theorie und Praxis der Sozialarbeit beeinflussen wird, denn er hat einen wichtigen Beitrag zur Entwicklung dieses Buches geleistet.

Der Beitrag meiner Frau, Prof. Dr. med. Renate Forssman-Falck, M.D., reicht weit über das hinaus, für das man seinem Ehepartner dankbar sein kann. Sie ist selber eine beeindruckende Wissenschaftlerin. Ich habe von ihrer Ausbildung in Innerer Medizin und Psychiatrie profitiert. Sie hat mein Denken stark beeinflußt. Sie ermutigte mich, die Grundlagen der Neurowisssenschaft in Hörsaal, Labor und Sezierraum zu erlernen. Ihr Beitrag zieht sich durch mein gesamtes Buch. Sally Companion tippte die verschiedenen Versionen meines Manuskripts und las sie Korrektur. Dafür danke ich ihr.

Schließlich gebührt all denjenigen Studenten und Kollegen Dank, denen eine Erwähnung an dieser Stelle weniger wichtig ist als die Bedürfnisse ihrer Klienten. Ihre Fähigkeiten, von denen ich weiterhin lernen kann, stimmen mich zuversichtlich hinsichtlich der Zukunft der Sozialarbeit.

Richmond, Virginia                                      Hans S. Falck, Ph. D., F.R.S.H.

*Für meine Frau Renate,
für meine Töchter
Debbie, Ellen und Sarah,
die Enkelkinder Benjamin, Billie und Annie
und für die Sechs Millionen*

# 1 Die zweigeteilte Welt der Sozialen Arbeit. Zur Kritik individualistischer Theorietraditionen

In Lehrbüchern zur Sozialen Arbeit werden menschliche Eigenschaften üblicherweise in drei Bereiche unterteilt: den biologischen, den psychologischen und den sozialen. Indem man die drei Bereiche sprachlich zu einem Wort verschmilzt, versucht man, die Teilung zu beheben – und spricht dann von der „biopsychosozialen" Einheit des Menschen. Der eigentliche Grund für die Aufteilung liegt aber darin begründet, daß Soziale Arbeit tief in die Ideologie des Individualismus verstrickt ist.

Es ist nun in der Tat schwer, die Grundsituation des Menschen begrifflich zu fassen, wenn man nur das vereinzelte Individuum in den Blick nimmt. Das reicht weder für eine Begründung von Sozialer Arbeit noch für eine wissenschaftliche Analyse aus. Daher entwickelte die Profession das sogenannte Duale Modell Sozialer Arbeit, dessen Basis die Gegenüberstellung von Individuum und Umwelt ist.

Weil Soziale Arbeit eine praxisnahe Profession ist, definiert und verfeinert sie ihr Wissen über den Menschen in praktischen, handfesten Begriffen. Ihre Fragestellung ist im allgemeinen nicht, wie der Zustand des Menschengeschlechts grundsätzlich beschaffen sei. Sie ist daran interessiert, wie man bestimmte Konfigurationen – Individuen, Gruppen, Organisationen, Gesellschaften – verstehen kann. Alle Begrifflichkeiten werden auf ihre Nützlichkeit hin getestet. Und wenn dabei, auf dem langen Weg zwischen Grundlagenwissen und praktischer Anwendung, eine gewisse Dissonanz entsteht, so ist das ein Preis, den man wohl zahlen muß.

Sieht man die Fachliteratur zur Sozialen Arbeit mit einem theoriegeleiteten Interesse durch, findet man sich mit Problemen konfrontiert, die einmalig für eine Profession sein dürften. Das hat etwas damit zu tun, daß Soziale Arbeit über viele Jahre hinweg Angriffen aus den eigenen Reihen wie von außerhalb ausgesetzt war, und daß dieses Sperrfeuer seine Spuren hinterlassen hat. Zeitweilig war die interne Kritik radikal in Inhalt und Methode. Beispielsweise erklärte Fischer 1976, es gäbe „wirklich kaum eine Rechtfertigung mehr für das Fortbestehen der Institution Soziale Arbeit" (S. 145), wenn man sich nicht bald um eine strengere empirische Methodologie bemühe und um eine Evaluationsforschung, die als wissenschaftliches Selbstkorrektiv der praktischen Sozialen Arbeit tauge. Regierungsbeamte und andere gesellschaftliche Kreise waren aus politischen und ideologischen Gründen mit der Sozialen Arbeit unzufrieden, wie Sozialarbeiter nur allzu gut wissen (Stewart, 1985).

Die Kritik am dualen Modell der Sozialen Arbeit (das Individuum und seine Umwelt) in den späteren Kapiteln dieses Buches bedient sich der Erkenntnisse gegenwärtiger und ehemaliger Kollegen und Lehrer und steht so in einer jahrhundertealten Tradition. Jene, die die Grundsteine legten, haben alle neuen Modelle, Perspektiven und Einblicke der Sozialen Arbeit beeinflußt. Vor diesem Hintergrund stellt die Membership-Theorie eine Kontinuität dar, auch wenn sie fordert, daß die Grundlagen neu durchdacht werden müssen.

Ich nehme die Position ein, daß Wachstum und Entwicklung eines Berufsfelds das Ergebnis von Prozessen der Kritik, Forschung und Politik sind. Unsere Methode muß sein, positiv, nicht negativ zu kritisieren. Ziel muß sein, das Wachsen und Blühen der Sozialen Arbeit zu fördern und nicht, hart erkämpfte Errungenschaften zu zerstören. Gleichzeitig müssen wir vermeiden, die Individualismusideologie in der Sozialen Arbeit und ihre Verzerrung der menschlichen Verfaßtheit zu akzeptieren. Aber bevor der Individualismus und das daraus resultierende duale Modell verworfen werden können, müssen wir aufzeigen, wie es der Individualismus vermochte, zum zentralen Leitkonzept der Sozialarbeitstheorie und -praxis zu werden.

## 1.1 Anthropologische Grundlagen sozialer Arbeit

Die Literatur der Sozialen Arbeit beschreibt die menschliche Verfaßtheit in der Dreiteilung von biologischen, psychologischen und sozialen Elementen. Da der biologischen Existenz des Menschen in der Ausbildung und Praxis der Sozialen Arbeit so gut wie gar keine Beachtung geschenkt wurde, wurde sie auch in der Theorie Sozialer Arbeit nur am Rande berücksichtigt. Dementsprechend richtete sich die Aufmerksamkeit der Sozialen Arbeit in der Vergangenheit auf das Psychologische und Soziale und wurde mit individualistischen Begriffen erfaßt.

### Das Individuum

Der Begriff 'Individuum' bezeichnet die biologischen und psychologischen Eigenschaften einer Person. Die meisten Sozialarbeiter sehen im Individuum die grundlegende menschliche Einheit.

Historisch definierte die Soziale Arbeit ihre Ziele so, daß das Individuum synonym war mit Selbsterkenntnis, Selbstbestimmung, Selbsterfüllung sowie Zugang zu Einfluß und Ressourcen. Vor diesem Hintergrund wurde das Individuum zur Grundeinheit der Einzelfallhilfe.

Neben den offensichtlichen Attributen des Begriffes wird Individuum mit Begrenztheit assoziiert – soll heißen, einem klaren Umfang im körperlichen (Van der Veelde, 1985) und im psychologischen Sinne. Man spricht hier von Identität und Ich-Grenzen. Das Individuum wird als einzelnes und darüberhinaus als einzigartiges charakterisiert, wodurch das Bild des Andersseins und der Abgesondertheit von anderen konstituiert wird. Weitere implizite Attribute des Individuums sind das Besondere („Jemanden wie dich gibt es nur einmal"), die Zentriertheit, Selbstgenügsamkeit und Selbsthinlänglichkeit.

Ein Begriff, der so viele unterschwellige Bedeutungen wie das 'Individuum' enthält, ist sowohl flexibel als auch ungenau. Weil jeder die Bedeutung des Begriffes zu kennen glaubt, definiert ihn niemand; weil niemand ihn definiert, wird er allzu häufig benutzt. Und dieser Eindruck, daß allen klar ist, was ein Individuum denn nun ist, unterminiert den präzisen Gebrauch. 'Individuum' mag in der Alltagssprache angemessen sein, im wissenschaftlichen Bereich ist der Begriff unbrauchbar.

### Die Gruppe

Das Wort 'Gruppe' zu definieren stellte sowohl in den Sozialwissenschaften als auch in der Literatur zur Sozialen Arbeit ein Problem dar. Zunächst wird die Gruppe durch ihren Umfang definiert (d. h. es gibt die 'Kleingruppe' oder größere Einheiten wie Parlamentsausschüsse oder Versammlungen). Darüber hinaus wird die Gruppe mit Kollektivität verknüpft. Auf einer weiteren Ebene gehört Gruppe zum Begriff 'sozial' und stellt so einen Gegensatz zum Individuum dar. Trotzdem ist man einhellig der Meinung, daß Gruppen, Organisationen und Kollektive aus Individuen bestehen.

Obwohl die Gruppe das augenscheinliche Objekt der meisten Gruppentheorien in der Sozialen Arbeit ist, ist das Individuum die eigentliche Behandlungseinheit der meisten Gruppenarbeiter, wobei die Gruppe nur das Mittel zum Zweck ist, den Einzelnen zu verändern (Glasser, Sarri und Vinter, 1974; Shulman, 1984). In der Theorie der Sozialen Arbeit ist die Gruppe selten das Ziel der sozialarbeiterischen Praxis.

Für die meisten Menschen, auch für Sozialarbeiter, besitzt der Begriff 'Gesellschaft' lediglich symbolischen Charakter. Genau wie beim Individuum ist der Begriff 'Gesellschaft' so vage und weit, daß er auf fast beliebige Weise aufgefüllt werden kann. Um ihn konkret verwenden zu können, stufen Sozialarbeiter die Gesellschaft oft so ein, als sei sie eine Person (z. B. die Gesellschaft glaubt, denkt, handelt, beachtet, mißachtet ...). Wenn die Gesellschaft wie eine Person gehandelt wird, wird sie für ihre guten Intentionen gelobt und für Nachteile und Diskriminierungen getadelt, je nach der Einschätzung des Betrachters.

Der weiteste Gruppenbegriff in der Sprache der Sozialen Arbeit ist das sogenannte 'soziale Umfeld'. Das soziale Umfeld beinhaltet jegliche menschliche Eigenschaft außerhalb des Individuums. Dementsprechend bieten alle Fachbereiche für Soziale Arbeit Kurse zum Thema „Menschliches Verhalten und das soziale Umfeld" an. Sozialarbeitstheoretiker definieren verschiedene Arten von Umfeldern (Germain, 1980; Germain und Gitterman, 1980; Schwartz, 1961, 1976). Das Problem liegt darin, daß sich in der sogenannten Umwelt keine Menschen aufhalten, die den Klienten der Sozialen Arbeit ähneln. Wenn das Konzept allerdings in der Sozialen Arbeit verwendet werden soll, kann das Umfeld nicht als etwas angesehen werden, das dem Individuum gegenübersteht. Um relevant zu sein, muß das Umfeld mehr sein als lediglich ein Phänomen, das das Individuum umfängt, während es selbst im Mittelpunkt steht. Wenn die menschliche Verfaßtheit auf die Dichotomie Individuum und Umfeld reduziert wird, werden ernsthafte Überlegungen über die Eigenschaften der Gesellschaft unmöglich, auch wenn es eine soziale Umwelt meint.

## 1.2 Das Klientel aus der Sicht Sozialer Arbeit

Das Konzept des Klienten in der Sozialen Arbeit kann dokumentiert werden, indem wir betrachten, wie Individuen und Gruppen in der Fachliteratur behandelt werden. Zwar reichen Beispiele für Definitionen von Individuen und Gruppen bis in die Anfänge unseres Jahrhunderts zurück (Richmond, 1917), doch soll der folgende Überblick sich auf repräsentative Fachliteratur beschränken, die seit 1940 erschienen ist, also auf eine Zeitspanne, die grob die moderne Phase der Sozialen Arbeit genannt werden kann.

Generell hat die Soziale Arbeit in den letzten 100 Jahren ihr Interesse an Individuum, Gruppe und Gesellschaft auf verschiedene Weise definiert, kombiniert und verändert. Bloom (1983) skizziert die Geschichte dieser Ansätze bei seinem Versuch, die Variablen darzustellen, die die Forscher bei der Auswertung empirischer Studien zur Evaluation von Sozialarbeitspraxis verwenden. Blooms Literaturübersicht stellt besonders deutlich dar, welche Bereiche die Forscher als wert erachten, genauer zu evaluieren. Daraus kann man erkennen, wie die Ziele sozialarbeiterischer Intervention, d. h. das Individuum und die Kleingruppe, eingeschätzt werden. Das Objekt der Intervention wird nun zum Objekt der Evaluation. Die Frage ist dabei nicht, was der Sozialarbeiter denn nun getan hat, sondern, was sich im Leben des Klienten als Resultat von Sozialer Arbeit verändert hat.

Weick (1984) wendet sich demselben Problem zu, allerdings auf eine andere Weise. Sie fragt, wer für die Krankheit einer Person verantwortlich sei. Nach einer Diskussion der Frage in den Begriffen der sozialen Kontexte kommt sie zu dem Ergebnis, daß das Individuum für seine Krankheit verantwortlich zu machen sei. Gleichzeitig schlägt sie allerdings eine Neudefinition des Begriffes Individualismus vor, damit die Soziale Arbeit besser als in der Vergangenheit damit umgehen kann. Nach Weick unterstreicht die Bewegung, die die Eigenverantwortlichkeit in Fragen der Gesundheit propagiert, den traditionellen individualistischen Ansatz der Sozialen Arbeit, was allzu oft dazu führt, daß dem Opfer Schuld zugesprochen wird:

> Sozialarbeiter gingen davon aus, daß Individuen und Gruppen von Individuen in der Lage sind, sich selber zu verändern. Obwohl die Radikalität dieser Ansicht nicht mit der Komplexität und Tiefe, die sie verdient, ausgedrückt worden ist, fand diese Einschätzung der menschlichen Fähigkeit eine breite Unterstützung in der Profession. (S. 24)

Weick schließt mit dem Gedanken, daß Heilung eine Metapher mit holistischem Ausblick ist. Sie schlägt vor, daß die Selbstregulierung des Individuums sich sowohl auf sich selbst wie auch auf den sozialen Kontext bezieht, und stellt den Optimismus dar, der nötig ist, um eine Zukunft, die auf Eigenschöpfung beruht, zu bestehen (S. 23).

Ell (1984) diskutiert die Anwendung von Netzwerkkonzepten in der Theorie Sozialer Arbeit und -praxis. Sie sagt, daß es „zum Routineziel der Sozialen Arbeit gehört, Individuen und ihre persönlichen Netzwerke aufeinander abzustimmen und dafür professionelle Betreuung zu liefern" (S. 141). Sie sieht Individuen und ihre persönlichen Netzwerke nicht als Einheit an, da sie das Verbindungswort 'und' benutzt, um sie zu trennen.

Chatterjee (1984) ist einer der wenigen gegenwärtigen Autoren, der erkannt hat, wie sehr die Soziale Arbeit mit dem Individualismus verwoben ist und welche ideologischen Konsequenzen dies mit sich bringt. „Die amerikanische Kultur und die Profession der Sozialarbeiter sind Anhänger der Ideologie des Individualismus und der Gleichheit der Individuen... Die professionelle Sozialisation in der Hochschulausbildung von Sozialarbeitern verstärkt diese ideologische Ausrichtung" (S. 77).

Drei Texte unterstreichen Chatterjees Auffassung. Alle drei sehen das Individuum als bevorzugtes Zielobjekt sowohl der Theorie Sozialer Arbeit als auch der Praxis. Der erste ist Linton Swifts „The Social Worker's Creed" (1946). Bei dem zweiten und dritten handelt es sich um die Verhaltenskodizes der National Association of Social Worker, herausgegeben 1977 bzw. 1983.

Swift (1946) schrieb:

> Ich respektiere die Würde der individuellen menschlichen Persönlichkeit als die Basis jeglicher menschlicher Beziehung... Mein Verhältnis zu anderen Menschen basiert auf ihrer Eigenschaft als individuelle menschliche Wesen... Ich glaube, daß der größte Stolz eines Individuums sowie sein größter Beitrag zur Gesellschaft eher darin liegt, wie er sich von mir und anderen unter-

> scheidet, als darin, wo er mit der Masse übereinstimmt. Darum akzeptiere ich diese Unterschiede und versuche, nützliche Beziehungen darauf aufzubauen. (S. 1)

1977 verabschiedete die Delegiertenversammlung der National Association of Social Workers einen Verhaltenskodex, der sowohl implizit als auch explizit die Idee des Individualismus beinhaltet. In diesem Kodex steht beispielsweise:

> Ich sehe es als meine primäre Aufgabe an, der Wohlfahrt des Individuums oder der Gruppe zu dienen. Dies beinhaltet ein Streben danach, soziale Bedingungen zu verbessern. (NASW, 1977, S. 1067)

1980 verabschiedete die National Association of Social Workers einen neuen Verhaltenskodex. Zwar wurde der soeben zitierte Satz fallengelassen, doch der Begriff 'Individuum' wurde durchgehend verwendet. Es entsteht der Eindruck, daß die NASW der wissenschaftlichen Einschätzung des Begriffes kaum oder gar keine Beachtung schenkt und ihn unreflektiert verwendet.

Auch Reamer (1983), der für seine Arbeiten auf dem Gebiet der Sozialarbeitsethik bekannt ist, verwendet eine Sprache, die die Trennung von Individuum und Umwelt aufrechterhält. Allerdings sieht er eine Korrelation zwischen beiden. Er weist darauf hin, daß Sozialarbeiter zwar „am ehesten in der Lage sind, die individuellen und gesellschaftlichen Elemente der Probleme eines Klienten zu erkennen". Gleichzeitig unterscheiden sich Sozialarbeiter aber dadurch, daß sie einschätzen können, wie weit Klienten für ihre eigenen Schwierigkeiten verantwortlich sind (S. 633).

In einer Untersuchung über Vorurteile in der Forschung, die sich mit der Wirksamkeit von Sozialer Arbeit befaßt, warnen Kagle und Cowger (1984) davor, dem Klienten die Schuld für seine oder ihre Schwierigkeiten zuzuschieben. Sie beobachten, daß in einem Großteil der Forschung die Entscheidungen, die ein Individuum trifft bzw. nicht trifft, analysiert werden, während die Rolle der Umwelt, der sozialen Struktur, übersehen wird (S. 347-351). Sie untermauern ihre Aussagen mit Hilfe eines Überblicks über neuere Studien. Auf diese Weise dokumentieren sie die intellektuelle Neigung der Sozialarbeitsforschung, die allzu oft Defizite der Umwelt in der sozialen und politischen Struktur ignorieren, während sie das relativ hilflose Individuum loben oder kritisieren. Sie fassen zusammen: „Trotz des wiederholten Ziels der Sozialen Arbeit, Personen-in-Situationen zu sehen, enthält die Literatur der Sozialarbeitspraxis allzu oft Situationen, in denen dem Klienten die Schuld zugeschoben wird" (S. 347). Es muß aber darauf hingewiesen werden, daß Kagle und Cowger die grundlegende Person-in-Situation Formulierung nicht in Frage stellen. Bei ihnen, wie bei fast allen anderen Autoren außer Carlton (1984, 1986), wird die Dichotomie Individuum und Situation (Umwelt) nicht hinterfragt.

Coulton (1981) faßt die gegenwärtigen Konzepte der Sozialen Arbeit folgendermaßen zusammen:

> ... es scheint generelle Übereinstimmung bei Sozialarbeitern darin zu geben, daß das Objekt der Sozialen Arbeit die Person und die Umwelt in Interaktion ist und daß es das Ziel sein muß, eine gegenseitig vorteilhafte Interaktion von Individuum und Gesellschaft zu fördern oder herzustellen. Dieser Konsens wurde in einer Sondernummer der 'Social Work' deutlich, die sich mit den konzeptionellen Rahmenbedingungen beschäftigte, sowie in anderen Veröffentlichungen mehrerer führender Theoretiker (S. 26).

Coulton verwendet die Begriffe 'Person' und 'Individuum' austauschbar. Sie unterscheidet explizit zwischen dem Individuum und der Umwelt und kommentiert die

Passung, die zwischen beiden besteht. Es wird allerdings kein Versuch unternommen, beide zu integrieren oder zu einer Synthese zu gelangen.

Nachdem wir die groben Konturen der folgenden Diskussion skizziert haben, wenden wir uns nun ausgewählten Theorien Sozialer Arbeiten zu, die grundlegende Konzepte bieten oder zu bieten meinen, von denen viele andere ihre Überlegungen abgeleitet haben. Sie umfassen die gesamte moderne Periode in der Geschichte Sozialer Arbeit.

## 1.3 Die Theoriediskussion in der Sozialen Arbeit seit 1940

Gordon Hamiltons *The Theory and Practice of Social Case Work* erschien erstmals 1940. Der Einfluß dieses Buches auf die vielen Sozialarbeiter, die sich während und nach dem zweiten Weltkrieg für diesen Beruf entschieden, kann nicht unterschätzt werden. Es wurde während der Wirtschaftskrise der frühen 30er Jahre verfaßt und erschien nach Kriegsausbruch in Europa. Die Vereinigten Staaten nahmen allerdings erst ab 1941 am Krieg teil, so daß Amerika noch mit der Wirtschaftskrise beschäftigt war, als Hamiltons Buch erschien. Soziale Arbeit lediglich von einem individualistischen, psychoanalytischen Standpunkt aus zu lehren und zu praktizieren hätte ein Ausblenden der großen Probleme der Zeit bedeutet. Explizit weist Hamilton auf die Notwendigkeit einer doppelten Grundlage der Sozialen Arbeit hin. Sie besteht aus dem Individuum und der Umwelt als Basis für Soziale Arbeit.

> Jeder Ansatz muß sich bewußt sein, daß die Probleme sowohl individueller als auch sozialer Natur sind, daß jeder Fall innere und äußere Faktoren umfaßt. Wir wissen, daß es unbeeinflußbare Faktoren in der Umwelt gibt und daß kein Casework-Ansatz diese „beeinflußbar" machen kann. (S. 25)

Auf die Verbindung Individuum-Umwelt geht Hamilton auf eine feinere Art und Weise ein:

> Das Konzept der „Familie als Bezugsgröße der Arbeit" bedeutete für den Sozialarbeiter früher, daß er sich der ganzen Familie von den Eltern bis hin zum Baby widmete. Papa eine Arbeit verschaffen, für Mama mehr Haushaltsgeld, dritte Zähne für den Opa, ein Zeltlager für Johnny, Maries Mandeln entfernen lassen, Kleidung für alle. So war die Arbeit strukturiert. Dies war teilweise so, weil der Sozialarbeiter in dem Augenblick gerufen wurde, als das Familienoberhaupt durch Krankheit oder Arbeitslosigkeit ausfiel. (S. 236)

Hamilton schreibt hier über eine frühere Zeit der Sozialen Arbeit, doch es trifft auch auf ihre Zeit zu, als viele Sozialarbeiter täglich mit schwerwiegenden sozialen Problemen konfrontiert wurden. Es wäre ungewöhnlich gewesen, hätte eine Wissenschaftlerin von Hamiltons Format anders geschrieben, als sie es getan hat. Das zu ihrer Zeit verfügbare Wissen konnte nicht zu der Einsicht führen, daß die Individuum-Umwelt Trennung unnötig ist und daß die Aufhebung dieser Trennung die Lage sowohl der Sozialarbeiter als auch ihrer Klienten verbessert hätte.

In einer Reihe von Artikeln, die 1949 erschienen, unterscheidet Bowers 34 verschiedene Definitionen von Casework, die bis zu jenem Zeitpunkt in der Forschungsliteratur aufgetaucht waren. Von diesen bezeichnen neun das Individuum als Subjekt und Objekt der Sozialen Arbeit; sieben weitere verbinden das Individuum mit Begriffen wie 'Beziehung', 'Aktivität', 'Verhalten', 'Bedürfnisse'. Am Ende des dritten Artikels bietet Bowers seine eigene Definition. Mehr als 35 Jahre später kann der Leser in Bowers Definition alle Elemente wiederfinden, die gegenwärtig in den ökologischen Modellen und anderen Ansätzen der 80er Jahre beliebt sind:

> Casework in der Sozialen Arbeit ist eine Kunst, in der die Kenntnis menschlicher Beziehungen benutzt wird, um Fähigkeiten des Individuums und Ressourcen der Kommune zu aktivieren, die wiederum der besseren Passung zwischen Klienten und Gesamtheit oder Teile seiner Umwelt dienen. (Bowers, 1949, S. 417)

Werner Boehm definierte Soziale Arbeit 1958 folgendermaßen:

> Soziale Arbeit strebt danach, die Bewältigung des sozialen Alltags beim Individuum zu verbessern, alleine und in der Gruppe, und zwar durch Aktivitäten, die auf das Verhältnis zwischen Mensch und Umwelt abgestimmt sind. Diese Aktivitäten können in drei Gruppen unterteilt werden: Wiederherstellung verschütteter Fähigkeiten, Bereitstellung individueller und sozialer Ressourcen sowie Verhinderung sozialer Dys-Funktionen. (S. 18)

Viele der Zeitgenossen Hamiltons bedienten sich derselben Grundkonzepte. Da ihre Theorien auf der Freudschen Psychologie beruhten, wurden sie als Diagnostische Schule der Sozialen Arbeit bekannt. Herausragende Nachfolgerin Hamiltons ist Florence Hollis (1964), deren Definition der Sozialen Arbeit als psychosoziale Therapie weiterhin auf das Individuum konzentriert war. Die dritte Ausgabe ihres Buches, mit Mary E. Woods als Mitautorin (1981), versucht, die Basis der psychosozialen Therapie zu vergrößern, doch bleibt das Individuum weiterhin zentraler Focus ihrer Aufmerksamkeit.

Eine zweite wichtige Schule in der Entwicklung der Theorien Sozialer Arbeit war während dieser Zeit die Funktionale Schule. Verwurzelt in Rankes Philosophie, waren ihre Hauptvertreter Jessie Taft (1944), Virginia P. Robinson (1943) und Kenneth L.M. Pray (1949). Zwar betont die funktionale Theorie, daß dem Klienten in seiner Umwelt geholfen werden muß, doch richtet sie ihr Augenmerk hauptsächlich auf die „individuellen Unterschiede" jedes Klienten. Ruth E. Smalley (1967) war die wichtigste Nachfolgerin von Taft, Robinson und Pray. Ihre Psychologie des Individuums unterschied sich zwar von der Hamiltons, doch auch sie erhielt den Unterschied zwischen Individuum und Gruppe aufrecht. Dies ist ebenfalls bei den jüngsten Vertretern des funktionalen Ansatzes zu beobachten (Arnold & Bloom, 1981; Ryder, 1976).

1957 veröffentlichte Helen H. Perlman ihr Buch 'Social Casework – A Problem Solving Process', das bis heute die Sozialarbeitspraxis beeinflußt. Die Autorin bot folgende Definition an: „Soziales Casework ist ein Prozeß, der von einigen Wohlfahrtsorganisationen genutzt wird, um Individuen zu helfen, besser mit ihren Problemen bei der Bewältigung ihres sozialen Alltags umgehen zu können" (S. 4). Ihre Argumente basierten auf dem Theorieprogramm der Ich-Psychologie, doch Perlman war sich des 'sozialen' Elements der Sozialen Arbeit bewußt. Dementsprechend ist die Einschätzung der menschlichen Verfaßtheit in ihrer Definition von Social Casework ausgeglichener als die anderer Wissenschaftler. Trotzdem unterstreicht auch Perlman die Bedeutung des Individuums in ihrem Ansatz. Der bleibende Wert ihres Modells besteht in der Systematisierung des Sozialen Casework sowie im wissenschaftsbezogenen Ansatz der Problembewältigung, nicht aber im Umgang mit den Fragen von Individuum und Individualismus.

Die herausragende Stellung des Individuums beeinflußte auch die Entwicklung der Theorie zur Sozialen Gruppenarbeit. So übernahmen beispielsweise Coyle (1947, 1948) sowie Wilson und Ryland (1949) die Grundkonzepte Hamiltons in ihren Publikationen. Dies trifft auch auf H.U. Phillips (1957) zu, obwohl sie als Theoretikerin der Funktionalen Schule in einer anderen Theorie der Psychologie verwurzelt war. Northen (1969) illustriert dies. Sie beginnt ihre Publikation zur Gruppenarbeit mit folgender Aussage: „Wichtigstes Zielobjekt der Sozialen Arbeit ist das Individuum in seinen zwischenmenschlichen Beziehungen sowie in seiner Auseinandersetzung mit der eigenen Umwelt" (S. 1).

Nur selten wurde das Berufsfeld der Sozialen Arbeit durch einen einzigen Aufsatz so sehr beeinflußt wie dies bei William Schwartz' „The Social Worker in the Group" (1961) der Fall war. Schwartz war der Ansicht, daß eine umfassende Definition der Sozialen Arbeit nötig ist, bevor Methoden der Sozialen Arbeit (in seinem Fall die soziale Gruppenarbeit) definiert werden können. Nach Schwartz' Verständnis muß der Sozialarbeiter im Gesamtkontext der menschlichen Situation gesehen werden. Das Verhältnis Sozialarbeiter/Klient wird als reziprok angesehen. Außerdem ist es ein Mensch-zu-Mensch und Mensch-zur-Gruppe Verhältnis. An dieser Stelle meint Schwartz, daß es sich beim Klienten und dem Sozialarbeiter um Individuen handelt, die sich auf Wunsch gegenseitig beeinflussen. Er fährt fort:

> Wir sind der Ansicht, daß die Hauptaufgabe der Sozialen Arbeit darin besteht, den Prozeß in Gang zu setzen, wodurch das Individuum und die Gesellschaft aufeinander zugehen, weil beide das Bedürfnis der Selbsterfüllung verspüren. Dies setzt ein Verhältnis zwischen dem Individuum und seiner Gruppe voraus, das wir als „symbiotisch" beschreiben – ein jeder braucht den anderen, um zu leben und sich zu entwickeln, und bewegt sich beschreibend auf den anderen zu, so weit dies zu einem gegebenen Zeitpunkt möglich ist. (S. 15)

Schwartz (1976) versucht bewußt, ein holistisches Modell aufzustellen. Er definiert die Voraussetzungen, unter denen solch ein Modell möglich ist. Parsons zitierend schreibt er, daß „die Definition eines organischen Ganzen gleich ist mit den Relationen, die die Eigenschaften der Einzelteile festlegen..." (S. 173). Dann zitiert er Frank: Was vonnöten ist, ist ein „Feldkonzept, das kreisförmige, gegenseitige Verhältnisse beschreibt... durch die die Mitglieder des Feldes teilnehmen können und so ein ganz neues Feld schaffen..." (S. 175). Hier handelt es sich um eindeutig holistische Ansätze, die intern stimmig sind. Doch die Umsetzung wird dadurch beeinträchtigt, daß man in der Theorie Sozialer Arbeit den Klienten als Individuum ansieht und die Dinge in Bruchstücke zerlegt.

Die Aufgabe des Sozialarbeiters besteht in Schwartz' Ansatz darin, die Funktion eines Mediators zu übernehmen, eine inzwischen berühmt gewordene Formel. Die Mittlerfunktion scheint den konzeptuellen Grenzen zu entspringen, die auf die Vorstellung des Indiduums in Schwartz' Definition der Gruppe zurückgehn. Er definiert die Gruppe als eine Ansammlung von Individuen, „die einander brauchen, um in einer feindlichen Umgebung gemeinsame Aufgaben zu bewältigen" (S. 185). Ein zusätzliches Problem besteht darin, daß der Sozialarbeiter als Mediator eine unnatürliche Stellung einnimmt, auch wenn Beziehungen, ob sie nun freundlicher oder feindlicher Art sind, die Menschen näher zusammenbringen. Deshalb ist es fragwürdig, ob es überhaupt möglich ist, *zwischen* dem Individuum und der Gruppe zu stehen.

An dieser Stelle bemerkt man die antisoziale, räumliche Lücke, die sich während der Entwicklung der Theorien Sozialer Arbeit aufgetan hat, eine Entwicklung, die den gegenwärtigen Untersuchungsergebnissen zur Human-Entwicklung nicht entspricht. So enthält Schwartz' Ansatz genau dieselben Probleme, die für die individualistischen Ansätze typisch sind: Individualismus trennt. Schwartz setzte seine Arbeit bis in die 70er Jahre hin fort (Schwartz, 1976; Schwartz & Zalba, 1971), und sein Einfluß ist noch heute zu spüren. So übertrug Lawrence Shulman (1984) den Ansatz von Schwartz auf die gesamte Sozialarbeitspraxis. Ein weiterer Beitrag Shulmans bestand darin zu zeigen, wie ein bestimmter Referenzrahmen die Interpretation empirischer Erhebungen beeinflußt. Zu lange wurde die Bedeutsamkeit dieses Beitrags ignoriert.

Im Jahrzehnt 1970-1979 erschienen zwei weitere wichtige Arbeiten zur Sozialen Arbeit, die an dieser Stelle erwähnt werden sollten. Sie sind deshalb wichtig, weil sie eine Sammlung der theoretischen Arbeiten bedeutender Autoren zum Sozialen Casework und zur Sozialen Arbeit mit Gruppen darstellen. Ein Band, der 1974 von Turner herausgegeben und 1979 bzw. 1985 verändert wurde, trägt den Titel „Social Work Treatment: Interlocking Theoretical Approaches". Der zweite, 1976 von Roberts und Northen herausgegeben, heißt „Theories of Social Work with Groups".

Turner (1979) wendet sich der Theorie Sozialer Arbeit zu. Er definiert den Nutzen und die Grenzen der Theorie und stellt fest, daß der Begriff allzu ungenau verwendet wurde. Er fordert, daß Theorie und Praxis in Zukunft deutlichere Beziehungen untereinander aufweisen müssen. Dame Eileen Younghushand, eine herausragende britische Ausbilderin in der Sozialen Arbeit, die das Vorwort zu Turners Buch schrieb, macht dieselbe Feststellung über die Rolle des Empirismus in einer Theorie der Sozialarbeitspraxis (S. xii-xiv). Doch weder Turner noch seine Mitarbeiter definieren grundlegende Begriffe. Auch den Individualismus und andere wichtige Konzepte stellen sie nicht in Frage in ihren Aussagen zur „Behandlung" in der Sozialen Arbeit. Krill (1979) kommt einer Definition des Individualismus in seinem Kapitel zur existentiellen Sozialarbeit am nächsten, doch dabei bleibt er so ungenau, daß man nicht von einer richtigen Definition sprechen kann (S. 147-176).

„Theories of Social Work with Groups", herausgegeben von Roberts und Northen, 1976, stellt eine Anzahl von Ansätzen in der Theorie der Sozialen Gruppenarbeit dar. Wie im Turner Band präsentieren zwölf Autoren ihre Ansätze mit Hilfe einer Struktur, die von den Herausgebern vorgegeben wurde. Roberts und Northens abschließendes Kapitel widmet sich direkt der Rolle des Individuums und der Gruppe:

> Obwohl die Autoren oft über die Integrität und den Wert des Individuums und sein Recht auf Selbstbestimmung sprachen, tauchten Unterschiede in dem System auf, in dem der Sozialarbeiter seine Aufgaben wahrnehmen sollte. Zwei Ansätze sehen das Individuum als ihren Klienten, zwei weitere erkennen die Gruppe als ihren Hauptklienten. Interessant ist, daß all die Autoren, die eine Einzelgruppe als Klient definieren, die Familie als Zielobjekt entweder ausschließen oder gar nicht beachten und sich nur nicht-familiären Gruppen zuwenden. Demgegenüber sprechen drei Autoren, Hartford, Northen und Somers, von einem dualen Klientensystem, dem Individuum und der Gruppe. Diese Autoren meinen, daß die Ziele des Individuums und der Gruppe in allen Gruppentypen verbunden sind. Sie weisen aber darauf hin, daß das eine oder andere System je nach der konkreten Situation die besondere Aufmerksamkeit des Sozialarbeiters erfordert. (S. 376)

Alle Wissenschaftler, die an Turners und Roberts/Northens Publikationen mitgearbeitet haben, stimmen in zwei Bereichen überein: (1) Individuen existieren, und (2) Individuen sind manchmal die „Zielobjekte" der Intervention eines Sozialarbeiters. Sie vermitteln, daß der soziale Aspekt des Lebens noch zum Individuum hinzugefügt werden muß, egal, was sonst noch durch den Blickwinkel auf das Individuum verloren geht. Es bleibt der eindeutige Eindruck, daß Individuen etwas anderes als soziale Einheiten sind.

Während der sozialen Revolution der 60er Jahre wurde die Soziale Arbeit häufig für ihre „Nähe zum Establishment" und ihre psychologische Ausrichtung kritisiert. Ihr wurde vorgeworfen, soziale Probleme auszublenden und das Opfer für seine bzw. ihre Schwierigkeiten verantwortlich zu machen. Es würde dieses Kapitel sprengen, wenn wir die Dynamik der sozialen Änderungen der 60er Jahre betrachten würden. Allerdings können die Veröffentlichungen in der Sozialen Arbeit der 70er Jahre nicht ohne eine Betrachtung der 60er Jahre verstanden werden. Kurz gesagt: Nach den 60er Jahren hat nie wieder ein wichtiger Sozialarbeitstheoretiker das „Soziale", die „Umwelt" oder den „sozialen Kontext" übersehen, ohne jedoch dem Individualismus untreu zu werden, der sich durch die gesamte Geschichte der modernen Sozialen Arbeit zieht. Strean (1979), der für seine Veröffentlichungen über psychoanalytische Soziale Arbeit bekannt ist, schreibt, daß sich die Umwelt in das „psychosoziale Funktionieren des Menschen einmischt" (S. 155). Toseland und Rivas (1984) fordern, daß sich Sozialarbeiter „in ihrer Praxis drei Bereichen zuwenden sollen: (1) dem individuellen Mitglied der Gruppe, (2) der Gruppe als Ganzem und (3) der Umwelt, in der die Gruppe funktioniert" (S. 5).

Bezüglich der Probleme, die auftauchen, wenn der Mensch in Einzelteile zerlegt wird, sagt Meyer (1970):

> ... das erste, was Sozialarbeiter tun, ist Menschen zu individualisieren... Eine wichtige Eigenschaft des Individualisierungsprozesses ist, daß Menschen differenziert werden... Wir werden ihn [den Menschen] nur dann als Individuum erkennen, wenn wir seine ganz eigenen Bedürfnisse, Gefühle, Sehnsüchte, physische und mentale Eigenschaften und seinen Lebensstil verstehen. (S. 107-109)
>
> Der traditionelle Sozialarbeitsansatz der Person-in-Situation verdeutlicht das Problem der Trennung zwischen den Sozialwissenschaften und der Psychologie. Dieses Konzept benötigt die Verbindungswörter 'in' oder 'und', da die Person und die (soziale) Situation unterschiedliche theoretische Komponenten haben und gänzlich unterschiedlich gemessen werden. Die Wissenschaften Soziologie und Psychologie werden auf verschiedenen Abstraktionsebenen betrieben und zeigen unterschiedliche Interventionsebenen auf. Wollte man beide verbinden, so wäre das Ergebnis entweder, die Gesellschaft zu psychologisieren oder die Persönlichkeit zu soziologisieren. (S. 126)

Ähnlich wurde mit der sozialen Systemtheorie verfahren, als diese in den 50er Jahren auf der Bildfläche der Sozialen Arbeit auftauchte. Sie wurde dazu benutzt, alle Teilbereiche der Sozialen Arbeit, also Klienten, Umwelt und Sozialarbeiter, unter einen Hut zu bringen (Hearn, 1958; Stein, 1974).

Unter dem Einfluß der Systemtheorie wurde den Möglichkeiten der Gruppe, ob es sich nun um Familiengruppen oder sonstige Gruppen handelte, größere Aufmerksamkeit geschenkt. Sie spielten von nun an eine immer größere Rolle in der Theorie Sozialer Arbeit. Pincus und Minahan (1973) definierten Soziale Arbeit beispielsweise als „Verbindungen und Interaktionen zwischen Menschen und Systemen und den Problemen, die sich dem Funktionieren sowohl des Individuums und des Systems stellen" (S. 9). Garvin und Seabury verwenden einen Systemansatz, um Kommunen und Organisationen als Elemente der Umwelt des Klienten zu verstehen. Compton und Galloway (1985) benutzen die Systemtheorie, um ihr allgemeines Rahmenwerk zu strukturieren. Lonergan (1985) verwendet Systemtheorie allerdings vorsichtiger und schreibt, daß sie den „Anfang des Versuchs darstellt, das Ganze zu erkennen, zu würdigen und zu verstehen, und daß die Implikationen „aller Systeme" bei der „Behandlung des Individuums und der Gruppe" gerade erst ansatzweise erkannt werden (S. 7).

Carel B. Germain ist eine der produktivsten Wissenschaftlerinnen, die gegenwärtig in der Sozialen Arbeit tätig sind (Germain 1976, 1978, 1979, 1980). Ihr Ansatz für die Praxis ist in der Kinderarbeit (Germain, 1985), der Gesundheitsarbeit (Germain 1977, 1984; Schlesinger, 1985), der Genetik (Schild & Black, 1984), der schulischen Sozialarbeit (Winters & Easton, 1983), der Sozialen Arbeit mit Gruppen (Balgopal & Vassil, 1983) und der Gemeinwesenarbeit (Germain, 1986) angewandt worden.

Germain (1980) widmet sich dem Konzept der Ökologie als sozialem Kontext und zählt verschiedene Typen von Umwelt auf: Technologie, Information, Regulierung, Wirtschaft, Politik, Institutionen, Kultur (S. 483-485). Ihr Ansatz, der auch als 'life model' bekannt geworden ist (Germain & Gitterman, 1980), stellt die ökologische Einschätzung des sozialen Kontextes in den Vordergrund, fordert eine holistische Betrachtungsweise und sieht die zentrale Dimension der Sozialen Arbeit in der Transaktion zwischen dem Menschen und seiner Umwelt. Clemenger (1980) sieht aber eine Schwäche in dem Ansatz, weil er „versucht, das 'life model' als integrierten Ansatz in der Sozialen Arbeit zu beschreiben, die ihrerseits eher auf das Individuum und den einzelnen Klienten hin orientiert ist" (S. 122).

Warum Germain ein Konzept entwickelt, nach dem Soziale Arbeit mit den Transaktionen zwischen Individuen und der Umwelt befaßt ist, scheint offensichtlich. Die Beschaffenheit des Menschen in zwei Bereiche zu unterteilen, in den des Individuums und den der Umwelt, ist historisch gesehen die Hauptströmung in der Entwicklung der Theorie Sozialer Arbeit. Dementsprechend verfallen Germain und Gitterman, wie so viele vor ihnen, derselben Unterteilung. Da sie mit der Prämisse beginnen, daß Menschen als Individuen geachtet werden sollen, losgelöst von den Umständen und nur deshalb, weil sie menschliche Wesen sind, gelangen die Wissenschaftler zu einer Anzahl ungeprüfter, nicht gestützter Aussagen über Individuen und deren Umwelt. Wenn das Individuum der Umwelt gegenübergestellt wird oder wenn das Individuum in die Mitte eines erdachten Kreises gestellt und alles drumherum als Umwelt bezeichnet wird, kann man das Individuum in der Tat als überwältigt, hilflos und entmündigt und dementsprechend als der Sozialen Arbeit bedürftig ansehen. Individuen stehen an erster und letzter Stelle. Während also der Ansatz als wichtigster Bestandteil des American Dream gelten kann, so kann der Traum genauso gut ein Alptraum sein.

Es wäre falsch zu glauben, daß die Soziale Arbeit ab 1980 erkannt habe, daß das Individuum und die Gruppe in Theorie und Praxis gleichzeitig betrachtet werden müssen. Die Unterteilung war bereits 1940 deutlich, ja sogar schon früher. Man muß sagen, daß sich dieser Fehler bis 1980 verfestigt hatte. Die Verkodifizierung steht am Ende eines langen Prozesses.

Die Tatsache, daß der duale Ansatz so lange in der Sozialen Arbeit angewandt wurde, ist das Resultat der Unzufriedenheit mit zwei Mängeln in der Theorie Sozialer Arbeit und -praxis. Der eine ist die Tendenz des Individualismus, eine angemessene Beachtung sozialer Faktoren zu verhindern. Der zweite Mangel ist weniger offensichtlich. Er hat mit der andauernden Anwendung Freudscher psychoanalytischer Ansätze zu tun. Die Psychoanalyse gilt generell als Verfechterin des Individualismus, sowohl seitens ihrer Förderer als auch ihrer Kritiker. Diese Einschätzung beachtet jedoch nicht, daß es ohne soziale Interaktion gar keine Möglichkeit gäbe, intrapsychische Konflikte zu verstehen. Interaktion bedeutet soziales Verhalten. Verhalten kann als mehr oder weniger wichtig eingestuft werden, oder lediglich als Möglichkeit, an das heranzukommen, was den psychoanalytisch orientierten Sozialarbeiter besonders interessiert, und zwar an das Unterbewußte. Tatsache bleibt allerdings, daß nur Verhalten, verbal oder nicht verbal, dem Sozialarbeiter und dem Klienten das Verstehen der Persönlichkeitsdynamik ermöglicht. Die Persönlichkeit drückt sich im Verhalten aus. Dementsprechend ist die Psychoanalyse eine soziale Psychologie. Die Psychoanalyse wird verzerrt, wenn sie als ausschließlich psychologisch bezeichnet wird. Dies zu tun würde auch ihren wichtigen Einfluß auf das amerikanische Sozialleben ausblenden.

Zusammenfassend ist zu sagen, daß sich alle oben erwähnten Wissenschaftler darüber im klaren sind, daß Individuen nicht alleine existieren können. Alle finden eine Möglichkeit, mit dieser Wahrheit umzugehen, wenn auch auf unterschiedliche Art und Weise. Ihre Lösungsvorschläge bestehen darin, die Hauptbeschäftigung mit dem Individuum dadurch zu relativieren, daß das Individuum mit der Umwelt in Verbindung gebracht wird. Das Resultat ist eine Dialektik, die der Ausgeglichenheit dienen soll und, wichtiger, mit den unterschiedlichen Faktoren, die sowohl die Gesamtgesellschaft als auch den einzelnen Klienten beeinflussen, zurechtkommen soll. Kurz gesagt, diese Dialektik bedient sich der Sprache des Individuums und der Gruppe, des Individuums und der Gesellschaft, des Individuums (oder der Person) und der Umwelt. Was diese Dialektik nicht leistet, ist einen wahrlich holistischen und vielfältigen Ansatz zu bieten, einen, der es vermeidet, Individuum und Gruppe zu trennen.

## 1.4 Die Spaltung Individuum – Umwelt

Um die wesentlichen Merkmale der Zweiteilung der Sozialarbeitswelt besser analysieren zu können, ist es angebracht, fünf Postulate über das Individuum zu analysieren, die diese Zerteilung verdeutlichen.

1. Der Mensch ist aufgrund seiner Einzigartigkeit zur Befriedigung seiner Bedürfnisse berechtigt.

In dieser Aussage tauchen andere Menschen auf, um die Bedürfnisse des Individuums zu erfüllen. Es ist eine Aussage über einen gegenseitigen Egoismus. Die Aussage unterstellt, daß der mittellose Empfänger von Sozialer Arbeit anderen gar nichts geben könne, auch wenn dies in Wahrheit oft der Fall ist.

2. Die höchste Stufe menschlicher Natur wird in der Unabhängigkeit des Menschen gesehen.

Diese Aussage definiert Unabhängigkeit auf eine individualistische Weise und erklärt, warum die Selbstbestimmung als angeblich demokratisches Recht in der Sozialen Arbeit auftaucht. Doch diese Demokratie ist minimal, da sie davon ausgeht, daß Selbstbestimmung mit Unabhängigkeit einhergeht, die wiederum nur dadurch beschränkt wird, daß andere von demselben Recht profitieren. Wenn Soziale Arbeit vom Recht auf Selbstbestimmung spricht, so wird in der Regel die Tatsache völlig ausgeblendet, daß alle Entscheidungen, ob sie nun selbstbestimmt sind oder nicht, sozialer Natur sind und so direkt andere Menschen betreffen.

3. Die Beziehung eines Menschen zu anderen wird ausschließlich durch eigene Attribute ausgedrückt; er oder sie ist wichtigster Handlungsträger.

Diese Aussage wendet sich einer verwandten Angelegenheit zu. Der Individualismus beschreibt menschliche Beziehungen in einer einseitigen Sprache. Als Beispiel gelte folgende Fallstudie.

Die Klientin sagte, daß sie ihrer Freundin geraten habe, ihren Freund zu verlassen, da er sie mißhandelt habe. Die Freundin antwortete, daß er sie nichts angehe und daß sie ihre Nase nicht in ihre Angelegenheiten stecken solle, sonst würde sie nie wieder mit ihr über die Sache sprechen. Die Klientin sagte, daß sie sich darüber aufgeregt habe. Der Sozialarbeiter wies die Klientin darauf hin, daß es einzig und allein ihre Entscheidung sei, ob sie weiterhin so neugierig zu sein gedenke und dann ihre Freundin verlieren würde, oder ob sie den Ratschlag befolgen und aufhören würde, in deren Privatsphäre einzudringen.

Dieses Beispiel hinterläßt den Eindruck, daß nur das zählt, was der Klient tut und was der Sozialarbeiter darüber denkt. Ob die Aussagen des Sozialarbeiters fachlich angebracht sind, steht hier nicht zur Debatte. Das Problem liegt darin, daß das Verhalten der Klientin und ihrer Freundin als einseitig und nicht reziprok angesehen werden. Hätte der Sozialarbeiter einen reziproken Ansatz gewählt, hätte er sicherlich eher die Interaktionen hervorgehoben, die ohne Zweifel stattgefunden haben. Sowohl die Klientin als auch der Sozialarbeiter haben den Klienten als Handlungsträger und die Freundin als irgend jemand anderes, „außerhalb", betrachtet.

4. Die Identität eines Menschen basiert darauf, was ihn von anderen Menschen unterscheidet.

Diese Aussage geht die Frage der persönlichen Identität an. In der Aufteilung Individuum/Gesellschaft impliziert das „Ich bin ich" und „Du bist du", daß, wenn man wie andere auch einen eigenen Körper hat, es Trennungen gibt, die die Identität unterstreichen. Margaret Mahler und andere (1975) modifizieren diese Aussage. Sie weisen darauf hin, daß ein Kind, wenn es seine Andersartigkeit von seiner Mutter erkennt, dies innerhalb und nicht außerhalb der Beziehung der beiden erfährt. Mahler und ihre Mitarbeiter benutzen den Begriff „Individuierung", um zu beschreiben, wie ein Ich aus einer Beziehung entsteht, die Menschen zum Überleben benötigen. Mahlers Ausführungen bilden einen starken Gegensatz zu Aussage Nr.4, nach der es feste Grenzen zwischen abhängigen und unabhängigen Menschen gibt.

5. Ein Mensch sieht sich dann als „frei" an, wenn er Entscheidungen treffen kann, die ihm einen größtmöglichen Vorteil bescheren.

Diese letzte Aussage postuliert, daß Freiheit ein individueller Vorteil ist, der sich ohne andere Menschen verwirklicht. Nicht beachtet wird allerdings, daß jeder mit den Konsequenzen seiner Entscheidung leben muß. Damit ist gemeint, daß sich jedes Individuum den Konsequenzen der gewählten Handlung stellen muß. Wieder wird der Schaden deutlich, der durch ein falsches Verstehen des Konzepts der Selbstbestimmung entsteht.

Der Wahrheitsgehalt der fünf Aussagen läßt erkennen, warum 'Umwelt' oder ein anderer Kontext dem 'Individuum' hinzugefügt werden muß, um einen Eindruck von Ganzheit zu erreichen. Die fünf Aussagen stimmen darin überein, daß sie das Individuum als geschlossenes System ansehen. Sie erstellen Grenzen und erwecken den Eindruck, als müsse man ein geschlossenes, eingegrenztes Ich sein, bevor man erfolgreich mit anderen umgehen kann, und nicht ein Mensch, der zu anderen beiträgt und zu dem andere beitragen. Vor diesem Hintergrund gehören Individuum und Gruppe zu zwei unterschiedlichen Welten.

## 1.5 Vier Wege mit der Spaltung umzugehen

Die Begriffe, auf denen die oben beleuchteten Aussagen basieren, sind Eigenständigkeit, Unabhängigkeit, Selbstbeschreibung, Besonderheit und Freiheit. Jeder Begriff ist mit der Vorstellung des Individuums verbunden, elaboriert, ja definiert ihn. Um das, was die einzelnen Begriffe auslassen, zu korrigieren, haben Theoretiker der Sozialen Arbeit mindestens vier verschiedene Ansätze entwickelt.

**Die additive Variante**

Die erste Alternative beinhaltet weiterhin den Grundansatz, daß das Individuum die elementarste Einheit menschlichen Lebens ist. Sie kombiniert das Individuum mit einem Gegenstück, beispielsweise der Gruppe. Dies ist die additive Variante, die das betrachtet, was außerhalb des Individuums liegt, und entspricht so Durkheims Definition des Begriffes „sozial" als all jene „Arten zu handeln, zu denken und zu fühlen, die außerhalb des Individuums liegen, die insofern Macht haben, als sie das Individuum beeinflussen" (Durkheim, 1982, S. 59). Durkheim hat das Soziale allerdings nicht auf das Persönliche oder Individuelle reduziert. Ziel der additiven Variante ist es, ein umfassenderes Bild der menschlichen Situation zu erstellen, als es das auf sich selbst gestellte Individuum vermag.

Wenn man betrachtet, wie die oben zitierten Theoretiker der Sozialen Arbeit mit dem Problem Invidiuum-Kollektiv umgehen, so können die meisten zur additiven Kategorie gezählt werden, so Bloom (Individuum, Familie und großes Sozialsystem), Reamer (der Individuum und Kollektivität verbindet und beide betont), Coulton (der auf eine gegenseitig förderliche Interaktion zwischen Individuen und der Gesellschaft abzielt), Hamilton (Individuum und Umwelt), Coyle, Wilson und Ryland, sowie Phillips (Individuum und Gruppe), Pincus und Minahan (Verbindungen und Interaktionen zwischen Menschen und Mittelsystemen), Toseland und Rivas (Individuen, Gruppen und Umwelt) und schließlich die Autoren in den von Turner bzw. Roberts und Northen herausgegebene Sammelbänden (Individuen und Gruppen). Boehm (1959) verwendet den additiven Ansatz in seinem Satz „der Mensch und seine Umwelt".

Zwar verwenden alle erwähnten Wissenschaftler den additiven Ansatz, um die Zerteilung zu kitten, doch nur wenige Autoren setzen die verschiedenen Teile gleich zusammen. Die Ausnahmen sind die Autoren des Sammelbandes, Coyle, Wilson und Ryland, Phillips, Toseland und Rivas, sowie Roberts und Northen, die alle die Formulierung „Individuum und Gruppe" verwenden.

**Die Bindestrichvariante**

Eine zweite Möglichkeit, die Nachteile des Individualismus zu beheben, wird durch die Verwendung von Bindestrichen ausgedrückt. Erneut scheint das Ziel zu sein, ein umfassenderes Bild des Menschen zu erhalten, aber das Verfahren unterscheidet sich von der additiven Variante dadurch, daß die Begriffe durch Bindestriche in eine Reihe, eine Serie gebracht werden. „Person-in-Situation" verdeutlicht diese Alternative. Es soll erreicht werden, daß kein Begriff dem anderen untergeordnet wird, außer durch die Tatsache, daß das Wort „Individuum" immer an erster Stelle steht und die Begriffe „in-der-Situation" angehängt werden. So hat niemand die Alternative „Situation-in-Person" aufgestellt. Die Bindestrichvariante hat die festen Grenzen der additiven Variante, wo sich kein Element durch die Zusammenfassung verändert, aufgeweicht. Die Bindestrichvariante beginnt zumindest, sich dem Problem zu stellen.

Ell (1984) wendet die Bindestrichvariante an, was bei ihm zeigt, daß die individuellen und kollektiven Elemente eine inhärente Beziehung zueinander haben. Ell fordert, daß der Sozialarbeiter zwischen sich und seinem Klienten ein Zusammenpassen suchen soll.

## Die Variante der Vermittlung

Die dritte Variante ist die Methode der Vermittlung, mit der die Zerteilung behoben werden soll. Schwartz, siehe oben, hat diese Variante am besten verdeutlicht. Vermittlung hat eine Brückenfunktion, die Schwartz dem Sozialarbeiter innerhalb der Gruppe zuspricht. Er bietet den Klienten eine Vision davon, was die Gruppe erreichen könnte, und vermittelt zwischen Individuen, Gruppen und Institutionen. Bei diesem Ansatz hat der Sozialarbeiter zumindest die Möglichkeit, zwischen sozialen Einheiten zu stehen, ohne einer anzugehören. Wie kein anderer wollte Schwartz zeigen, wie ein genereller Systemansatz zur Sozialen Arbeit paßt. Die Zerteilung, der er sich widmete, war allerdings die des Individuums und der Gesellschaft. Er glaubte, daß beide mit Hilfe des Sozialarbeiters aufeinander zugehen könnten, wenn dieser beide mit Hilfe seiner Mittlerrolle verbindet. Schwartz weist von sich, daß er Individuum und Gesellschaft trennen wollte, aber auf einer rein sprachlichen Ebene trifft man erneut auf das unterschwellige Problem des Individualismus.

## Die Teil-Ganzes Variante

Eine vierte Methode, die Zerteilung zu beheben, ist die Teil-Ganzes Formulierung, die in den meisten Texten zur Sozialen Arbeit enthalten ist, die auf der sozialen Systemtheorie aufbauen, bzw. im Großteil der holistischen Literatur in der Sozialen Arbeit. Die Teil-Ganzes Variante ähnelt der additiven Variante darin, daß sie Bruchstücke zusammenfügt, die alleine zu unvollkommen für die Zwecke der Sozialen Arbeit sind. Die Teil-Ganzes Variante behauptet, daß nur die Integration, und nicht lediglich die Addierung von Teilen, funktioniert. Sie weist darauf hin, daß, sobald sich ein Teil eines Systems verändert, alle anderen Teile des Systems und das System selbst sich ebenfalls ändern. Ändert sich ein Familienmitglied, so folgen die anderen und die gesamte Familie oder Gruppe oder Gemeinschaft. Mehrere Wissenschaftler wählen die Teil-Ganzes Variante. So Weick (1984), der eine dynamische Matrix aus Individuen, der Gesellschaft und der das Individuum beeinflussenden Umwelt entwickelt. So Germain und Gitterman (1980), die die Ganzheit des Individuums und der Umwelt in einem „ökologischen" Modell darstellen.

Diese Variante kann man nur wegen der Implikationen des Begriffes „Teile" nicht unterstützen. In diesem Zusammenhang bezeichnen Teile die Individuen, denn „Individuen sind die Bestandteile von Gruppen". Nach genauer Analyse zeigt sich, daß auch die Systemtheorie das Individuum als unteilbare und grundlegende Einheit der Untersuchungen ansieht. Daneben können Teile sowohl eine eigene Existenz haben als auch im Ganzen eine Rolle spielen. Ein Autorad kann ohne Auto existieren, auch wenn es deshalb hergestellt wird, um dem Auto das Fahren zu ermöglichen.

Zusammenfassend muß deshalb gesagt werden, daß es kaum relevant ist, zu welcher Kategorie (additive Variante, Bindestrichvariante, Mittlervariante, Teil-Ganzes Variante) die oben erwähnten Wissenschaftler gehören. Ebenso unwichtig ist die Tatsache, daß sich einige Wissenschaftler gar nicht direkt mit dem Problem der Individuum-Kollektivität-Beziehung beschäftigt haben. Was wichtig ist, ist die Tatsache, daß sich alle, von Perlman eventuell abgesehen, einer Sprache bedienen, die klar Menschen als Individuen konzeptualisiert und die beinhaltet, daß das Gegenstück bzw. die Alternative zum Individuum die Umwelt oder eine ähnlich bezeichnete Einheit ist. Dies trifft auf Kagle und Cowger zu (die die Schuldzuweisung des Opfers durch Art der empirischen Untersuchungen kritisieren), auf Meyer (der argumentiert, daß das Ziel der Sozialen Arbeit die Individualisierung der Klienten sein sollte) und auf Turner und Bowers, die sich beide nicht dem begrifflichen Problem zuzuwenden scheinen.

Es gäbe sicherlich noch weitere Möglichkeiten, wie die Lösungsvorschläge erklärt werden könnten, die das, was hier „Zerteilung" genannt wird, aufheben wollen. Nach den bisherigen Ausführungen sollte klar sein, daß alle Formulierungen, die sich gleichzeitig mit dem Individuum und der Umwelt beschäftigen, ausnahmslos individualistischer Natur sind.

## 1.6 Weitere Betrachtungen

In den Konzepten, die die Soziale Arbeit heranzieht, um die menschliche Lage zu verstehen, ist die Frage nach Teilen und dem Ganzen verborgen. Ihr gebührt mehr Beachtung, als ihr bisher geschenkt wurde. Es ist eine Frage nach der logischen Stellung eines Ganzen und seiner Elemente. Dieser Bereich wird im folgenden Kapitel genauer betrachtet, das die Membership-Perspektive zusammenfaßt. An dieser Stelle muß bereits gesagt werden, daß die Zerteilung Individuum – Gruppe von dem Standpunkt herrührt, der meint, daß die Teile (die Individuen) die Gruppe (das Ganze) ausmachen, so daß die Gruppe ein übergeordnetes Konzept wird. Die Logik ist induktiv. Wer versucht, einen holistischen Ansatz zu entwickeln, ohne die Logik der Sozialarbeiter zu ändern, muß scheitern, denn es gilt: das Ganze kommt vor den Einzelteilen. Das Ergebnis des mißverstandenen holistischen Ansatzes, der in die Theorie Sozialer Arbeit eingebaut werden soll, sind die vier Varianten, die die Zerteilung aufheben sollen. Wie wichtig diese Beobachtung ist zeigt sich daran, daß sich das Konzept des Klienten der Sozialen Arbeit in den letzten 45 Jahren kaum verändert hat. Es scheint, als bestünde die einzige Neuerung darin, daß dem Individuum die Umwelt gegenübergesetzt wurde, ohne eine brauchbare Beziehung zwischen beiden zu elaborieren.

Sogar Gordon Hearn (1958), der anspruchvollste Wissenschaftler der Systemtheorie in der Sozialen Arbeit, meint, daß „jedes System aus Objekten besteht, die ganz einfach Teile des Systems sind; es gibt Attribute, die den Objekten eigen sind; und es gibt Beziehungen zwischen den Objekten und ihren Attributen, die das System zusammenhalten" (S. 39). Jede Gruppe, so Hearn, besteht also aus Individuen, die Teile von Gruppen sind; es gibt Attribute, die Individuen beschreiben, und es gibt Beziehungen zwischen den Individuen, die die Gruppe ausmachen. Übersehen wird, daß die Gemeinschaft oder Gruppe an erster Stelle kommt, daß das Universum nicht von Individuen erfunden oder erschaffen wurde, sondern unteilbar ganz ist.

Das moderne Verfahren, das mit Teilen (Individuen) beginnt und alles auf ihre Ebene reduziert, ist der Ausverkauf an eine wissenschaftliche Methode, die nicht in der Lage ist, mit dem Ganzen umzugehen. Als Ansatz zum Verständnis der menschlichen Realität war und ist dieses Verfahren grundlegend falsch. D.C. Phillips (1976) beschreibt diesen grundlegenden Fehler in seiner Kritik der Generellen Systemtheorie (GST):

Ein zweiter Einwand gegen dieses simple Verfahren – d. h. die Auswahl von Einheiten, die ein relevantes System ausmachen – ist der, daß die Vertreter der GST nicht weit genug gegangen sind. Sie müssen auch belegen, daß sie bei der Isolierung des Systems von anderen, mit denen es eigentlich verbunden ist, keine künstlichen Elemente eingebaut haben, oder, in Beers Worten, keinen „zerstörerischen divisio" begangen haben. Einer der wichtigsten Punkte der GST besteht darin, daß die Interrelationen zwischen Teilen eines Systems äußerst wichtig sind. Indem der Systemtheoretiker aber ein System zwecks Erforschung isoliert, zerschneidet er automatisch einige Interrelationen – und tut genau das, was ihm seine eigene Überzeugung verbietet. (S. 63)

Phillips Kritik an der Generellen Systemtheorie wirft genau dieselben grundlegenden Fragen auf, die die traditionellen Ansätze in der Sozialen Arbeit mit sich bringen. Beide haben damit zu tun, daß eine soziale Existenz (die Gruppe und die Gemeinschaft) auf eine psychologische Ebene (das Individuum) reduziert werden. Es ist unsere Aufgabe, andere Ansätze zu finden, die Konzepte enthalten, welche das Leben nicht nur soziologisch und psychologisch, sondern gleichzeitig auch organisch beschreiben.

## 1.7 Fazit

Der Schluß, der aus der gesamten Diskussion gezogen werden kann, ist der, daß die Soziale Arbeit ein völlig neues Paradigma benötigt, das den wissenschaftlichen Erkenntnissen aus vielen Disziplinen besser entspricht und das auch besser mit den Werten harmoniert, die die Soziale Arbeit über den Egoismus des Individualismus hinaustragen wollen.

Im Verlauf des Buches soll solch ein Paradigma vorgestellt werden. Das neue Paradigma basiert auf der Feststellung, daß das menschliche Leben, was auch immer darüber ausgesagt werden kann, die Idee des Membership zur Basis hat.

**Literatur**

Arnold, H. & Bloom, T. (1981). Institutional change as a creative process: Some educational and practice considerations. Journal of Social Work Process, 19, 4-24.

Balgopal, P.R. & Vassil, T.V. (1983). Groups in social work. An ecological perspective. New York: Macmillan.

Bloom, M. (1983). Empirically based clinical research. In A. Rosenblatt & Waldfogel, D. (hg), Handbook of clinical social work (S. 560-582). San Francisco: Jossey-Bass.
Boehm, W. (1959). The nature of social work. Social Work, 3 (2), 10-18.
Bowers, S. (1949). The nature and definition of social casework (Teile I, II, III). Journal of Social Casework, 30 (8, 9, 10), 311-317, 369-375, 412-417.
Carlton, T.O. (1984). Clinical social work in health settings: A guide to professional practice with exemplars. New York: Springer Publishing Co.
Carlton, T.O. (1986). Group process and group work in health social work practice. Social Work with Groups, 9 (2), 5-20.
Chatterjee, P. (1984). Cognitive theories in social work practice. Social Service Review, 58 (1), 63-80.
Clemenger, F. (1980). Review of the life model of social work practice, by C.B. Germain & A. Gitterman. Journal of Education for Social Work, 16 (3), 121-122.
Compton, B.R. & Galloway, B. (1984). Social work processes (3.Auflage). Homewood, IL: Dorsey Press.
Coulton, C.J. (1981). Person-environment fits as a focus in health care. Social Work, 26 (1), 26-35.
Coyle, G.L. (1947). Group experience and democratic values. New York: Women's Press.
Coyle, G.L. (1948). Group work and American youth. New York: Harper & Row.
Durkheim, E. (1982). The rules of sociological method. S. Lukes (hg) (S. 50-59). New York: The Free Press.
Ell, K. (1984). Social networks, social supports, and health status: A review. Social Service Review, 58 (1), 133-349.
Fischer, J. (1976). The effectiveness of social casework. Springfield, IL: Charles C. Thomas.
Garvin, C.D. & Seabury, B. (1984). Interpersonal practices in social work: Process and procedures. Englewood Cliffs, NJ: Prentice-Hall.
Germain, C.B. (1976). Time, an ecological variable in social work practice. Social Casework, 57 (7), 419-426.
Germain, C.B. (1977). An ecological perspective on social work practice in health care. Social Work in Health Care, 3 (1), 67-76.
Germain, C.B. (1978). Space, an ecological variable in social work practice. Social Casework, 59 (9), 515-522.
Germain, C.B. (1979). Social work practice: People and environments. New York: Columbia University Press.
Germain, C.B. (1980). Social context of clinical social work. Social Work, 25 (6), 483-488.
Germain, C.B. (1984). Social work practice in health care: An ecological perspective. New York: The Free Press.
Germain, C.B. (1986). The place of community work with an ecological approach to social work practice. In S. Taylor & R.W. Roberts (hg), Theories and practice of community social work (S. 30-55). New York: Columbia University Press.
Germain, C.B. (1985). Work with the community and the organization in child welfare practice. In J. Laird & A. Hartman (hg), Handbook of child welfare. New York: The Free Press.
Germain, C.B. & Gitterman, A. (1980). The life model of social work practice. New York: Columbia University Press.

Glasser, P., Sarri, R. & Vinter, V. (1984). Individual change through small groups. New York: The Free Press.
Hamilton, G. (1940). Theory and practice of social case work. New York: Columbia University Press.
Hearn, G. (1958). Theory building in social work. Toronto: University of Toronto Press.
Hollis, F. (1964). Casework: A psychosocial therapy. New York: Columbia University Press.
Hollis, F. & Woods, M.E. (1981). Casework: A psychosocial therapy (3.Auflage). New York: Columbia University Press.
Kagle, J.D. & Cowger, C.D. (1984). Blaming the client: Implicit agenda in practice research? Social Work, 29 (4), 347-351.
Krill, D.F. (1979). Existential social work. In F. Turner (hg), Social work treatment – Interlocking theoretical approaches (2.Auflage) (S. 147-176). New York: The Free Press.
Lonergan, E.C. (1985). Group intervention: How to begin and maintain groups in medical and psychiatric settings. New York: Jason Aronson.
Mahler, M., Pines, F. & Bergman, A. (1975). The psychological birth of the human infant. New York: Basic Books.
Meyer, C. (1970). Social work practice – A response to the urban crisis. New York: The Free Press.
National Association of Social Workers. (1977). Code of ethics. In J.B. Turner (hg), Encyclopedia of social work (17.Auflage) (Band II) (S. 1066-1067). New York: Author.
National Association of Social Workers. (1983). Code of ethics. In 1983-1984 supplement to the encyclopedia of social work (17.Auflage) (S. 257-262). New York: Author.
Northen, H. (1969). Social work in groups. New York: Columbia University Press.
Perlman, H.H. (1957). Social casework – A problem-solving process. Chicago: University of Chicago Press.
Phillips, D.C. (1976). Holistic thought in social science. Stanford: Stanford University Press.
Phillips, H.U. (1957). Essentials of social group work skill. New York: Association Press.
Pincus, A. & Minahan, A. (1973). Social work practice: Model and method. Itasca, IL: F.E. Peacock.
Pray, K.L.M. (1949). Social work in a revolutionary age. Philadelphia: University of Pennsylvania Press.
Reamer, F.C. (1983). The free-will determinism debate in social work. Social Service Review 57 (4), 627-644.
Richmond, M. (1917). Social diagnosis. New York: Russell Sage Foundation.
Roberts, R.W. & Northen, H. (hg). (1976). Theories of social work with groups. New York: Columbia University Press.
Robinson, V.P. (1943). Training for skill in social case work. Philadelphia: Pennsylvania School of Social Work.
Ryder, E. (1976). The functional approach. In R.W. Roberts & H. Northen (hg.), Theories of social work with groups (S. 153-170). New York: Columbia University Press.
Schild, S. & Black, R.B. (1984). Social work and genetics: A guide for practice. New York: Haworth Press.

Schlesinger, E.G. (1958). Health care social work practice: Concepts and stategies. St.Louis: C.V. Mosby.
Schwartz. W. (1961). The social worker in the group. In New perspectives on services to groups: Theory, organization, practice. New York: National Association of Social Workers.
Schwartz, W. (1976). Between client and system: The mediating function. In R.W. Roberts & H. Northen (hg), Theories of social work with groups (S. 171-197). New York: Columbia University Press.
Shulman, L. (1984). The skills of helping individuals and groups (2.Auflage). Itasca, IL: F.E. Peacock.
Smalley, R.E. (1967). Theory for social work practice. New York: Columbia University Press.
Stein, I. (1974). Systems theory, science, and social work. Metuchen, NJ: The Scarecrow Press.
Stewart, R.P. (1985). From the president. NASW News, 30 (5), 2.
Strean, H. (1979). Psychoanalytical theory and casework practice. New York; The Free Press.
Swift, L. (1946). A social worker's creed. New York: Family Service Association of America.
Taft, J. (1944). A functional approach to family case work. Philadelphia: Pennsylvania School of Social Work.
Toseland, R.W. & Rivas, R.F. (1984). An introduction to group work practice. New York: Macmillan Publishing Company.
Turner, F.J. (hg). (1979). Social work treatment – Interlocking theoretical approaches (2.Auflage). New York: The Free Press.
Van der Veelde, C. (1985). Body images of one's self and of others: Developmental and clinical significance. American Journal of Psychiatry, 142, 527-537.
Weick, A. (1984). The concept of responsibility in a health model of social work. Social Work in Health Care, 10 (2), 13-25.
Wilson, G. & Ryland, G. (1949). Social group work practice. Boston: Houghton Mifflin.
Winters, W.G. & Easton, F. (1983). The practice of social work in schools: An ecological perspective. New York: The Free Press.
Younghusband, E.L. (1979). Foreword. In F.J. Turner (hg), Social work treatment – Interlocking theoretical approaches (2.Auflage) (S. 13-14). New York: The Free Press.

# 2 Die Membership-Theorie in anthropologischer Sicht

Sozialarbeiter müssen sich deshalb mit der Formulierung des Wissens über menschliches Verhalten beschäftigen, da die Sozialarbeit an Veränderungen in vielen Bereichen des täglichen Lebens beteiligt ist. Deshalb ist die Formulierung klarer Konzepte nötig, die umfassend und gültig sind und die sich auf die sozialen Interventionen beziehen, die man von Sozialarbeitern erwartet.

Gut durchdachte Modelle und theoretische Perspektiven haben den Vorteil der Kürze (Berger, 1986; Fawcett & Downs, 1986). Jedes Wort und jeder Satz zählt. Modelle und Perspektiven können sich durch ihren Beitrag zum gesamten Unterfangen rechtfertigen. Vonnöten ist ein klares Bild, wobei unterstellt wird, daß der Praktiker die Details selbst hinzufügt, die es für ihn nützlich machen. Es besteht die Gefahr der zu großen Vereinfachung, handelt es sich doch um etwas so Komplexes wie die Beschreibung menschlichen Verhaltens.

Trotz dieser Gefahr und der eventuellen Defizite ist es möglich, eine Theorie zu entwickeln, die zugleich körperlichen Funktionen, der sozialen Interaktion, der Bedeutungsbeimessung menschlichen Handelns und der Internalisierung von Beziehungen Rechung zu tragen vermag. Anhand dieser Perspektive entdeckt man wiederholt Gemeinsamkeiten, die viele Bereiche des Lebens kontinuierlich durchziehen. Anders ausgedrückt: Die Membership-Theorie enthält gewisse vorhersehbare Konstanten. Das Ganze besteht aus vielen Komponenten, es gibt keine unabhängigen Einzelteile. Das Ganze bleibt auf jeder Ebene des Diskurses intakt, von der höchsten bis zur niedrigsten Abstraktionsstufe. Die Konzepte, die diese Einheit zum Ausdruck bringen, sind der Member und seine Ableitungen, Membership sowie Membership-Verhalten. Der Begriff Member impliziert andere Member und das ist der zentrale Punkt, an dem sich die Membership-Theorie von allen anderen Sozialarbeitsperspektiven unterscheidet.

Das Konzept des Members verwirft in gleichem Maße den Individualismus wie den Kollektivismus. Es sieht den Kern des Lebens weder ausschließlich im Physischen, noch im Psychologischen, noch im Sozialen. Es geht vielmehr davon aus, daß der Member ein funktionierendes menschliches Wesen ist, ein Teil einer Welt voller Menschen. Membership ist ein wertvolles Gut und als unverzichtbar im Leben einer menschlichen Gemeinschaft zu schützen.

## 2.1 Member oder Mitgliedsein

Jede Person ist ein Member. Ein Member ist ein Mensch, der sich durch einen Körper, eine Persönlichkeit, eine Sozialfähigkeit und die Fähigkeit, menschliche Erfahrungen zu verstehen, auszeichnet. Jeder Member ist ein Element der Gemeinschaft von Männern und Frauen (Lipowski, 1984; Woodger, 1952).

Der Begriff Member bezieht sich auf eine Person, die sich folgendermaßen charakterisiert:

1. Ein physisches Wesen, dessen Außengrenzen aus halbdurchlässigen Membranen und Öffnungen besteht.
2. Ein soziales Wesen, das in permanenter Interaktion mit sichtbaren und unsichtbaren Menschen steht.
3. Ein psychologisches Wesen, das zu persönlicher Erfahrung fähig ist.

Die Tatsache, daß, wenn man von einem Member spricht, man implizit auch von anderen, die ebenfalls Member sind, spricht, führt zu folgenden Schlüssen:

1. Das, was ein Member tut, unterliegt sozialen Einflüssen und beeinflußt das Soziale.
2. Die Identität eines jeden Members ist mit den Identitäten anderer durch soziale Beziehungen verbunden.
3. Ein Member ist ein Mensch, dessen Anderssein gegenüber anderen Spannungen hervorruft, die zu Wachstum, Gruppenkohäsion und Gruppenkonflikten führen.
4. Menschliche Freiheit wird durch die gleichzeitige Sorge für sich selbst und für andere definiert (Falck, 1976).

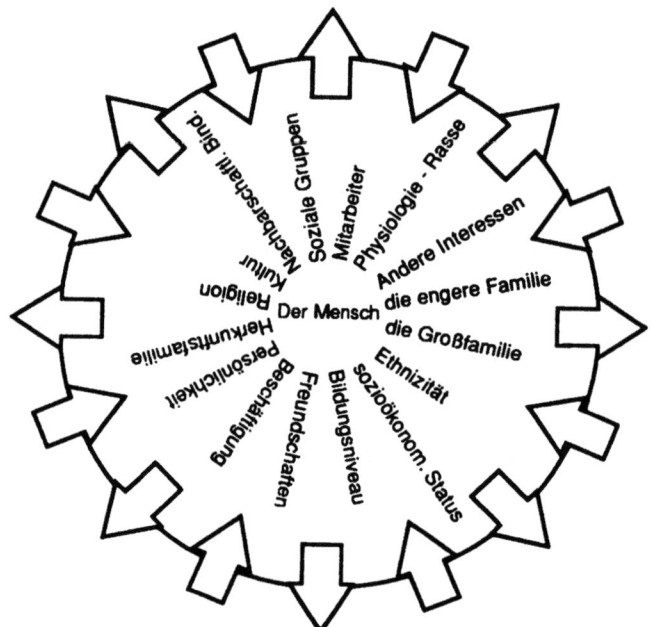

**Abb. 2.1 Der Mensch als Member**
(aus: Clinical social work in health settings (S. 28), T.O. Carlton (ed.), 1984, New York, Springer Publishing Co., autorisierter Nachdruck)

Das Individuum und der Member haben eine Gemeinsamkeit: Sie beziehen sich auf eine Person. Der Unterschied ist der, daß das Individuum allein existieren kann. Dies kann der Member nicht.

Abbildung 2.1 stellt den Member schematisch dar. Festzuhalten ist, daß die Verbindung des Members mit anderen eine Grundvoraussetzung und keine freiwillige Entscheidung ist. Die Verbindungen mit anderen mögen durch unterschiedliche

Zwecksetzungen motiviert sein; neue Zwecksetzungen können hinzukommen. Am Prinzip des Verbundenseins ändert sich nichts.

## 2.2 Membership oder Mitgliedschaft

Jede Überlegung über Membership muß die Bedingungen betrachten, die das Membership ausmachen. Man könnte in pragmatischer Absicht die Frage stellen: Wer ist ein Member, und wer ist keiner? Die Frage könnte sich auch auf die näheren Umstände von Membership beziehen (z. B. wo beginnt, wo endet Membership, oder welche Regeln helfen, das Membership zu verstehen?). Grenzen haben mit den Unterschieden zwischen sich selbst und den anderen zu tun. Sie unterscheiden zwischen dem intrapsychischen und dem interpersonellen Bereich. Sie legen fest, wo die Dinge anfangen und wo sie enden. Sie beleuchten Wechselprozesse zwischen einer Sache und einer anderen. Grenzen beschreiben die Bedingungen von Zugang, Abgang und Beschränkung. Wenn man sagen kann, welche Prinzipien innerhalb welcher Grenzen gelten, dann kann man sie auch auf ihre Universalität sowie ihre Beschränktheit hin testen.

Aussagen über Grenzen können uns bei der Definition von Membership behilflich sein. Es gibt gemeinsame Eigenschaften, die auf alle Aussagen über Membership zutreffen. Diese können durch zwei Prinzipien der Grenzziehung ausgedrückt werden: dauerhaftes Verbundensein und bedingter Zugang.

**Erste Grenzziehung: dauerhaftes Verbundensein**

Das Prinzip der konstanten Verbundenheit sagt aus, daß alle Komponenten eines Ganzen permanent durch gemeinsame Bedürfnisse, gemeinsames Funktionieren und Voraussetzungen des Überlebens verbunden sind. Dieses Prinzip drückt die Tatsache aus, daß der Mensch von der Zeugung bis zum Tod mit anderen Menschen wie auch mit nicht-lebendigen Dingen verbunden ist. Es gibt keine Leerräume zwischen Membern, auch wenn dies so scheint.

Das Prinzip der konstanten Verbundenheit beruht auf empirischen Beobachtungen und Ergebnissen u. a. aus den Bereichen Neurologie, Anatomie, Neuroanatomie, Biologie, Audiologie (Fletscher & Evans, 1983; Verney & Kelly, 1981). Diese Ergebnisse weisen darauf hin, daß alle Elemente des menschlichen Körpers als Komponenten verbunden sind und daß alle Menschen Elemente anderer Menschen sind. Member und Membership sind Komponenten-Konzepte; sie sind holistisch und allumfassend (Falck, 1984).

Membership ist permanent. Es kann nicht aufgehoben werden. Die konstante Verbundenheit ist daher ein wichtiger Ansatz. Da die meisten Wissenschaftler die Beziehungen einer Person als außerhalb dieser Person liegend konzeptualisieren, wird die Wichtigkeit des Prinzips der konstanten Verbundenheit in der Regel übersehen. Dennoch kann man von einem Membership nicht zurücktreten. Dessen Permanenz schiebt sich in das Bewußtsein durch „überraschende, flüchtige Gedanken, in Gefühlen, in plötzlichen Erinnerungen" (Falck, 1980, S. 24). Dies geschieht, wenn Menschen sich nach langer Zeit treffen und sich daran erinnern, daß sie in der Vergangenheit Teil des anderen waren und in der Gegenwart wieder Teil des anderen sind, „egal, welche Konsequenzen daraus entstehen."

Sogar wenn man einen Menschen durch den Tod verliert, bleibt das Membership zwischen dem Überlebenden und dem Verstorbenen erfahrbar; seine Bedeutung ist lediglich „in eine vergangene Zeit verlegt worden" (Falck, 1980, S. 23). Dasselbe gilt für Ehescheidungen und für Kinder, die das elterliche Haus verlassen.

Soziale Vereinbarungen und soziale Rollen deuten ebenfalls auf diese Permanenz hin, da sie relativ konstant sind. Darüber hinaus erklären sie, auf welche Weise Menschen mit anderen verbunden sind (z. B. Gatte und Gattin, Eltern und Kinder, Lehrer und Schüler). Das Prinzip der permanenten Verbundenheit drückt eine Permanenz der Zeit, der Bedeutung und des Prozesses aus.

**Zweite Grenzziehung: bedingte Zugänglichkeit**

Das Prinzip des bedingten Zugangs sagt aus, daß der Zugang eines Members zu einem anderen von eindeutigen (Selektions-) Bedingungen abhängt. Der Zugang wird durch Regeln bestimmt, die ihn sowohl vereinfachen als auch begrenzen. Diese können physischer und struktureller Art sein, oder sie können eine nicht-physische Funktion haben. Im ersten Fall kann man an Zellen und ihre Membrane denken, im zweiten an soziale Interaktion. Bei geschlossenen Grenzen gibt es keinen Zugang. Die Abbildung 2.2 (dauerhafte Verbundenheit und bedingter Zugang) verdeutlicht die Art der Grenzen in der Membership-Theorie. Dort, wo es keine Grenzen gibt, geht alles ineinander über und man kann nichts mehr vom anderen unterscheiden. In solchen Situationen ist der Zugang nicht mehr selektiv, und es kommt zu einer symbiotischen Verbindung. Bei einer solchen symbiotischen Verbindung handelt es sich um eine schwerwiegende Psychopathologie (Chatham, 1985; Rinsley, 1977; Sarwer-Forner, 1977; Takahashi, 1980). Dort, wo es undurchlässige Grenzen zwischen Komponenten gibt (was in der Realität nicht auftreten kann), kann kein Leben stattfinden.

Silvermann, Lachmann und Millich (1982) haben die symbiotische Verbindung zwischen Erwachsenen und die Fähigkeit derselben Personen, ein Ich zu entwickeln, untersucht. Ihre Ergebnisse lassen die Hypothese zu, daß „unbewußte Phantasien des Eins-Sein die Anpassung verbessern, wenn gleichzeitig das Bewußtsein des Ichs erhalten werden kann" (S. 1). Mahler, Bergman und Pine (1975) haben herausgefunden, daß die Entwicklung eines gesunden Ichs bei Kleinkindern, auf dem wiederum das heranwachsende Ich beruht, ein dynamischer Prozeß ist, bei dem sich das Kind innerhalb der Beziehung zur Mutter in Phasen zur Autonomie entwickelt. Die Beziehung an sich ändert sich mit dem Heranwachsen des Kindes und dem Älterwerden der Mutter nicht, doch die psychologische Qualität der Beziehung verändert sich. Kernberg (1975) vertritt eine ähnliche Auffassung. Wenn der normale Prozeß der Entwicklung des Ichs aus unterschiedlichen Gründen nicht stattfinden oder ungenügend anlaufen kann, bleibt die betreffende Person zwar weiterhin ein Member, doch auf eine pathologische Weise. Wissenschaftliche Literatur über diese Grenzfälle unterstreicht die ätiologischen Implikationen (Chatham, 1985; Kernberg, 1975; Masterson & Rinsley, 1975; Rinsley, 1982).

Normales Membership beschreibt den Mittelweg, auf dem reife Beziehungen zu anderen und eine klare Einschätzung des Ichs als Produkte einer gemeinsamen Quelle entstehen. Ein solches Gefühl von Ausgewogenheit, die von jeder Person internalisiert wird, bietet die Erfahrung, mit anderen in Verbindung zu stehen, weil man selbst ein lebenstüchtiges Ich ist.

Fazit: Membership drückt sich, unabhängig von qualitativen Aspekten, durch die dauerhafte Verbindung zwischen Menschen aus. Früh im Leben sind damit hauptsächlich Mutter und Kind gemeint, doch Membership durchzieht konstant das ganze Leben. Zu jedem Zeitpunkt spiegelt das sich entwickelnde Ich die Qualität von Membership wider, die die Zufriedenheit oder Unzufriedenheit, die positiven und negativen Bindungen zwischen Menschen ausdrückt. Ein Selektionsprozeß findet statt. Er hat ein offenes Ende und kann deshalb verstärkt und verändert werden.

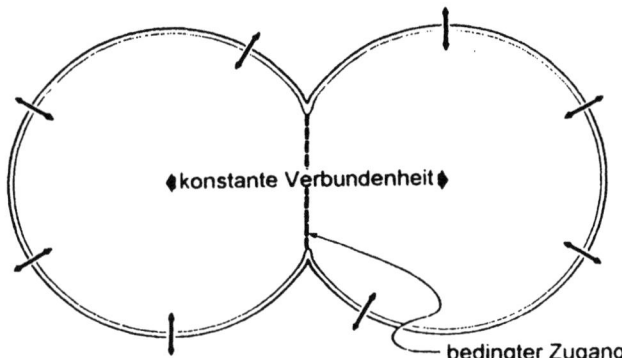

**Abb. 2.2** Konstante Verbundenheit und bedingter Zugang

## 2.3 Membership-Handeln

Vier menschliche Funktionen beschreiben den Inhalt und die analytische Kraft der zwei Prinzipien der Membership-Theorie. Jede dieser vier Funktionen erläutert eine Dimension menschlichen Verhaltens. Alle können sehr gut empirisch beobachtet werden: biologische Prozesse im menschlichen Körper, soziale Interaktionsprozesse, Symbolisierungen, erschlossen aus den Äußerungen der Körpersprache, sowie psychologische Prozesse durch die Operationalisierung psychoanalytischer Konzepte. Alle können analysiert und erklärt werden, indem die Prinzipien des konstanten Verbundenseins und des bedingten Zugangs angewandt werden.

**Membership in der Biologie: körperliche Funktionen**

Physisches Funktionieren bezieht sich auf alle Verhaltensweisen des menschlichen Körpers. Alle Komponenten des Körpers sind miteinander verbunden, direkt oder indirekt. Das Prinzip des bedingten Zugangs findet überall im Körper seine Anwendung, vor allem in den vielen spezialisierten Verhaltensweisen des Körpers. Intra- und interzelluläres Funktionieren ist selektiv und geleitet, wenn nicht sogar abhängig, von der Zellstruktur, den Transportmechanismen innerhalb der Membrane einzelner Zellen, sowie deren Beziehung zu ganzen Organen. In der Biologie wird der bedingte Zugang durch die Halbdurchlässigkeit der Zellwand verdeutlicht, die ausgewählten Molekülen den Zugang gestattet und anderen verwehrt (Bretscher, 1985; Critchley, 1978; Fawcett, 1966).

Ein weiteres Beispiel für die Membership-Prinzipien der konstanten Verbundenheit und des begrenzten Zugangs findet sich bei der sogenannten „Blut-Gehirn-Schleuse", deren Aufgabe darin liegt, dem Gehirn ein konstantes Funktionieren zu ermöglichen. Um dies zu erreichen, ist der Rest des Körpers und insbesondere das Blut vom Gehirn getrennt, aber nicht gänzlich. Goldstein und Betz (1986) beschreiben den Prozeß folgendermaßen:

> Das Gehirn muß rigoros von den permanenten Veränderungen in der Zusammensetzung des Blutes abgeschirmt werden.
> Wie wird dies erreicht? Die Antwort liegt in der besonderen Struktur der Kapillaren, die das Gehirngewebe mit Blut versorgen. Anders als bei anderen Kapillaren bestehen die Zellen der Gehirnkapillaren aus einer durchgängigen Wand, die vielen Substanzen den Zugang zum Gehirn verwehrt. Die durchgängige Kapillarenwand bildet die Grundlage der Blut-Gehirn-Schleuse, deren Existenz zuerst in den 60er Jahren nachgewiesen wurde. Indem sie das Gehirn von anderem Gewebe abschirmt, führt die Schleuse eine kritische Funktion aus. Wäre die Schleuse aber eine undurchlässige Barriere, so würde das Gehirn aus Mangel an Nahrung absterben. Doch glücklicherweise kann die benötigte Nahrung die Blut-Gehirn-Schleuse leicht mit Hilfe eines Transportsystems durchdringen, das die einzelnen Moleküle erkennen und sie ins Gehirn transportieren kann.
> Das Transportsystem bringt nicht nur Nahrung ins Gehirn, sondern pumpt auch überflüssige Substanzen nach außen und trägt so dazu bei, daß die Gehirnneuronen in einer konstanten Umwelt gehalten werden. (S. 74)

Dieser Prozeß ist von lebenswichtiger Bedeutung. Er findet unter kontrollierten Bedingungen innerhalb des menschlichen Körpers statt. In diesem Sinne handelt es sich um einen sich selbst regulierenden Prozeß (siehe auch Piaget, 1968) innerhalb einer halbdurchlässigen Umgebung. Die Blut-Gehirn-Schleuse ist also in einem Sinne fest, aber nicht völlig. Wäre dies nicht der Fall, so würde der Prozeß, den Goldstein und Betz oben beschreiben, nicht stattfinden. Obwohl das Gehirn dann vom restlichen Körper geschützt würde, würde der Mangel an Austausch das menschliche Leben zerstören.

Gehirn und restlicher Körper sind permanent verbunden, aber unter Bedingungen, die diese Verbundenheit kontrollieren, also durch Selektion. Wir haben gezeigt, daß die Zellstruktur und die Blut-Gehirn-Schleuse das Membership-Prinzip biologisch verdeutlichen.

**Membership als sozialer Prozeß: Interaktion**

Soziales Handeln bezeichnet die Fähigkeit eines Members, mit anderen zu interagieren. Neben den verbalen Elementen beinhaltet soziale Interaktion auch nonverbale Elemente, die sich durch Typ, Stil, Mittel und Sinn unterscheiden. Das Überleben des Members wird durch die Anwesenheit von sozialer Interaktion garantiert, unabhängig vom Typ oder dem spezifischen Inhalt. Das Prinzip der konstanten Verbindung bezieht sich auf diesen Sachverhalt. Diese Konstanz bedeutet nicht automatisch, daß sie immer physisch demonstriert werden muß oder daß es sich um einen besonderen, festgelegten oder festen Typ handeln muß. Es bedeutet aber, daß, weil es menschlichen Kontakt gibt, der Member weiß, daß er ein Member ist, auch wenn die soziale Interaktion von Liebe bis Zerstörung reichen kann.

Levinger (1983) beschreibt Membership zwischen Ehepartnern im zeitlichen Rahmen. Er beginnt mit ihrem ersten Treffen, erzählt von ihrer gegenseitigen Zuneigung, dem Aufbau der Beziehung, der Hochzeit, der allmählichen Verschlechterung der Beziehung und ihrem Ende. In seiner Beschreibung des Paares kann man die Anwendung der Membership-Prinzipien, konstante Verbundenheit und bedingter Zugang, erkennen. Ausgewählte Zitate aus seiner Darstellung der verschiedenen Phasen verdeutlichen dies.

Zunächst beschreibt Levinger das erste Treffen des Paares, die beginnende Zuneigung und den Aufbau der Beziehung aus der Sicht der Frau, Susan.

> *Erstes Treffen*
> Ich traf Tom zum ersten Mal 1955 in Paris... Tom hatte seine Hochschulausbildung bereits abgeschlossen... Ich erinnere mich, daß sich keiner von uns beiden die Mühe machte, mit dem anderen zu sprechen... Er fiel mir kaum auf.
>
> *Beginn der Zuneigung*
> Erst drei Monate später, vor den Weihnachtsfeiertagen, fiel mir Tom erneut auf... Wir verbrachten einen angenehmen Abend zusammen...
>
> *Aufbau der Beziehung*
> Bis zu meiner Rückkehr zwei Wochen später sahen wir uns nicht. Doch irgend etwas hatte begonnen... Einen Monat später zog ich bei Tom ein... Nun, wir überraschten unsere Eltern, als wir ihnen schrieben, daß wir heiraten wollten... (S. 315-318)

Levinger beschreibt nun die ersten Ehejahre, Susans Ausbildungsende, Toms Karriere als Architekt, die Geburt der drei Kinder und Susans Rückkehr zur juristischen Fakultät, als das älteste Kind acht Jahre alt war. Zu dem Zeitpunkt, als Susan ihr Jurastudium beendet, beginnt sich die Beziehung zu verschlechtern. Tom erinnert sich:

> *Verschlechterung*
> Nach Abschluß ihres Studiums wurde Susan eine Stelle in einer guten Kanzlei angeboten, und ich glaube, daß sie die Stelle annehmen wollte.... Ich hatte zu diesem Zeitpunkt große Verantwortung als Mitinhaber übernommen und brauchte zu Hause zusätzliche Hilfe, um Kollegen und Kunden zu betreuen. Ich bat Susan, erst später eine volle Stelle anzunehmen. Sie folgte meiner Bitte...

Susan erhielt eine Auszeichnung für freiwillige Arbeit in der Rechtshilfe. Bei diesem Dinner wird deutlich, daß sich die Beziehung zwischen Susan und Tom verschlechtert hat. Susan erinnert sich:

> Mir war es sehr peinlich, daß Tom nicht bei dem Essen erschien; der reservierte Platz neben mir am Tischende blieb den ganzen Abend lang leer. Als ich nach Hause kam, wurde ich noch wütender, da Tom fernsah und mir sagte, daß er einfach zu müde gewesen sei, um an dem Dinner teilzunehmen. Dieser Vorfall machte einiges klar.
>
> *Ende*
> Schließlich reichte es mir. Man bot mir einen weiteren guten Posten an, den ich annahm, ohne es mit Tom abzusprechen. Ich sagte Tom, daß ich mich wahrscheinlich von ihm trennen wolle. Als ich ihm das sagte, war er sprachlos. (S. 315-318)

In diesen Ausschnitten aus Levingers Beschreibung einer intimen Beziehung wird die Membership-Theorie des menschlichen Verhaltens auf dramatische Weise deutlich. Die Themen erscheinen mit ziemlicher Deutlichkeit. In einem Zeitraum von 15 Jahren entwickelten Tom und Susan eine Membership-Beziehung, die Elemente von Permanenz (konstanter Verbundenheit) und Variabilität des Inhalts und der Qualität (bedingter Zugang) enthielt. Erste Liebe, Hochzeit und drei Kinder zeigen, daß die

Beziehung für beide von Bedeutung war. Die Qualität ihrer Membership-Beziehung wandelte sich zu dem Zeitpunkt, als Susan zur juristischen Fakultät zurückkehrte. Ihre Beziehung nahm nach einem sehr positiven Anfang später ab. Als Susan Tom verließ, waren die anfänglichen Qualitäten kaum noch zu erkennen.

Levinger konzeptualisiert die letzte Phase der Ehe als ein Ende. Die Membership-Theorie hingegen besteht darauf, daß sich die Membership-Beziehung zwischen Susan und Tom fortsetzt, wenn auch unter stark gewandelten Umständen. Die Internalisierung von Objektrelationen verdeutlicht, daß die Membership-Beziehung durch die physische Trennung zwar verändert, aber nicht beendet ist. Durch internalisierte Objektrelationen setzen sich Membership-Beziehungen auch jenseits von sozialen und biologischen Interaktionen fort (Falck, 1976, 1978, 1980).

Das Prinzip des bedingten Zugangs verdeutlicht die Tatsache, daß soziale Interaktion stark selektiv ist und daß diese Selektivität das Verhalten der meisten menschlichen Beziehungen beeinflußt. Soziale Regeln, die sich in Gesetzen, Traditionen, Ethik, Moral und vielen anderen sozialen Konventionen ausdrücken, zeigen, wie fein die Selektion in menschlicher Interaktion abgestimmt ist. Bedingter Zugang und konstante Verbundenheit arbeiten zusammen, um soziale Interaktion möglich und erfolgreich zu machen. Sie tragen dazu bei, daß alltägliche Aufgaben erfüllt werden können und daß die Höhen und Tiefen des menschlichen Lebens überhaupt möglich werden, die das Gefühl der Ganzheit eines Members vermitteln.

**Membership als Bedeutung: Symbolisierung**

Eine dritte Eigenschaft des Membership ist die Symbolisierung (d. h. die Tatsache, daß ein Member seinem eigenen Verhalten und dem anderer Bedeutung beimißt). Symbolisierung ist gleichzeitig konstant und selektiv.

Das Prinzip der konstanten Verbundenheit drückt sich darin aus, daß Menschen ihr eigenes Verhalten und das Verhalten anderer überwachen. Während sie das, was sie sehen und hören, zu verstehen versuchen, bringen sie die beobachtete Verhaltensweise in Verbindung mit Bedeutungen, die innerhalb einer Kultur gültig sind. Indem sie Bedeutung zumessen können, haben Member die Möglichkeit, ihre Verbundenheit auszudrücken.

Bedingter Zugang setzt fest, welche Bedeutung der Member seiner Erfahrung zuweisen kann. Die Auswahlmöglichkeiten werden durch die Symbole festgelegt, die dem Member innerhalb der von der Kultur definierten Grenzen zur Verfügung stehen. D. h. eine Kultur bietet dem Member eine Palette an möglichen Symbolen. Diese unterscheiden sich von Kultur zu Kultur, und innerhalb bestimmter Grenzen von Subkultur zu Subkultur. Der Member einer solchen Gruppe verwendet diese Symbole, um mit anderen kommunizieren zu können, und zwar in einer Sprache, die von allen oder fast allen in einer gegebenen Kulturgemeinschaft verstanden wird (Berger, 1966).

Der Symbolisierungsfaktor von Membership ist deshalb wichtig, weil er dafür verantwortlich ist, wie und warum der Mensch den verbalen und nichtverbalen Inhalt der menschlichen Interaktion auf bestimmte Weise zu interpretieren lernt. Symbolisierung beruht zunächst auf dem Auftreten von Ereignissen (was passiert) und anschließend auf der Reaktion auf Ereignisse (was sie bedeuten). Zunächst geht man davon aus, daß jeder ein Ereignis beobachten und es ähnlich wie andere beschreiben kann (d. h. objektiv). Dann aber versteht und interpretiert jeder Member Ereignisse auf seine eigene Weise (d. h. subjektiv). Symbolisierung erklärt, warum es kaum einen Standard gibt, der in verschiedenen Kulturen und Subkulturen gilt und Verhalten eine vereinbarte Bedeutung zumißt.

Ein Beispiel für Symbolisierung ist die häufig negative Haltung vieler Amerikaner gegenüber dem Altern. Einige alte Menschen sagen, sie seien überflüssig und nutzlos, würden zur Seite geschoben und sogar aktiv von ihren Kindern und anderen mißhandelt. Der Eindruck ist, daß die Bedeutung des Alterns dem Abführen des Mülls ähnelt. Und da Müll nicht verwahrt, sondern zerstört wird, übernehmen ältere Menschen oft die symbolische Bedeutung des Mülls und übertragen sie auf Seniorenheime und Pflegeheime. In der amerikanischen Kultur bedeutet dies, daß es sich hier um Orte handelt, in denen man auf das Sterben wartet. Es geht hier nicht um das Alter, das sich in Jahren ausdrückt, sondern um die Bedeutungskomponenten, die dem Alter zugemessen werden.

Die Arbeit Eriksons (1959) über das Altern des Menschen hilft, die Symbolisierung in der Membership-Theorie zu verstehen. Eriksons bekanntes Konzept des menschlichen Lebenszyklus besteht aus acht Phasen. Eine davon, Integrität gegen Verzweiflung und Abscheu, entspricht der Phase im Leben eines Menschen, die als Zeit des Alterns bezeichnet wird. In Eriksons Theorie wird diese Phase durch alle vorausgegangenen Lebensphasen vorbereitet.

Erikson definiert Integrität folgendermaßen:

> Die Akzeptanz des eigenen Lebenszyklus als einzig möglichem und der Menschen, die in ihm wichtig sind, als etwas, das sein mußte und das nicht austauschbar ist. Dies bedeutet eine veränderte Elternliebe, die nicht den Wunsch enthält, daß die Eltern anders hätten sein sollen, und die Akzeptanz der Tatsache, daß man für sein eigenes Leben selbst verantwortlich ist. (S. 98)

Aus der Sicht der Membership-Theorie muß Eriksons Definition nur an einer Stelle modifiziert werden, und zwar bei der Tatsache, daß man für sein eigenes Leben selbst verantwortlich ist als permanenter Member der menschlichen Gemeinschaft. Erikson fährt fort:

> Der Mangel oder der Verlust der Ich-Integration wird durch Verzweiflung und eine oftmals unbewußte Angst vor dem Tod ausgedrückt; der eigene Lebenszyklus wird nicht als der einzige akzeptiert. Man verzweifelt, weil man der Meinung ist, die Zeit reiche nicht aus, sei zu kurz, um ein neues Leben zu beginnen und eine neue Richtung zur Integrität einzuschlagen. Solch eine Verzweiflung verbirgt sich häufig hinter dem Ausdruck von Abscheu... (S. 98)

Fast zwei Jahrzehnte nach dieser ersten Formulierung erweitert Erikson (1976) sein Gegensatzpaar Integrität – Verzweiflung und Abscheu, indem er den Begriff 'Weisheit' hinzufügt. Er definiert Weisheit als „das distanzierte und gleichzeitig aktive Interesse am menschlichen Leben im Angesicht des Todes" und meint, daß „Weisheit die Integrität der Erfahrungen aufrechterhält, trotz der Abnahme der körperlichen und mentalen Funktionen" (S. 23). Auf diese Weise verdeutlicht Eriksons Konzept das Prinzip der konstanten Verbundenheit in dem Sinne, daß er die Antworten der Menschen in dieser oder anderen Lebensaltersstufen in Abhängigkeit zu den Lebenserfahrungen sieht, welche Menschen mit sich selbst oder anderen gemacht haben.

Erikson verwendet Begriffe wie „Integrität" (gut), „Verzweiflung" und „Abscheu" (unerwünscht), „Weisheit" (sehr erwünscht) und „Akzeptanz" (Reife). Auf diese Weise wird eine ganze Bandbreite menschlichen Verhaltens gewertet. Er beschreibt also nicht nur menschliches Verhalten, sondern interpretiert (symbolisiert) es mit

Begriffen, die im westlichen Kulturkreis bedeutungsvoll sind, und wendet so das Prinzip des bedingten Zugangs an.

Nach Eriksons Theorie durchläuft der Mensch auf geordnete Weise die verschiedenen Phasen des Lebenszyklus. Nicht alle Theoretiker des Lebenslaufs akzeptieren diese Sichtweise. Riley (1978) beispielsweise sieht den Ablauf des Lebens nicht als geordnet an. Sie geht davon aus, daß die Verhaltenserwartungen jedes Abschnitts weder vorgeschrieben noch vorgegeben sind. Ihr Modell basiert auf der Beobachtung, daß sich sowohl der Inhalt als auch die Bedeutung von Lebensereignissen während des Lebenszyklus verändern, „nicht nur aufgrund der Veränderungen in Familie, Schule, Arbeitswelt, Gesellschaft, sondern auch aufgrund gewandelter Ideen, Werte, Überzeugungen" (S. 39). Neugarten (1979) argumentiert ähnlich: Veränderungen im Erwachsenenstadium reflektieren das langsame Ansammeln von Lebensereignissen und „die Kontinuitäten und Diskontinuitäten in wichtigen Lebensbereichen", die dadurch beeinflußt werden, daß wir „Veränderungen in den wichtigen Personen, mit denen wir interagieren, bemerken" (S. 892).

Unabhängig von dem angenommenen Grad der Flexibilität oder Ordnung des Lebenslaufs in dieser und anderen Entwicklungstheorien bleibt als Tatsache bestehen, daß kein wichtiges Lebensereignis ohne Symbolisierung stattfindet. Altern ist nicht nur das Ansammeln von Kalenderjahren. Es erhält seine Bedeutung für den jeweiligen Member, der „altert", und für die anderen, mit dem die alternde Person Membership teilt, auf der Basis der Bedeutung, die sie dem Älterwerden zuschreiben.

Symbolisierung ist ein andauernder Prozeß. Sein Inhalt und seine Qualitäten ändern sich mit dem Member, der sich im Laufe seines Lebens auch ändert. Während des gesamten Lebens geben Menschen den Lebensereignissen Bedeutungen, und diese Bedeutungen stellen die Basis dar, auf der wichtige Entscheidungen getroffen werden. Anders ausgedrückt: Symbolisierung ist nicht willkürlich. Sie findet statt unter einer Kombination von sozialen und psychologischen Bedingungen, die ermöglichen, daß Erfahrungen mit Bedeutungen ausgestattet werden (Blumer, 1969).

**Membership als intrapsychischer Prozeß: Internalisierung**

Die Internalisierung von Objektrelationen stellt die Brücke zwischen äußerer und innerer Realität dar. In dieser Aussage beschreibt externe Realität die Interaktion mit anderen. Die interne Realität macht aus diesen Beziehungen einen Teil des menschlichen Innenlebens. Die Bedeutung internalisierter Beziehungen, insbesondere jene, die in der Frühphase des Lebens übernommen wurden, scheinen von wichtiger Bedeutung für die weitere psychologische Entwicklung zu sein. Dies liegt daran, daß sie später von der Person zur aktiven Verwendung abgerufen werden können. Außerdem stellen sie im Unbewußten eine Anzahl von oftmals repetitiven Aufgaben zur Verfügung, lange nach ihrer ursprünglichen Internalisierung. Dementsprechend wichtig sind sie für die Herausbildung des Ichs und die Entwicklung einer psychisch gesunden und realitätstüchtigen Persönlichkeit (Kernberg, 1976; Schafer, 1968).

Einer der einflußreichsten Wissenschaftler der psychoanalytischen Objektrelation ist Otto F. Kernberg, dessen Werk (1976) mehrere Punkte enthält, die für Membership als intrapsychischem Prozeß von Bedeutung sind:

> Die psychoanalytische Objektrelationstheorie weist zurück auf die psychoanalytische Untersuchung von Wesen und Ursprung interpersonaler Beziehungen sowie Wesen und Ursprung intrapsychischer Strukturen, die auf dem Mechanismus des Fixierens, Modifizierens und Reak-

tivierens vergangener sozialer Beziehungen beruhen. Die psychoanalytische Objektrelationstheorie untersucht die Internalisierung interpersonaler Beziehungen, ihren Beitrag zur Entwicklung des normalen und krankhaften Ichs und Über-Ichs sowie die gegenseitige Beeinflussung intrapsychischer und interpersonaler Objektrelationen. (S. 56)

Kernberg weist darauf hin, daß sich der Begriff „Objekt" auf „menschliches Objekt" bezieht, und daß diese Bedeutung die traditionelle Verwendung in der psychoanalytischen Metatheorie widerspiegelt, wo es sich um „Beziehungen zu anderen" handelt (S. 58). Er weist ebenfalls darauf hin, daß die psychoanalytische Objektrelationstheorie fünf spezifische Kriterien entwickelt und herausgestellt hat: „(1) die Tiefe und Stabilität interner Beziehungen zu anderen; (2) die Toleranz der Ambivalenz gegenüber geliebten Objekten; (3) die Fähigkeit, Schuld und Trennung auszuhalten und depressive Krisen zu überstehen; (4) die Integration des Ich-Konzeptes; und (5) die Entsprechung zwischen persönlichen Verhaltensmustern und dem Ich-Konzept" (S. 59).

Da nun die Internalisierung der Objektrelationen ein innerer, mentaler Prozeß ist, kann er nicht direkt beobachtet werden. Er kann jedoch indirekt erforscht werden. Die offensichtlichste Methode, diesen Prozeß zu erforschen, besteht darin, Menschen zu interviewen. Dieser Ansatz ist aber vom wissenschaftlichen Standpunkt aus der unzuverlässigste. Wissenschaftlicher, und darum zuverlässiger, ist es, eine Reihe von stimulierenden Situationen zu entwickeln, auf die eine Person reagiert. Dieser Ansatz hat den Vorteil, daß er den Beobachter aus dem Beobachtungsfeld fernhält. Ein wichtiges Beispiel dieses Ansatzes ist die Strukturanalyse sozialen Verhaltens (SABS und INTREX), die von Benjamin (1986a, b) entwickelt wurde.

SABS und INTREX bestehen aus einer Reihe von Fragen, die Aufschluß über 108 Dimensionen von Beziehungen zwischen dem Befragten und anderen (z. B. der Mutter, dem Vater) geben sollen. Die gestellten Fragen sind so formuliert, daß sie Informationen über die Bedeutung der internalisierten Beziehungen des Befragten mit anderen ans Tageslicht bringen. Es ist, als ob der Befragte sich selber fragte „An was erinnere ich mich, wenn ich an eine bestimmte Person denke?" „An was erinnere ich mich, wenn ich an uns beide denke?" „Was für ein Gefühl hatte ich damals, wie erinnere ich mich jetzt?" Auf diese Weise bringen SABS und INTREX wichtige interpersonale und intrapsychische Erfahrungen in das gegenwärtige Bewußtsein. Ihre Bedeutung für die Membership-Theorie liegt darin, daß sie eine operationale Definition von Persönlichkeitsdynamik liefern.

Der Vorteil der Objektrelationstheorie für die Ausleuchtung der Membership-Theorie liegt darin, daß sie Aussagen über beides machen, die Persönlichkeit wie ihren sozialen Zusammenhang, und das in Form eines kontinuierlichen Prozesses. Eine solche psychoanalytische Theorie ist insofern integrativ, als sie wichtige Aspekte des Zusammenhangs sozialer und psychologischer Faktoren gleichzeitig beschreibt (Falck, 1980).

Das Prinzip der konstanten Verbundenheit erscheint in der Tatsache, daß die Internalisierung ein Leben lang anhält. Neue Objektrelationen werden internalisiert und dann sowohl verstärkt als auch modifiziert. Objektrelationen beeinflussen nicht nur die Bilder, die ein Member von anderen hat, sondern auch die kognitiven und affektiven Aspekte solcher Beziehungen. Der kognitive Aspekt widmet sich den Tatsachen einer Beziehung, wie z. B. beteiligte Personen, Zeiten, Orte, Worte und Umstände. Das Affektive handelt von den beteiligten Gefühlen. Die Gefühle decken die Bandbreite der menschlichen Emotionen ab, von Liebe und Haß über Wut und Glück bis zu Abscheu und Stimulierung. Ein typisches Beispiel ist ein 50jähriger

Mann, der sich an einen Lehrer in seiner Kindheit erinnert, den er geschätzt hat, von dem er aber sonst nichts mehr weiß. Er hat sogar das Fach vergessen, das dieser Lehrer unterrichtet hat, aber vor seinem inneren Auge kann er ihn sehen. Seine Gefühle dem Lehrer gegenüber zeichnen sich durch Wärme und Zuneigung aus. Er bezeichnet ihn als seinen Lieblingslehrer. Ein weiteres Beispiel ist ein 63jähriger Klient, der glaubt, daß seine verstorbene Mutter peinlich berührt wäre, wenn sie wüßte, daß ihre Enkelin schon mit 16 Jahren ein aktives Geschlechtsleben geführt hat. Er fürchtet, daß seine Mutter nicht nur ihre Enkelin kritisieren würde, sondern auch ihren Sohn, der seiner Tochter ein solch freizügiges Leben erlaubt und sich so seiner Mutter gegenüber despektierlich verhalten hat. Die Beziehung Mutter (Großmutter) – Sohn (Vater) wird vom einem Gefühl von Schuld bestimmt.

Die Internalisierung wird vom Ich gesteuert (A. Freud, 1937). Es handelt sich dabei nicht in erster Linie darum, ob die Internalisierung einer Objektrelation zugelassen wird oder nicht, sondern um die selektive Ausformung dieser Internalisierung. Bellak, Hurvich und Gediman (1973) beschreiben, wie das Ich diese Selektionsfunktionen ausführt, wie es sie zuläßt, verwirft und verzerrt. Diese Funktion des Ichs gibt dem Menschen die größte Möglichkeit, psychisch zu handeln. Darüber hinaus deutet diese Selektionsfunktion darauf hin, daß das Prinzip des bedingten Zugangs auch in intrapsychischen Prozessen aktiv ist. Das Ich verarbeitet Eingaben aus dem Es oder anderen Quellen mit Hilfe seiner Überwachungsmechanismen, die dem eigenen Schutz dienen.

## 2.4 Die Eigenschaften des Membership-Handelns

Membership und dauerhaftes Verbundensein gehören untrennbar zusammen, doch damit ist noch nichts über die Qualität von Membership ausgesagt. In diesen Aspekten liegen die wichtigsten Folgerungen der Membership-Theorie. Die Qualität von Membership kann in drei Typen eingeteilt werden: positiv, negativ und zweideutig.

**Positives Membership**

Positives Membership befriedigt. Der Member ist in der Lage, mit anderen auf erfreuliche Weise zu interagieren, auf eine Weise, die zeigt, daß die anderen einem wohlgesonnen sind und die Talente und Leistungen des Members hochachten. Solch ein Membership zeigt, daß es nicht stimmt, daß der Mensch auf sich selbst gestellt ist. Im Gegenteil: es wird klar, daß das eigene Leben von der Geburt bis zum Tod anderen wichtig ist. Die verbreitete Praxis, daß Mitglieder einer Familie denselben Nachnamen tragen, beleuchtet beispielhaft den „Wir-Aspekt" des „Ich".

Im kreativen und positiven Membership gibt das Zugehörigkeitsgefühl dem Member Sicherheit, weil er weiß, daß sein Verhalten anderen wichtig ist. Dieses Zugehörigkeitsgefühl ist nicht auf das Kindesalter beschränkt, sondern durchzieht das ganze Leben eines Menschen. Auch wenn sich ein Member von anderen emanzipiert, z. B. wenn erwachsene Kinder ihre Eltern verlassen, findet diese Trennung innerhalb der Familien-Membership oder einer ähnlichen Gruppe statt (Erikson, 1959; Mahler et al. 1975). Man weiß: Auch wenn man sich zu einem erkennbaren

Ich entwickelt, bedeutet dies nicht, daß man die grundlegende Membership-Beziehung zu anderen geliebten Menschen aufgibt.

Wenn also die Eigenschaften des Membership positiver Natur sind, wird die Entstehung des eigenen Ich von anderen genährt und unterstützt. Ein Ich zu sein ist nicht nur für sich selbst ein Grund, stolz zu sein, sondern auch für die anderen, mit denen man in einer Membership-Beziehung steht. Dieser idealisierte Zustand wird wahrscheinlich von all denen erfahren, die sich in einer positiven Membership-Beziehung befinden, z. B. glückliche Eltern, engagierte Mitglieder einer Kirchengemeinde, sozial anerkannte Schüler, jung Verliebte.

**Negatives Membership**

Auch negatives Membership drückt etwas über die Eigenschaften menschlicher Beziehungen aus. Besonders das Gefühl von Entfremdung oder Fremdheit trennt die Tatsache des Memberships von der Wahrnehmung von Membership. Wahr ist, daß Menschen Member sind, wahr ist aber auch, daß tausende von Menschen merken, daß sie es nicht sind. Aus wirtschaftlichen Gründen werden diese Menschen zur Unterschicht der Gesellschaft. Sie fühlen sich abgetrennt und vertrauen den sozialen Strukturen nicht mehr, die sie als unfair einschätzen. Infolgedessen handeln sie nach dem Prinzip, daß niemand ihnen gegenüber verantwortlich ist, und daß sie auch niemandem gegenüber verantwortlich sind.

Der Eindruck negativen Memberships ist nicht auf die wirtschaftliche Unterschicht oder die Rassenfrage beschränkt. Die erste Grenzziehung, das dauerhafte Verbundensein, zeigt, daß Arme, ethnische Minderheiten, Juden, Indianer, Geisteskranke und unzählige andere genauso Member sind wie alle anderen auch. Die Frage ist immer: „Gehören wir wirklich dazu? Werden wir als ganze und gleiche Member angesehen und akzeptiert?" Nach dem Prinzip des bedingten Zugangs wird die Frage in der Regel bejaht, aber innerhalb dieser Überlegungen treten schwerwiegende Probleme auf.

Diese Probleme sind häufig das Resultat von Macht, von den Vorteilen, die manche aus dem Leiden anderer ziehen können, aus dem eigennützigen Verfechten von Werten, welche die bestehenden sozialen Verhältnisse stabilisieren. Solche Situationen werden oftmals dadurch begünstigt, daß diejenigen, die darunter leiden, nicht in der Lage oder nicht gewillt sind, mit Entschiedenheit gegen die herrschenden Machtverhältnisse vorzugehen. Zwar kann man davon ausgehen, daß die Membership-Beziehung zwischen Reichen und Armen, zwischen Herrschenden und Beherrschten, zwischen ethnischen Mehrheiten und Minderheiten stabil sind. Diese Stabilität bedeutet aber noch lange nicht, daß Gerechtigkeit herrscht oder daß alles in Ordnung ist. Allerdings muß gesagt werden, daß man auch als Leidtragender und Opfer Member ist.

Die Analyse sozialer Strukturen ist nicht immer die einzige oder wichtigste Überlegung, wenn es darum geht, Membership-Eigenschaften zu erkennen. Persönliche Phänomene wie Krankheit oder Behinderung können ebenfalls den Zustand des eigenen Memberships beeinflussen. Dauerhafte Behinderung ist nicht nur eine Begebenheit, die einen Menschen unter bestimmten Umständen zu einer bestimmten Zeit betrifft. Sie erfordert eine grundlegende, permanente und oftmals radikale Umstellung der gesamten Lebensweise. Diese Umstellung ist das Resultat des veränderten psychologischen und körperlichen Zustands der behinderten Person, der veränderten Fähigkeiten, sozial zu handeln, sowie einer neuen Einschätzung des Sinns des

Lebens. Die Membership-Eigenschaften haben sich gewandelt. Kurz: Zwar bleibt das Membership der Person bestehen, doch wandeln sich die Zugangsbedingungen, die die Interaktionen mit anderen Menschen bestimmen.

Membership bleibt konstant, egal ob die Beispiele negativen Memberships aus dem Bereich der sozialen Ungerechtigkeit, der körperlichen Behinderung o. ä. kommen. Zunächst sieht es so aus, als ob es das Schicksal will, daß alle, auch die Ungeliebtesten, mit allen anderen verbunden sind. Zweitens können sich die Eigenschaften von Membership durch Behinderung grundlegend ändern, die Tatsache des Memberships allerdings nicht. In beiden Bereichen können Member die Qualität ihres Memberships beeinflussen, nicht aber seine Existenz. Während Membership unwandelbar ist, sind seine Eigenschaften verformbar. Auf dieser Verformbarkeit beruht die Hoffnung auf ein menschlicheres Membership.

**Zweideutiges Membership**

Nicht jedes Membership kann als positiv oder negativ eingestuft werden. Oftmals enthält es beide Seiten. Zweideutiges Membership besteht aus einer Mischung von Eigenschaften. In diesem Mittelfeld kann Membership in manchen Bereichen des Lebens sehr positiv und in anderen weniger positiv sein. Ein Member kann beispielsweise auf der Arbeit sehr erfolgreich sein, aber unter einem schwierigen häuslichen Leben leiden. Ein Mensch kann Schmerzen erleiden ohne die Hoffnung, daß diese Schmerzen jemals ganz aufhören, und trotzdem die Schmerzen soweit akzeptieren, daß er weiterhin positiv mit anderen interagieren kann, auch wenn seine Arbeit oder seine Arbeitszeit angepaßt werden müssen. Millionen von Alleinerziehenden wünschen sich ein streßfreieres, einfacheres Leben, doch sie sind in der Lage, Kinder zu erziehen und den Anforderungen des täglichen Lebens erfolgreich zu entsprechen.

Menschen müssen in der Konstellation von Membership gesehen werden, der Eigenschaften von Membership und der Möglichkeit, sich zu ändern. Ein ehrliches Abwägen darüber ist nötig, was geändert werden kann und was so bleibt, wie es ist. Ein solches Abwägen wirft schwierige Fragen über menschliches Leiden auf, sowie darüber, ob alle Mitglieder einer Gemeinschaft in der Lage sind, sich dem Leiden anzupassen. Hier geht es nicht darum, soziale Ungerechtigkeit zu rationalisieren. Es soll erkannt werden, daß – unabhängig von den Membership-Eigenschaften in einer gegebenen Lage – alle Member Menschen sind, die ihr eigenes Leben und das Leben anderer beeinflussen können. Die Person, dessen Membership zweideutig ist, beschreibt die Membership-Eigenschaften anderer, mit denen sie interagiert. Dies trifft auch auf die Person zu, die sich in negativen Membership-Beziehungen befindet, und auf die, deren Membership-Beziehungen befriedigend, optimistisch und erfüllt sind.

## 2.5 Jenseits von Mitgliedsein

In einer Gesellschaft, die ihre Member dazu erzieht, sich als Individuen wahrzunehmen, kann der Begriff „Member" sehr leicht verzerrt und mißbraucht werden. Membership kann nicht verstanden werden, wenn der Begriff „Member" ganz einfach durch „Individuum" ersetzt wird, ohne daß andere, wichtige Veränderungen durchgeführt werden. Es reicht auch nicht aus, die wichtigsten Prinzipien der Membership-Theorie Sozialarbeitern vorzustellen, die in einer anderen Tradition ausgebildet wurden. Deshalb ist es unumgänglich abzuklären, wie Membership mit Begrifflichkeiten umgeht, die, aus anderen Ansätzen kommend, Gruppe, soziale Umwelt, Organisation und Gesellschaft genannt werden.

Membership umfaßt diese zusätzlichen Dimensionen des menschlichen Verhaltens jenseits des einzelnen Members, weil der Begriff „Member" eine Pluralität (d. h. andere Member) umfaßt. Alles, was jenseits eines gegebenen Members existiert, ist also Teil der Definition des Members. Membership enthält eine Kontinuität, die in dem Gegensatzpaar Individuum/Umwelt fehlt oder zumindest nicht erklärt wird.

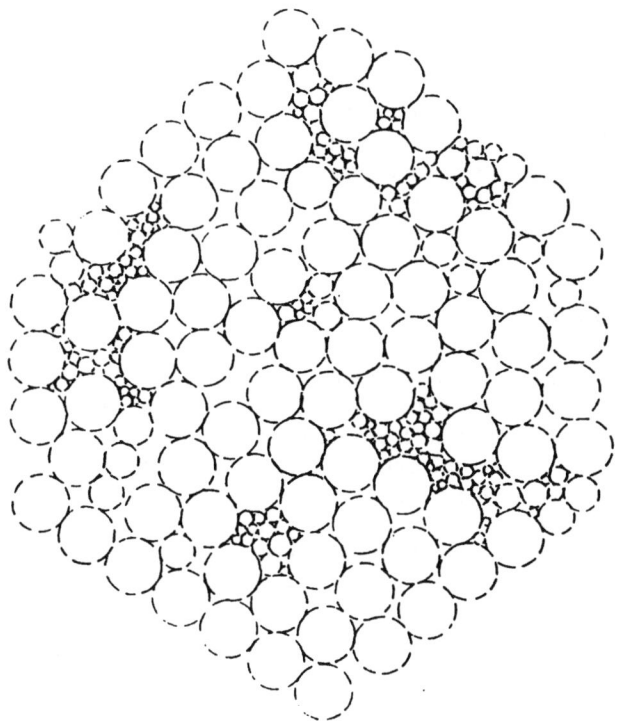

**Abb. 2.3** Das Membershipgitter

Die Abbildung 2.3, das Membership-Gitter, verdeutlicht diese Kontinuität in schematischer Gestalt. Obwohl das Membership-Gitter komplexer ist als die zwei-Member Gruppe in Abbildung 2.2, handelt es sich weiterhin um eine vereinfachte Darstellung menschlicher Realität. Um dieser Realität vollkommen gerecht zu werden, bräuchten wir ein unendliches Diagramm. Seine Größe würde die unendliche Member-Anzahl darstellen. Sobald eine Grenze um die kleinste Gruppe gezogen wird, treten andere Faktoren auf, die die Grenzziehung als übermäßig, geschlossen und mißrepräsentiert erscheinen lassen. Dementsprechend bestehen die Grenzen der Elemente im Membership-Gitter aus gebrochenen Linien.

Eine genauere Analyse des Membership-Gitters bringt weitere Erkenntnisse zutage. Egal, ob man das Gitter als die Darstellung einer gesamten Gesellschaft, einer

Familie, einer Kleingruppe oder einer anderen Membership-Verbindung ansieht, gibt es eine grundlegende Variable, die alle Membership-Verbindungen auszeichnet. Es handelt sich um das Prinzip der permanenten Verbundenheit. Auch wenn weitere Member dem Membership-Gitter bildlich hinzugefügt würden, wäre das Prinzip weiterhin gültig, unter der Voraussetzung, daß die Grenzlinien gebrochen bleiben. Diese gebrochenen Grenzlinien verdeutlichen die gegenseitige Integration der Member; d. h. die gegenseitige Integration eines jeden Members und aller anderen, während er gleichzeitig alle Unterscheidungsmerkmale gemäß des Membership-Prinzips aufrechterhält, das in diesem Kapitel dargestellt wurde. Jegliche – auch noch so komplexe – Konfigurationen, die aus zwei oder mehr Personen bestehen, unterliegen denselben Prinzipien.

## 2.6 Fazit

Ein knappes und prägnantes Modell menschlichen Verhaltens ist eine Grundvoraussetzung für alle, die disziplinierte und professionelle Sozialarbeit leisten wollen. Dies bedeutet, daß einige wenige Konzepte ein großes intellektuelles Terrain abdecken müssen. Dieses Kapitel hat eine Perspektive vorgestellt, die auf menschlicher Verbundenheit und nicht auf Individualismus, auf menschlichen Kontinuitäten und nicht auf Atomismen beruht. Sie erkennt den Menschen als ein Wesen, dessen biologische, soziale, symbolische und psychologische Eigenschaften sich überlappen und dessen Verhalten auf dem Membership-Prinzip basiert. Es wurde dargestellt, daß diese Perspektive weder zufällig noch willkürlich ist. Im Gegenteil: sie beruht auf Erkenntnissen aus der Biologie und den Sozialwissenschaften. Diese Ergebnisse beleuchten eine Gemeinsamkeit aller Menschen, eine Gemeinsamkeit, die der Individualismus weder erkennen noch erklären kann.

Je genauer man zwischenmenschliche Interaktionen analysiert, desto offensichtlicher wird es, daß jeder Mensch auf eine genau ausbalancierte, äußerst präzise und integrierte Weise organisiert ist, die weder die Konstanz der Kontakte zu anderen noch die eigenen Elemente stört. Diese Konstanz wird so reguliert, daß den vielen spezialisierten und qualitativen Anforderungen Rechnung getragen wird, die das menschliche Überleben garantieren.

Das auf den Prinzipien der konstanten Verbundenheit und des bedingten Zugangs basierende Membership ist das zentrale, vereinende Konzept für die gesamte menschliche Existenz. In den nun folgenden Kapiteln wird dieses Paradigma menschlichen Verhaltens genauer untersucht und auf die Membership-Theorie der Sozialarbeit angewandt.

## Literatur

Bellak, L., Hurvich, M., & Gediman, H.K. (1973). Ego functions in schizophrenics, neurotics, and normals. New York: Wiley.

Benjamin, L.S. (1986a). Adding social and intrapsychic descriptors to axis 1 of DSM III. In T. Millon & G.L. Klerman (hg), Contemporary directions in psychopathology (S. 599-638). New York: The Guildford Press.

Benjamin, L.S. (1986b). Operational definition and measurement of dynamics shown in the stream of free association. Psychiatry: Interpersonal and Biological Processes, 49 (3), 104-129.
Berger, P.L. (1966). The social construction of reality: A treatise in the sociology of knowledge. Garden City, NY: Doubleday.
Berger, R.M. (1986). Social work practice models: A better recipe. Social Casework: The Journal of Contemporary Social Work, 67 (1), 45-54
Blumer, H. (1969). Symbolic work practice models: A better recipe. Social Casework: The Journal of Contemporary Social Work, 67 (1), 45-54.
Bretscher, M.S. (1985). The molecules of the cell membrane. Science, 253 (4), 100-108.
Chatham, P. (1985). Treatment of the borderline personality. New York: Jason Aronson.
Chritchley, M. (1978). Butterworth's medical dictionary (2. Ausgabe). London: Butterworth.
Erikson, E.E. (1959). Identity and the life cycle. Psychological Issues, 1 (1), 50-100.
Erikson, E.E. (1976). Reflections on Dr. Bork's life cycle. Daedalus, 185 (2), 1-28.
Falck, H.S. (1976). Individualism and communalism: Two or one? Social Thought, II (3), 27-44.
Falck, H.S. (1978). The individuality-groupness effect: Phenomenology, social values and clinical applications. Social Thought, IV (3), 29-49.
Falck, H.S. (1980). Aspects of membership: On the integration of psychoanalytic object-relations theory and small group science. Social Thought, VI (1), 17-26.
Falck, H.S. (1981). The „seen" and the „unseen" group in clinical social work practice. Monograph #3 in the social work practice series. Richmond, VA: Virginia Organization of Health Care Social Workers.
Falck, H.S. (1984). Peptides as behavior: A psychosomatic approach to peptide research. Paper presented at the Department of Anatomy, University of Heidelberg, Federal Republic of Germany.
Fawcett, D.W. (1966). An atlas of fine structure: The cell, its organelles and inclusions. New York: W.B. Saunders.
Fawcett, J. & Downs, F.S. (1986). The relationship of theory and research. Norwalk, CT: Appleton-Century-Crofts.
Fletcher, J.C. & Evans, M.I. (1983). Maternal bonding in early fetal ultra-sound examinations. New England Journal of Medicine, 308 (7), 392-393.
Freud, A. (1937). The ego and the mechanisms of defense. London: Hogarth.
Goldstein, G.W. & Betz, A.L. (1986). The blood-brain barrier. Scientific American, 255 (3), 74-83.
Kernberg, O.F. (1975). Borderline conditions and pathological narcissism. New York: Jason Aronson.
Kernberg, O.F. (1976). Object-relations theory and clinical psychoanalysis. New York: Jason Aronson.
Levinger, G. (1983). Development and change. In H.H. Kelley, E. Berscheid, A. Christensen, J.H. Harvey, T.L.H uston, G. Levinger, E. McClintock, L.A. Peplau & D.R. Peterson., Close relationships. New York: W.H. Freeman.
Lipkowski, Z.J. (1984). What does the word „psychosomatic" really mean? An historical and semantic inquiry. Psychosomatic Medicine, 46 (2), 153-171.
Mahler, M., Bergman, A. & Pine, F. (1975). The psychological birth of the human infant. New York: Basic Books.

Masterson, J.F. & Rinsley, D.B. (1975). The borderline syndrome: The role of the mother in the genesis and psychic structure of the borderline personality. International Journal of Psychoanalysis, 56 (1), 163-177.
Neugarten, B.L. (1979). Time, age, and the life cycle. American Journal of Psychiatry, 136 (7), 887-894.
Piaget, J. (1968). Structuralism. New York: Harper and Row.
Riley, M.A. (1978). Aging, social change, and the power of ideas. Daedalus, 107 (4), 39-52.
Rinsley, D.B. (1977). An object-relations view of borderline personality. In P. Hartocolis (hg), Borderline personality disorders (S. 47-70). New York: International Universities Press.
Rinsley, D.B. (1982). Borderline and other self disorders: A developmental and object-relations perspective. New York: Jason Aronson.
Sarwer-Forner, G.J. (1976). An approach to the global treatment of borderline patients: Psychoanalytic, psychotherapeutic, and psychopharmacologic considerations. In P. Hartocolis (hg), Borderline personality disorders (S. 345-364). New York: International Universities Press.
Schafer, R. (1968). Aspects of internalization. New York: Internationsl Universities Press.
Silverman, L.H., Lachman, F.M. & Millich, R.H. (1982). The search for oneness. New York: International Universities Press.
Takahashi, T. (1980). Adolescent symbiotic psychopathology. Bulletin of the Menninger Clinic, 44 (3), 272-288.
Verney, T. & Kelly, J. (1981). The secret life of the unborn child. New York: Summit Books.
Woodger, J.H. (1952). Biology and language. Cambridge. Cambridge University Press.

# 3 Die Membership-Theorie als Konzept Sozialer Arbeit

Der nächste logische Schritt in der Entwicklung der Membership-Theorie ist die Umwandlung anthropologischer Konzepte in Arbeitsprinzipien, die den Sozialarbeiter anleiten. Diese Umwandlung ist zunächst analytischer Natur, und erst in zweiter Linie eine Frage der Wertorientierung.

Obwohl viele der Ansicht sind, daß Soziale Arbeit nur ein soziales Arrangement unter vielen ähnlichen ist, ist der verbreitetere und fälschlichere Eindruck der, daß Soziale Arbeit derart ungewöhnlich und esoterisch ist, daß sie kaum oder gar nichts mit anderen helfenden Berufen oder Aspekten menschlichen Lebens gemeinsam hat. Eine genaue Untersuchung zeigt jedoch, daß Soziale Arbeit im Grunde aktueller Ausdruck eines alten Themas ist, eines biblischen, ja vorbiblischen Themas. Tropp (1968) erkannte diese Tatsache vor fast zwanzig Jahren. Er argumentierte, daß die Gruppe in der Sozialen Arbeit viele Ähnlichkeiten mit allen anderen Gruppen hat und deshalb von all denen respektiert werden müsse, die den Wert des menschlichen Lebens erkennen. Die Membership-Theorie teilt Tropps Einschätzung, modifiziert sie aber insofern, als daß der Respekt eher dem Member als der Gruppe gilt, und zwar nicht nur, weil der Member der Klient der Sozialarbeit ist, sondern weil sich die menschliche Gemeinschaft durch ihre Member definiert und aus einer Unmenge kleinerer Gruppen besteht. Die Kleingruppe ist wiederum das Saatbeet, der Lehrmeister und Förderer menschlichen Memberships. Member, Gruppe und Gemeinschaft bewegen sich auf eine Einheit zu, die der Individualismus zu erreichen nicht in der Lage ist.

Der Bezugspunkt in diesem Kapitel ist die Membership-Beziehung von Klient und Sozialarbeiter, die die gemeinsame Aufgabe haben, Lösungen für die Probleme des täglichen Lebens zu finden. Nur von diesem Blickpunkt aus kann eine relativ beständige Einschätzung der vielen Elemente und Aspekte von Hilfe erlangt werden.

Es gibt einen weiteren Grund dafür, die Beziehung Klient-Sozialarbeiter in den Mittelpunkt zu rücken. Allzu häufig wird bei wichtigen sozialpolitischen Entscheidungen übersehen, daß sie früher oder später das Leben der Klienten verändern werden. In der Regel wird das so erklärt, daß eine Entscheidung, die auf das Leben vieler Menschen Einfluß haben wird, nicht jeden einzelnen im Blickfeld haben kann. Tatsache ist jedoch, daß der Sozialarbeiter genau dies tut, wenn er durch sein berufliches Handeln die individuellen Konsequenzen, die aus sozialpolitischen Entscheidungen folgen, ins Licht rückt. Gemeinsam gehen Sozialarbeiter und Klient mit den Möglichkeiten und Hindernissen sozialer Einrichtungen um, die wiederum von der Politik von Menschen beeinflußt werden, die gänzlich andere Aufgaben haben als der Sozialarbeiter und der Klient.

Der Sozialarbeiter bekleidet nicht nur eine Mittlerfunktion zwischen dem Klienten und der Gesellschaft. Soziale Arbeit ist Ausdruck der jeweiligen Gesellschaft; aber gleichzeitig hat der Sozialarbeiter auch seine eigenen Ansichten und seine eigene Meinung. Diese Tatsache führt den Sozialarbeiter in ein schmerzhaftes Dilemma. Er muß innerhalb von unangenehmen Grenzen arbeiten. Dies wird besonders den Sozialarbeitern deutlich, denen die unzulängliche Natur der mosaikhaften Planung,

Programmierung und Finanzierung des amerikanischen Sozialwesens bewußt ist. So besteht immer die Gefahr eines nachlassenden Engagements. Es gibt nur zwei große Alternativen. Eine ist, im Rahmen der Möglichkeiten zu arbeiten; die andere besteht darin, die Probleme der Sozialarbeiter-Klient Beziehung mit den Problemen zu verknüpfen, die bei den gesetzgebenden und verwaltenden Institutionen entstehen. Alle, ob Sozialarbeiter, Gesetzgeber, Verwaltungsbeamter, Spender, Steuerzahler oder Klient, widmen sich denselben Problemen. Dies verdeutlicht die Tatsache, daß das Sozialwesen, unabhängig von seinen einzelnen Ausprägungen, alle angeht.

Diese Einleitung dient als Rahmen für die nun folgende Diskussion der Grundlagen der Sozialarbeit. Diese Grundlagen bestehen aus fünf Teilen: (1) einer Definition der sozialarbeiterischen Praxis; (2) dem Problem der Sozialarbeit; (3) dem Zugang zur Hilfe – auf organisatorischer und Verhaltensebene; (4) der Membership-Gruppe in der Sozialarbeit; und (5) den Prinzipien der tagtäglichen Sozialen Arbeit.

## 3.1 Grundlagen Sozialer Arbeit

Was Soziale Arbeit ausmacht und was sie erreichen will geht aus ihren Grundeigenschaften hervor. Ihre eigentliche Identität beruht auf diesen Eigenschaften, durch die sie sich auch von verwandten Professionen unterscheidet. Zusätzlich gibt es viele weitere wichtige Aspekte der Sozialen Arbeit, doch diese beeinflussen ihre grundlegende Identität nicht. Die fünf zentralen Elemente, die oben angeführt wurden, beschreiben das Wesen der Sozialen Arbeit, weil (1) ein Sozialarbeiter, der nicht über eine klare Vorstellung seines Berufes verfügt, nicht wirklich professionell handeln kann, (2) die Rolle der Sozialen Arbeit wie die jeder anderen Profession begrenzt sein muß und es auch ist, (3) sich Sozialarbeiter darüber Gedanken machen müssen, wie Menschen zu Klienten werden und welche Fähigkeiten und Kompetenzen sie benötigen, um Klient zu sein, (4) das Verhältnis zwischen Klient und Sozialarbeiter unerläßlich ist, um eine helfende Beziehung herzustellen und (5) Sozialarbeiter mit vielen unterschiedlichen Klienten und Problemen zu tun haben.

Per Definition verringert Membership den Abstand zwischen Sozialarbeiter und Klienten. Das grundlegende Verhältnis zwischen beiden beruht auf Gegenseitigkeit. Gegenseitigkeit heißt, daß das, was *für* den Klienten getan wird, so weit wie möglich *mit* ihm getan wird.

## 3.2 Der Versuch einer Definition

Im zweiten Kapitel wurden die Prinzipien der konstanten Verbundenheit und des bedingten Zugangs besprochen. Diese beiden Prinzipien stellen die Verhaltensgrundlagen für Membership dar. Nun wird das Membership-Konzept auf die Sozialarbeit angewandt. Die Praxis Sozialer Arbeit wird neu definiert. Praxis Sozialer Arbeit bedeutet, daß bei der Handhabung von Membership professionelle Hilfe gewährt wird. Die Elemente dieser Definition sind folgende:

**Professionalität**

Der Begriff Professionalität beinhaltet den Einsatz der eigenen Person (d. h. fachliches Wissen, angemessene Einsichten und Selbstkontrolle der eigenen Gefühlswelt bestimmen das Verhältnis zwischen Sozialarbeiter und Klient). Die disziplinierte Verwendung von Wissen bezieht sich sowohl auf rationelle Handlungen, als auch auf das Entdecken und die Anwendung neuen Wissens.

**Hilfe**

Der Begriff „Hilfe" bzw. Unterstützung bezieht sich auf die Rollendefinition des Sozialarbeiters (d. h. auf die Aktivitäten des Sozialarbeiters). Diese Aktivitäten helfen dem Klienten, seine Ressourcen als Mitglied einer Familie, in einer Kommune, am Arbeitsplatz und in anderen Gruppen zu erkennen. Der Sozialarbeiter achtet darauf, nicht zu viel oder zu wenig Hilfe zu bieten.

**Die Handhabung von Membership**

Der Begriff Handhabung meint die zweckmäßige Verwendung der eigenen Kompetenzen und die Übernahme von Verantwortung. Die implizite Autonomie verdeutlicht, daß der Sozialarbeiter in der Lage sein sollte, das eigene Verhalten und das anderer Menschen zu beobachten und so zu steuern, daß zwischenmenschliche Probleme gelöst werden können. Handhabung impliziert schließlich bewußtes Handeln, die Fähigkeit, Entscheidungen zu treffen, die die Qualität von Membership erhöhen.

## 3.3 Der Gegenstand Sozialer Arbeit

Sozialarbeiter sind in einer großen Anzahl von persönlichen und gesellschaftlichen Belangen involviert. Die Frage ist, ob die Trennung zwischen dem persönlichen und dem öffentlichen Bereich so deutlich und legitim ist, wie sie sein sollte. Hier handelt es sich auch um eine Definitionsfrage. Probleme in der Ehe werden als persönlich definiert. Wenn man darüber nachdenkt, erkennt man, daß neben den beiden Partnern noch viele andere Menschen von diesem Problem betroffen sind. Neben der Familie und den Freunden ist der Sozialarbeiter, an den sich die Partner hilfesuchend wenden, eine dritte Person, und dazu noch ein Fremder.

Öffentliche Probleme sind auf ähnliche Weise persönlich, denn sie betreffen sehr viele Member. Politische Entscheidungen im Gesundheitswesen beispielsweise beeinflussen direkt einzelne Menschen. Die Begriffe *privat* und *öffentlich* müssen mit Vorsicht verwendet werden, denn das, was privat bzw. öffentlich ist, kann nicht leicht, und schon gar nicht kategorisch, abgesteckt werden.

Ein soziales Problem fällt in dem Augenblick in die Zuständigkeit der Sozialen Arbeit, wenn (1) ein potentieller Klient zu erkennen ist; (2) der Klient bereit ist, seine Bedürfnisse oder Schwierigkeiten anzugehen; (3) ein Sozialarbeiter zur Verfügung steht und (4), wenn die Erwartung besteht, daß das Problem durch gemeinsame Anstrengungen von Sozialarbeiter und Klienten gelöst werden kann.

Sobald sich die Sozialarbeit mit einem sozialen Problem beschäftigt, wird es zu einem geteilten Problem. Der Beruf ist eine öffentliche Institution und spricht auf ganz konkrete Weise für die Gesellschaft. Die Tatsache, daß der Sozialarbeiter der Schweigepflicht unterliegt, hebt dieses nicht auf, da die Verpflichtung professionelle Arbeitsbasis ist und nicht jedesmal neu bekräftigt wird, wenn sich Sozialarbeiter und Klient entschließen zusammenzuarbeiten. Die Schweigepflicht entspringt der Profession an sich. Sie wird Realität in dem Augenblick, wo der Sozialarbeiter verspricht, die Verhaltensregeln der Profession einzuhalten. Nicht vergessen werden darf, daß Verschwiegenheit durch rechtliche Vorgaben beschränkt ist und besonders dann eingeschränkt wird, wenn mehrere Klienten betroffen sind, da sie untereinander nicht verpflichtet sind, Verschwiegenheit zu bewahren.

Sozialarbeiter schützen ihre Klienten so gut wie möglich vor Schaden. Sie erkennen aber auch, daß das Versprechen der Verschwiegenheit manchmal schwierig umzusetzen ist und daß die Privatsphäre nur bis zu einem gewissen Grad geschützt werden kann. Soziale Probleme mit anderen zu teilen ist von Anfang an eine nichtprivate Membership-Handlung.

**Zugang: die soziale Einrichung und der Klient**

Um festzulegen, wer den Dienst des Sozialarbeiters in Anspruch nehmen kann, legen Sozialämter Zugangskriterien und Verfahren fest. Eventuelle Klienten müssen zeigen, daß ihre Lage oder Situation überhaupt in den Aufgabenbereich des Sozialamts fällt. Diesen definiert entweder der Gesetzgeber oder eine Aufsichtsbehörde. Der Beweis der Berechtigung wird in der Regel während eines Aufnahmeinterviews erbracht. Dieses Interview kann formell in einem Büro stattfinden, oder kurz und informell sein. Ziel ist es, Betreuungsgruppen von Klienten und Sozialarbeitern zu bilden. Da es sich um Prozeduren einer Organisation handelt, gibt es strukturierte Zugangsmechanismen.

Ein weiterer Aspekt des Zugangsmechanismus ist das Verhalten des Klienten. Es ist mit der Kompetenz verbunden, die Rolle des Klienten zu übernehmen. Die Rolle des Klienten wird im vierten Kapitel ausführlicher beleuchtet. An dieser Stelle müssen die Zugangsmechanismen erklärt werden, die die Tatsache unterstreichen, daß die Art und Weise, wie eine soziale Einrichtung die Aufnahme der Klienten organisiert, noch keine ausreichende Definition von Zugang bietet. Der Klient ist nicht nur ein passiver Empfänger von Unterstützung. Im Gegenteil: man erwartet von ihm, daß er aktiv ist, daß er in der Lage ist, mit dem Sozialarbeiter zusammenzuarbeiten. Solche Klienten können allerdings nicht vorausgesetzt werden. Es gibt allzu viele Klienten, die diese Fähigkeiten nicht besitzen, und es gibt sogar einige, die nie in der Lage sein werden, sich diese Fähigkeiten anzueignen. Membership kann als grundlegende menschliche Eigenschaft vorausgesetzt werden, die Fähigkeit, Klient zu sein, jedoch nicht.

Tabelle 3.1 verdeutlicht die Verbindung der drei Elemente von Membership in der angewandten Sozialen Arbeit. Die erste Spalte führt Beispiele für die Bedürfnisse der Klienten auf, sowie die Probleme, die der Sozialarbeiter häufig antrifft. Es handelt sich nicht um vollständige, sondern illustrierende Beispiele.

Die zweite Spalte befaßt sich mit den Eigenschaften von Membership, wie sie im zweiten Kapitel besprochen wurden. Das körperliche Handeln wurde in der Tabelle ausgelassen. Dafür gibt es zwei Gründe. Zunächst betrifft körperliches Handeln alle Menschen in allen Situationen und muß daher nicht eigens erwähnt werden. Außerdem befassen sich Sozialarbeiter normalerweise nicht mit diesen Problemen, es sei denn, daß auf gesundheitliche Probleme direkt hingewiesen wurde. Aber auch dann geht es dem Sozialarbeiter nicht um das gesundheitliche Problem an sich, sondern um die Auswirkungen auf das soziale, symbolische und psychologische Handeln.

Tabelle 3.1  Umgang mit Membership in der sozialarbeiterischen Praxis

| Typische Bedürfnisse und Probleme des Klienten | Membership Eigenschaften | Fähigkeiten und Zugangsmechanismen |
|---|---|---|
| Adoption eines Kindes | Soziales Handeln | Verbale Anwendungen und Abwägung der Konsequenzen |
| | Symbolisierung | Abwägung der Bedeutung einer Adoption |
| | Internalisierung | Mutter-Kind, Vater-Kind, Eltern-Kind Beziehungen |
| Entlassung aus der Haft | Soziales Handeln | Planen für die nahe und fernere Zukunft |
| | Symbolisierung | Abwägen der Bedeutung, vorbestraft zu sein |
| | Internalisierung | Selbst- und Fremdbeziehung mit dem Klienten als Straffälligem |
| Eheprobleme | Soziales Handeln | Schmerz ausdrücken, Reden mit dem Ehepartner und dem Sozialarbeiter |
| | Symbolisierung | den Problemen Bedeutung zumessen, die aus der Identität als Ehepartner, Mann oder Frau herrühren |
| | Internalisierung | mißglückte Ehebeziehung |
| Gelder beschaffen | Soziales Handeln | in Gruppen arbeiten, z. B. im Komitee usw. |
| | Symbolisierung | Bedeutung dessen erkennen, was es heißt, für andere zu arbeiten |
| | Internalisierung | Vorstellung von sich selbst und der Gemeinschaft |
| Krankheit und Unfall | Soziales Handeln | verbales und emotionales Abwägen der sozialen Begleiterscheinungen von Krankheit, Unfall, Behinderung, d. h. Finanzen, Versicherung, Genesung, Akzeptanz physischer Einschränkungen |
| | Symbolisierung | die Bedeutung der Abhängigkeit von anderen; die Bedeutung von Rollenänderungen als Folge von Krankheit, Unfall oder Behinderung |
| | Internalisierung | Der Wechsel von „so zu sein wie andere" zu einem kranken, verletzten oder behinderten Member, vor sich selbst und in den Augen anderer |

Die dritte Spalte führt die Fähigkeiten und Zugangsmechanismen auf, die der Klient benötigt, um die jeweiligen Probleme anzugehen. Wenn z. B. Eltern ein Kind adoptieren, müssen sie sich Gedanken darüber machen, was dieser Schritt überhaupt bedeutet. Außerdem müssen sie die neue Sichtweise internalisieren, daß sie und das Kind nun zusammengehören. Oder betrachten wir die Lage eines Menschen, der kurz vor seiner Entlassung aus dem Gefängnis steht. Der Gefangene und seine Familie müssen die Implikationen der Entlassung und des Wiedereinstiegs in die Gesellschaft sowie die weitere Zukunft durchdenken. Was bedeutet es, vorbestraft zu sein, insbesondere bei der Arbeitsuche? Wie wird das Verhältnis zwischen dem ehemaligen Gefangenen, seiner Familie und anderen aussehen? Wie werden all diese Dinge internalisiert? Wird der Zukunftsentwurf optimistisch? Wird er realistisch?

Bei der Betrachtung der dritten Spalte müssen noch zwei Bemerkungen angefügt werden. Zunächst folgende: wenn der Klient noch nicht die aufgelisteten Fähigkeiten besitzt, muß er sie sich aneignen. Es wäre falsch, davon auszugehen, daß alle Klienten diese Fähigkeiten haben. In vielen Fällen müssen sie erst vermittelt werden, wenn der Klient erfolgreich mit den sich ihm stellenden Problemen umgehen will. Zweitens handelt es sich bei allen Fähigkeiten um potentielle oder tatsächliche Zugangsmechanismen. Zugangsmechanismus wird hier als Ausdruck der Fähigkeiten definiert, die nötig sind, um erfolgreich mit Bedürfnissen und Problemen umzugehen. Es kann nicht erwartet werden, daß Klienten wissen, wie man die Leistungen von sozialen Organisationen in Anspruch nehmen kann, und daß sie wissen, wie sie auf kreative Weise Membership einer Gruppe anwenden können. Man kann nicht davon ausgehen, daß sie wissen, wie sie ein Problem angehen müssen oder wie Alternativen diskutiert werden können. Oft sind Klienten nicht einmal in der Lage, Zugang zum Problem oder zur Problembewältigung zu finden.

## 3.4 Die Gruppe als helfender Prozeß

Die helfende Gruppe stellt das wichtigste Grundelement der angewandten Sozialen Arbeit dar. Sie überschattet alle anderen Überlegungen, da ein Sozialarbeiter und ein oder mehrere Klienten zusammenkommen und zusammenarbeiten. Dieses Zusammenkommen hat genaue und vorher festgelegte Ziele. Planungen, Gesetze, die Verwaltung, finanzielle Unterstützung und andere Aktivitäten tausender anderer Member (Sozialarbeiter, Gesetzgeber, Bürokraten, freiwillige Helfer, Steuerzahler, Bürger) ermöglichen das Entstehen solcher Gruppen.

Der Unterschied zwischen dem Member, der das Angebot der Gruppe annimmt, um dort an der Lösung seiner Probleme zu arbeiten, und dem Member, der dieses Angebot ermöglicht, ist keineswegs so groß wie oft angenommen wird. Das Gegensatzpaar „Die" und „Wir", also die, die Hilfe bekommen und wir, die wir die nötigen Entscheidungen treffen, kann leicht umgekehrt werden. Klienten und Sozialarbeiter können unter passenden Umständen und bei richtiger Qualifikation beides sein. Es ist zwar wichtig, die einzelnen Rollen klar zu definieren, doch ist es möglich, mit Hilfe der Membership-Theorie zu erkennen, daß die Arbeit in der Gemeinschaft stattfindet, an der alle Member teilhaben und zu der alle beitragen, egal, auf welcher „Seite" man sich befindet.

Die Membership-Dimension der menschlichen Lage ist es, die im weitesten Sinne, aber auch in der Sozialen Arbeit, das Verhältnis zwischen dem persönlichen Problem und dem öffentlichen Interesse absteckt. Das gesamte Sozialwesen besteht aus Selbsthilfeangeboten, die ein ausgewogenes, kalkulierbares, gerechtes und faires Leben zum Ziel haben. Dies schmälert auf keine Weise die Bedeutung des einzelnen Member. Im Gegenteil: es wird deutlich, warum jeder Member wichtig ist, und zwar deshalb, weil jeder Member laut Definition auch ein Aspekt von anderen ist.

Die Sozialarbeit kann jeden Klienten als Member darstellen. Sie kann die Werte einer Gesellschaft annehmen, die die Unteilbarkeit von Membership auf allen sozialen Ebenen akzeptiert. Sie kann für eine organisierte Gesellschaft arbeiten, die per Definition jeden Member und deshalb alle Member respektiert.

Wenn man die helfende Situation als eine soziale Gruppensituation vorsieht, führt dies zu einem besseren Verständnis in die Natur von Membership. Dieses Verständnis hat Konsequenzen für das Verhältnis von sozialen Werten und Wissenschaft. Der traditionelle Hang der Sozialen Arbeit zum Individualismus zeigt sich z. B. in der starken Betonung der Psychologie. Die Betonung des Mentalen kippt die psychosoziale Balance in Richtung des Psychologischen. Hollis und Woods (1981) verdeutlichen diese fast ausschließliche Beschäftigung einiger Sozialarbeiter mit dem Psychologischen, während sie selbst gleichzeitig die Bedeutung des Sozialen anerkennen.

Die helfende Gruppe ist mehr als ein weiteres interessantes soziales Arrangement. Sozialarbeit wird von der Gesellschaft eingerichtet und finanziert. Sie ist einer der sozialen Kontrollmechanismen der Gesellschaft. Dementsprechend meinen Teile der Öffentlichkeit, daß der Klient, nachdem er öffentliche Zuwendungen erhalten hat, sich so verhalten soll, wie es die Öffentlichkeit von ihm erwartet. Der Sozialarbeiter solle dieses Verhalten fördern. Wer dies erkennt, merkt, daß die Soziale Arbeit nicht frei von störenden Außeneinflüssen ist. Es handelt sich um einen der schmerzhaften, aber auch realistischen Aspekte der Membership-Thematik in der Sozialen Arbeit, denn genau so will es die Gesellschaft, die Sozialarbeit ermöglicht, unterstützt und aufrechterhält.

Schließlich müssen zwei fehlerhafte Verallgemeinerungen beachtet werden, bevor man vernünftig über das Geben und Empfangen von Hilfe sprechen kann. Die erste falsche Verallgemeinerung betrifft die Beschreibung der Sozialen Arbeit vor Ort. Da niemand mit einer ganzen Kommune arbeiten kann, ist es wichtig zu verstehen, daß Sozialarbeit vor Ort für die Kommune ausgeführt wird, und zwar in Kleingruppen, die die Kommune abbilden sollen. Dieses Problem wird auch dadurch nicht gelöst, daß zwischen Wachstumsgruppen und zielgerichteten Gruppen unterschieden wird, oder zwischen sogenannten Therapiegruppen, die sich den Bedürfnissen des Individuums widmen, und zielgerichteten Gruppen in der Form von Ausschüssen (Toseland & Rivas, 1984). Diese Unterscheidungen sind sogar irreführend. Es gibt schon lange keine Gruppen mehr, die sich persönlichen Fragen widmen, ohne ein bestimmtes Ziel zu verfolgen. Heutzutage legt der Sozialarbeiter klare Ziele und meßbare Ergebnisse vor, legt also genaue Rechenschaft ab (Fortune, 1985). Von diesem Standpunkt aus sind alle Hilfsmaßnahmen zielgerichtet.

Die zweite falsche Verallgemeinerung erscheint dann, wenn zwischen dem Individualismus, den der Begriff „Therapie" (persönliches Wachstum und Problemlösung) impliziert, und der Gemeinwesenarbeit unterschieden wird. Dies mündet in die Isolierung des angeblichen Individuums. Gleichzeitig wird übersehen, daß die Mitglieder eines Ausschusses ebenfalls persönliche Bedürfnisse haben, die immer wieder bei Vorstands- und Ausschußsitzungen an die Oberfläche gelangen (Bakalinski, 1984; Tropman, Johnson & Tropman, 1979). Diese Bedürfnisse werden von Sozialarbeitern nicht beachtet, die auf Fragen hinsichtlich ihrer Arbeit in solchen Situationen oft antworten: „Ich bin nicht hier, um zu therapieren".

**Die helfende Gruppe und ihre Member**

Die Membership-Theorie definiert die helfende Gruppenbeziehung als einen oder mehrere Klienten plus ein Sozialarbeiter. Sie besteht also aus Menschen, die mit einem Sozialarbeiter interagieren, unabhängig von einem spezifischen Vorsatz, von der Anzahl und der Zusammensetzung der Member. Ein Sozialarbeiter und mindestens ein Klient reichen aus. Das Ziel kann persönliche Hilfeleistung, die Organisation einer Gruppen, die Planung oder Durchführung von Verwaltungsaufgaben sein. Sozialarbeit hat mit sozialen Situationen zu tun, in denen Member Entscheidungen treffen und aktiv werden müssen, unabhängig davon, ob es sich um persönliche oder gemeinschaftliche Belange handelt. All dies geschieht durch die helfende Gruppe.

Die Betätigung des Sozialarbeiters wird Membership-Arbeit genannt. Die nötige Voraussetzung dieser Arbeit ist das Vorhandensein von (1) einer sozialen Organisation; (2) ausgebildeten Sozialarbeitern und (3) Klienten, deren Probleme und Bedürfnisse der Sozialen Arbeit zugänglich sind und die die Mindestfähigkeit besitzen, an der Arbeit des Sozialarbeiters teilzunehmen. In allen Fällen hängt der Erfolg der Membership-Arbeit von ihrer Relevanz für die „Welt draußen" ab. Entsprechend muß die Arbeit des Klienten und des Sozialarbeiters von Anfang an gemessen werden. Es wird vermutet, daß Klienten, die in ihrer Gruppe erfolgreich sind, auch im täglichen Leben erfolgreich sind. Wenn dies nicht der Fall ist, müssen die Gründe dafür beleuchtet werden. Ähnliches gilt für Mitglieder eines Ausschusses: sind sie erfolgreich in der Gruppe, ohne aber ihrer Verantwortung später gerecht zu werden, leisten sie den potentiellen Empfängern in der Gesellschaft keinen Dienst. Diese Bewertung findet bereits in der Gruppe statt, und zwar durch das Feedback-Verhalten eines oder mehrerer Member. Ein endgültiges Urteil kann aber erst dann gefällt werden, wenn die Konsequenzen der Membership-Arbeit untersucht werden.

**Die sichtbare und die unsichtbare Gruppe**

Wenn mehrere Menschen beim Interagieren beobachtet werden können, bezeichnet man sie als „sichtbare" Gruppe. Unabhängig davon, ob mehrere Klienten und ein Sozialarbeiter sich in einer Gruppe treffen oder ob nur ein Klient zum Sozialarbeiter kommt, wird die helfende Gruppe als sichtbare Gruppe bezeichnet, weil die Arbeit von denen ausgeführt wird, die anwesend und beobachtbar sind.

Es gibt allerdings auch eine Welt jenseits derer, die anwesend und beobachtbar sind, eine Welt jenseits der sichtbaren Gruppe. Diese Welt besteht aus Gruppen, zu denen der Member gehört, die aber für die Member in der helfenden Gruppe nicht direkt zu erkennen sind. Sie werden als „unsichtbare Gruppen" (Falck, 1981) bezeichnet. In dieser Welt, jenseits der sichtbaren Gruppe, wird die Arbeit des Sozialarbeiters und der Klienten beurteilt, und zwar in erster Linie auf der Grundlage der Auswirkungen der Gruppe auf das tägliche Leben der Klienten.

Unabhängig von der Größe der sichtbaren Gruppe trägt jeder Klient und jeder Sozialarbeiter eine große Menge an Erfahrungen aus früheren Gruppen mit sich. Alle Member bringen ihr unsichtbares Gruppen-Membership mit in die Gruppe, z. B. Familie, Beruf, Freunde, Kirchengemeinde – all jene bedeutsamen anderen, auch wenn diese nicht anwesend sind. Auch in der kleinsten sichtbaren Gruppe, die nur aus einem Klienten und dem Sozialarbeiter besteht, wird die Arbeit von unsichtbaren Gruppen beeinflußt. Die Größe der Gruppe spielt kaum eine Rolle. Unsichtbare Gruppen müssen in jeder sozialen Gruppe beachtet werden, unabhängig von deren Größe.

Der Einfluß unsichtbarer Gruppen auf die helfende Gruppe kann von zwei Perspektiven aus gesehen werden. Einerseits werden diejenigen, die die unsichtbaren Gruppen des Klienten ausmachen, durch die Arbeit in der helfenden Gruppe beeinflußt. Andererseits können die Mitglieder der unsichtbaren Gruppen als aktive Teilnehmer betrachtet werden, da sie von weitem das beeinflussen, was in der helfenden Gruppe geschieht. Die Mitglieder der unsichtbaren Gruppen des Klienten sind keine passiven Teilnehmer. Sie sind auf ihre eigene Art und Weise aktiv. Dementsprechend darf der Sozialarbeiter nicht nur die sichtbare Gruppe beachten, in der er arbeitet, sondern muß auch die vielen unsichtbaren Gruppen im Auge haben. Ihre Bedeutung liegt darin, daß der Klient ihnen angehört, sie beeinflußt und auch von ihnen beeinflußt wird.

Sichtbaren und unsichtbaren Gruppen muß aufgrund ihrer Bedeutung für die helfende Gruppe Beachtung geschenkt werden. Zunächst einmal gilt es anzumerken, daß alle Klienten in Gruppen leben. Dies wird durch den Begriff „sozial" ausgedrückt. Der Sozialarbeiter beachtet also das Verhalten des Klienten gegenüber anderen Menschen. Dies bedeutet nicht, daß sich Sozialarbeiter und Klient immer über die unsichtbaren Gruppen des Klienten unterhalten müssen. Es bedeutet aber, daß der Sozialarbeiter immer mit der sozialen Realität des Klienten beginnt, mit den Membership-Aspekten der anderen Gruppen des Klienten, die dieser in die helfende Gruppe einbringt und die das aktuelle Verhalten beeinflussen.

Eine weiterer Aspekt ist der, daß alle Klienten ihr Leben in Gruppen dadurch ausdrücken, daß sie (1) darüber reden, (2) es neu durchspielen und (3) es planen. Dieser Aspekt wird im vierten Kapitel genauer untersucht. Hier gilt es festzuhalten, daß die geplante Zukunft immer in sozialen (Gruppen-) Situationen stattfindet. In der helfenden Gruppe, die zwei Member enthält, hilft der Sozialarbeiter dem Klienten damit, daß er ihn bei der Planung der Zukunft unterstützt. In größeren Gruppen machen der Sozialarbeiter und Klienten Erfahrungen, die denen der Klienten außerhalb der helfenden Gruppen ähneln. In größeren Gruppen kann das Verhalten der Klienten also *in natura* betrachtet werden. In dieser *in natura* Situation wird sehr schnell deutlich, was die Klienten in der Welt außerhalb der helfenden Gruppe erleben. Das Jetzt beeinflußt immer das Kommende. Da die Gegenwart die Zukunft ankündigt, ist immer irgend eine Art von Planung in der helfenden Gruppe nötig, eine Art Projektion von Verhalten, das den Klienten mehr befriedigt als das der Gegenwart oder der Vergangenheit.

Der dritte Aspekt ist der, daß der Member in der helfenden Gruppe sofort für sein Verhalten verantwortlich ist. In der Zwei-Member Gruppe findet diese Verantwortlichkeit statt, wenn Sozialarbeiter und Klient die Wirksamkeit der gegenwärtigen Handlungen des Klienten sowie seine Erfahrungen jenseits der Hilfssituation betrachten. In größeren helfenden Gruppen sind Member sofort für ihr Verhalten verantwortlich, weil andere Klienten anwesend sind. Es ist der große Vorteil der Gruppe, daß die Auswirkung des Verhaltens eines Klienten auf andere nicht verzögert werden kann. In Gruppen reagieren Member in der Regel sofort, deutlich und z. T. laut. Die Reaktion kann auch still erfolgen, doch meistens besteht sie aus Worten, die in einem bestimmten Tonfall gesprochen werden, so daß jeder Member, auch der Sozialarbeiter, weiß, wie wer wem gegenübersteht. Diese Verantwortlichkeit und ihre Analysierbarkeit stellt den Kern des Lebens in der Gruppe dar.

**Psychosoziale Typen von Gruppen**

Eine Betrachtung von Gruppen aus einer psychosozialen Perspektive vervollständigt die Perspektive der sichtbaren und unsichtbaren Gruppe. Dieser erweiterte Ansatz setzt Gruppen in rationale Beziehungen zueinander und ermöglicht es, einen Typ vom anderen zu unterscheiden.

Es stellt sich die Frage der psychosozialen Nähe eines Members zu einem anderen, um definieren zu können, wer und wer nicht Member einer bestimmten sozialen Situation ist, wie z. B. der Familie, eines Gemeinwesens, einer Arbeitsgruppe, einer Institution. Je größer die psychosoziale Distanz zwischen einem Member und einem anderen ist, desto weniger intim stellt sich die Beziehung dar. Je seltener man Sichtkontakt hat, desto unpersönlicher sind die Eindrücke, die man voneinander hat und desto unpersönlicher sind die Entscheidungen in Angelegenheiten, die das Schicksal und die Zukunft von Menschen betreffen. Der Politiker, der ein Sozialgesetz befürwortet oder ablehnt, ohne die Menschen, die dieses Gesetz betrifft, je zu Gesicht zu bekommen, ist in einer anderen Lage als der Sozialarbeiter, der Menschen zu Hause besucht, wo sie aufgrund einer falschen oder nicht vorhandenen Sozialgesetzgebung im Elend leben.

Vom Standpunkt der professionellen Sozialen Arbeit aus können drei verschiedene Typen von Gruppen unterschieden werden: die primäre, die sekundäre und die tertiäre Gruppe. Jede hat ihre besonderen Eigenschaften und Möglichkeiten in der angewandten Sozialen Arbeit. Wenn wir nur jede einzelne Gruppe betrachten, wird deutlich, daß der Begriff „Helfen" auf die ersten zwei Typen direkter zutrifft als auf den dritten.

*Die primäre Gruppe*

Die primäre Gruppe zeichnet sich dadurch aus, daß die Member direkt interagieren. Dementsprechend intim sind ihre Beziehungen. Das offensichtlichste Beispiel sind Familien und enge Freundschaften. Basieren die Beziehungen innerhalb der primären Gruppe auf positiven Eigenschaften, so wird Hilfe bereits durch die Zusammensetzung der Gruppe und Interaktion innerhalb der Gruppe geleistet. Sind die Eigenschaften negativ, kann die primäre Gruppe immer noch Hilfe leisten, aber nur mit der Unterstützung eines Sozialarbeiters, der die Stärken des einzelnen Members erkennen und fördern kann, um so Probleme zu lösen und ein positives Leben zu ermöglichen.

*Die sekundäre Gruppe*

Die sekundäre Gruppe zeichnet sich durch nicht-intime Beziehungen aus und durch die Tatsache, daß direkte Interaktion stattfindet. Als Beispiele für Mitglieder sekundärer Gruppen seien aufgeführt: Mitarbeiter, Clubmitglieder, Kirchenbesucher, Nachbarn und andere, mit denen man direkt Kontakt hat, der aber im affektiven Sinne nicht intim ist. Genau dieses unterschiedliche Niveau des Intimen unterscheidet die primäre von der sekundären Gruppe. Der Vergleich zwischen der Familie und Kollegen im Büro verdeutlicht dies.

Die Interaktion eines Sozialarbeiters und mehrerer Klienten, die nicht in Beziehung zueinander stehen, genügt der Definition der sekundären Gruppe als helfende Gruppe, ebenso wie die Interaktion eines einzelnen Klienten und eines Sozialarbeiters. Die Tatsache, daß sich in einer sekundären helfenden Gruppe mit der Zeit tiefe und wichtige Beziehungen bilden, ändert nichts an der Tatsache, daß es sich um eine sekundäre und keine primäre Gruppe handelt. Die Unterscheidung zwischen primärer und sekundärer Gruppe bleibt bestehen, trotz der Tiefe der Beziehungen in der helfenden Gruppe.

*Die tertiäre Gruppe*

Die tertiäre Gruppe beruht auf indirekten und nicht-intimen Beziehungen, wie z. B. die Staatsbürgerschaft, Regierung, eine sozioökonomische Schicht, Religionszugehörigkeit, kulturelle und sprachliche Gruppen, Rasse, politische Parteien, Berufsgruppen, sowie andere regionale, nationale oder internationale Gruppen von Menschen, mit denen kein direkter Sichtkontakt besteht.

Eigentlich ist es schwierig, solche Gruppen als helfende Gruppen zu definieren, da sich die Member nicht sehen. Ein Beispiel für eine tertiäre Gruppe ist die Gemeinde. Sie wird erst dann zur helfenden Gruppe, wenn die Gemeindeältesten zusammenkommen, um sich mit Problemen der Gemeinde zu beschäftigen. Diesem Phänomen widmen wir uns eingehender im sechsten Kapitel. An dieser Stelle ist es wichtig, die Unterschiede zwischen der tertiären und den anderen zwei Gruppen zu erkennen. Tabelle 3.2 faßt die Unterschiede noch einmal zusammen.

**Tabelle 3.2** Eigenschaften von helfenden Gruppen

| Gruppentyp | direkter Sichtkontakt | Intimität |
|---|---|---|
| Primär | Ja | Ja |
| Sekundär | Ja | Nein |
| Tertiär | Nein | Nein |

Das Konzept der primären, sekundären und tertiären Gruppe unterscheidet sich in drei Bereichen von traditionellen Konzepten. Der Begriff der helfenden Gruppe (oder Situation des Helfens) definiert sich nicht nur auf der Ebene des Sichtkontakts zwischen Klient und Sozialarbeiter, wie das Konzept der tertiären Gruppe zeigt. Das Konzept der unsichtbaren Gruppe, das oben erläutert wurde, verdeutlicht ebenfalls diese Tatsache.

Ein weiterer Unterschied liegt darin, daß die Beziehung zwischen Sozialarbeiter und Klient als Gruppensituation, und dementsprechend als helfende Gruppe, definiert wird. In Anbetracht der Tatsache, daß die traditionelle Sozialarbeit die Arbeit mit dem Einzelnen und die Arbeit mit der Gruppe unterschieden hat, handelt es sich hier um eine wichtige konzeptionelle Neuheit. Sie wurde bereits im ersten Kapitel besprochen. Solche Unterscheidungen haben in der Membership-Theorie keinen Raum.

Drittens: der Membership-Ansatz entspricht der menschlichen Verfaßtheit. Dementsprechend beruht er nicht auf einer Integration oder Kombination traditioneller Sozialarbeitsmethoden, sondern auf einer neuen Synthese der Bereiche menschlichen Verhaltens. Das Membership-Konzept vereint das Individuum, die Gruppe und das Gemeinwesen in dieser neuen Synthese, die auf den beiden Prinzipien der konstanten Verbundenheit und des bedingten Zugangs beruht. Dies erklärt auch, warum die Dyade 'ein Sozialarbeiter – ein Klient', als kleinste helfende Gruppe angesehen wird. Daraus folgt, daß der Sozialarbeiter ein Member wie jeder andere interagierende Mensch ist. Der Unterschied liegt in der Rolle, die er einnimmt, nicht darin, ob er Member ist oder nicht.

## 3.5 Membership als universelles Prinzip Sozialer Arbeit

Die Membership-Theorie geht davon aus, daß Hilfe in erster Linie dem Member gilt. Die Anzahl der Teilnehmer einer Gruppe ist weniger wichtig als das Bewußtsein, daß diese Definition der Grundeinheit Folgen für die Praxis hat. Die Tatsache, daß jemand ein Member ist, bedeutet, daß mehrere Menschen gemeinsame Erfahrungen und eine unauslöschbare Geschichte teilen. Membership artikuliert immer wieder neu die Anfänge des Lebens und des Interaktionsprozesses. Auf dieser Ebene geht die *Tatsache* von Membership der *Art* von Membership voraus, soll heißen, die Rolle, die man in menschlichen Interaktionen einnimmt. Die Rolle des Sozialarbeiters basiert auf ähnliche Weise auf der grundlegenden Membership-Rolle des Fachmanns. Die intellektuelle und emotionale Selbstdisziplin, die der Fachmann mit in die Hilfssituation bringt, garantiert, daß die Arbeit gründlich ausgeführt wird.

Das professionelle Wissen und die Selbstdisziplin eines Sozialarbeiters drückt sich in der Art und Weise aus, wie er dem Klienten hilft, Entscheidungen zu treffen, ebenso in seinen Ansichten über die Rechte des Klienten, der Gesellschaft und der Sozialarbeiter.

Die konzeptuellen und philosophischen Begründungen der Selbstbestimmung in der traditionellen Sozialen Arbeit wurden im ersten Kapitel beleuchtet. An dieser Stelle wird die Diskussion einen Schritt weiter geführt, und zwar bezüglich der Entscheidungen aus der Sicht der Membership-Theorie. Eine der logischen Konsequenzen des Ansatzes, der das Recht auf Selbstbestimmung zum philosophischen Grundsatz von Entscheidungen erklärt, ist die, daß der Klient entweder nur an seine eigenen Interessen denkt oder sich als einzige Person ansieht, die entscheidet, was zu tun und was nicht zu tun ist. Es ist tatsächlich möglich, das zu tun, was man selber will, ohne sich der Auswirkungen auf andere bewußt zu sein. Ebenso kann man behaupten, daß Verhalten immer persönlich ist. Doch die Membership-Theorie wird die Frage nach dem „wie" und „wer" erst nach einer Definition dessen, was ein Klient ist, beantworten. Wenn der Klient als Individuum definiert wird, ist das Resultat klar – Entscheidungen werden von Individuen für Individuen getroffen. Wird der Klient als Member eingestuft, ist das Resultat ebenso klar, da die Membership-Theorie davon ausgeht, daß Verhalten alle Teilnehmer betrifft. Dementsprechend beruht eine Entscheidung auf sozialer Selbstbestimmung. Der Begriff „sozial" bezieht sich auf das soziale Element eines jeden Menschen (bzw. des Member oder des Sozialarbeiters) und darauf, daß, egal, wie die Entscheidung ausfällt, die Konsequenzen nicht nur denjenigen betreffen, der die Entscheidung fällt, sondern auch andere um ihn herum.

Es ist relativ leicht einzusehen, daß eine Person, die Entscheidungen trifft, mit den Konsequenzen leben muß und für sie verantwortlich ist. Dies ist manchmal schwieriger, wenn man sich die Auswirkungen der Entscheidungen einer Person auf andere vorzustellen versucht. Dafür gibt es zwei Gründe. Der erste erklärt die Auswirkungen von Verhalten. Diejenigen, die mit anderen in einem Haus wohnen und mit ihnen interagieren, sind sich in der Regel des Verhaltens der Mitbewohner bewußt. Dieses Bewußtsein stellt den Kern von Sozialarbeitssituationen dar, in der Member sehen und hören, was jeder von ihnen tut. Dort reagiert man auf seine eigene Weise. Der zweite Grund ist der, daß die Auswirkungen im Bereich von Bedeutungen stattfinden. Das heißt, daß der Klient, der Entscheidungen trifft, nicht nur die Entscheidung und das Verhalten mitteilt, das mit der Entscheidung einhergeht, sondern auch Interpretationen der Entscheidung in anderen auslöst. Diese Interpretation oder Symbolisierung, die einer Verhaltensweise Bedeutung zumißt, reicht weit über die Gruppe hinaus, die Blickkontakt hält. Viele Klienten treffen nie auf die Menschen, auf die sie Einfluß haben. Das Mitglied einer Jugendbande z. B. sieht fast nie die Menschen, deren Eigentum es beschädigt. Ähnlich wissen die Rezipienten finanzieller Unterstützung nicht, wer das Geld in erster Linie gespendet hat. Außerdem kann der Entscheidung darüber, wie das Geld verwendet werden soll, die unterschiedlichsten Bedeutungen zugemessen werden, die von Schaden und Zerstörung einerseits bis hin zu Vorteil, Möglichkeit und Befriedigung andererseits reichen können.

Wenn die Membership-Theorie ein Rezept für die sozialarbeiterische Praxis enthält, dann ist es das, daß alle Entscheidungen, an denen der Sozialarbeiter teilhat, hinsichtlich des Klienten und der Bedeutungen, die die Entscheidung für andere haben kann, beleuchtet werden müssen.

Man könnte dies von einem moralischem Ansatz aus analysieren, so, wie es Siporin (1982) getan hat. Die Frage ist, ob Sozialarbeit gleichzeitig „amoral" sein und ihre soziale Aufgabe erfüllen kann. Siporin verneint die Frage. Das Argument, daß der Sozialarbeiter nicht nur ein Beobachter dessen, was in der helfenden Gruppe vor sich geht, sondern auch ein Member ist, unterstreicht diese Antwort. Doch das hier gestellte Problem befaßt sich weniger mit Überlegungen der Moral oder Unmoral in der Sozialen Arbeit, sondern eher mit den Implikationen und Forderungen des Membership aller Menschen. Dementsprechend ist Freiheit soziale Freiheit, Selbstbestimmung soziale Selbstbestimmung (Entscheidungen werden vom sozialen Ich getroffen), und die Aufgabe des Sozialarbeiters besteht darin, den Klienten immer wieder auf seine soziale Seite hinzuweisen. Die Universalität von Membership gilt wie in allen anderen Bereichen auch in der Sozialen Arbeit. Sozialarbeit unterscheidet sich dadurch, daß sie in der Lage ist, sich mit der Universalität gewisser Ideen zu beschäftigen. Diese machen die Glaubwürdigkeit der Sozialen Arbeit aus.

## 3.6 Handlungsleitende Regeln im Lichte des Membership-Ansatzes

Zu den Grundeigenschaften der Sozialen Arbeit gehören praktische Prinzipien, die ihren Ursprung in der Membership-Theorie finden. „Praktische Prinzipien schreiben vor, wie ein Sozialarbeiter in einer gegebenen Situation handeln soll." (Blythe & Briar 1987, S. 495) Praktische Prinzipien stellen die Dimension dar, die der Sozialarbeiter während des Kontakts mit Klienten im Hinterkopf hat; sie erklären, wie der Sozialarbeiter die Beziehung zwischen sich und dem Klienten verstehen kann und, vor allem, wie die nötige Intervention aussehen kann.

Ein Beispiel für ein Praxisprinzip ist, daß die bewußte Verwendung des Ichs bei Interventionen des Sozialarbeiters identifiziert und überwacht wird. Da er das Privileg hat, anderen zu helfen, ist der Sozialarbeiter dazu verpflichtet, sich auf disziplinierte Weise zu verhalten. Ethisch gesehen schützt eine solche Selbstdisziplin den

Klienten und den Sozialarbeiter, besonders auf der oftmals unbewußten Gefühlsebene, wo sich Klient und Sozialarbeiter gegenseitig beeinflussen und aufeinander einwirken. Der richtige Umgang mit Gegenübertragung ist eine der großen und gleichbleibenden Herausforderungen an alle soziale Berufe, also auch an Sozialarbeiter (Hollis & Woods, 1981, S. 293-295).

Der eigentliche Vorteil der Praxisprinzipien liegt darin, daß sie aufgrund ihrer Klarheit die Arbeit des Sozialarbeiters kontinuierlich lenken. Gleichzeitig müssen praktische Prinzipien genügend Flexibilität und die Möglichkeit der Korrektur geben, wenn ihre Vor- und Nachteile in der Praxis deutlich werden. Nur so können sie erfolgreich sein.

Sieben Praxisprinzipien, die aus der Membership-Theorie hervorgehen, helfen dem Sozialarbeiter zu verstehen, was seine Klienten ihm mitteilen. Darüber hinaus geben sie Hinweise für die angebrachte Intervention. Es handelt sich um folgende sieben praktische Prinzipien:

1. *Das Verhalten der Klienten muß als Membership-Verhalten aufgefaßt werden.* Das, was Klienten von Erfahrungen mit anderen in der Vergangenheit, der Gegenwart und in die Zukunft projiziert erzählen, muß als Ausdruck ihrer sozialen Eigenschaften gesehen werden.

2. *Die Intervention des Sozialarbeiters in der Gegenwart von Klienten oder in ihrem Auftrag muß als Membership-Verhalten aufgefaßt werden.* Wenn der Sozialarbeiter als Member eingestuft wird, wird nichts anderes über ihn ausgesagt, als was über den Klienten gesagt werden kann. Der Unterschied liegt in der Art des Membership, nicht in der Definition. Der Sozialarbeiter übernimmt eine Rolle, die allen anderen Membership-Anforderungen entspricht. Außerdem definiert er die Rolle so, daß er Funktionen ausführt, die andere Menschen, die keine Sozialarbeiter sind, nicht ausführen.

3. *Aussagen von Teilnehmern der helfenden Gruppe werden als Aussagen über den Sprechenden verstanden, sowie als Aussagen über andere, an die sie sich richten und/oder als Aussagen über andere, die im Leben des Sprechenden eine Rolle spielen, aber nicht anwesend sind.* In der Membership-Theorie wird impliziert, daß, wenn jeder ein Member ist, jeder jeden anderen beeinflußt. Das Konzept der sozialen Gegenseitigkeit unterstreicht diese Vorstellung, d. h. das soziale Element eines Members entstammt den Interaktionen des Ichs und anderer.

4. *Die Persönlichkeitsdynamik in der Membership-Theorie muß als Resultat der Interaktion von biologischen und sozialen Aspekten der Member gesehen werden.* Eine Charakteristik des Member ist, daß das Zusammenspiel biologischer und sozialer Elemente die Persönlichkeit ausmacht. Persönlichkeitscharakteristika sind private, mentale Phänomene. Praktisch heißt dies, daß die Persönlichkeit eines Menschen anhand der besonderen, ja sogar einzigartigen Art und Weise erkannt werden kann, auf die ein Member sein Membership-Verhalten steuert.

5. *Die Rechte und Pflichten des Klienten im Entscheidungsprozeß müssen als Ausdruck der sozialen Selbstbestimmung gesehen werden.* Das Wort „sozial" in „sozialer Selbstbestimmung" steht für die Tatsache, daß Verhalten in Ursprung und Konsequenz sozial ist.

6. *Hilfssituationen müssen in Begriffen des Gruppen-Membership gesehen werden.* Die Membership-Theorie beschreibt kein Gruppenverhalten, sondern vielmehr das Verhalten von Mitgliedern einer Gruppe. Eine Gruppe kann sich nicht verhalten, das kann nur der Member. Die Anzahl der Member kann zwei oder mehr betragen, d. h. der Sozialarbeiter und ein oder mehrere Klient(en).

7. *Der Sozialarbeiter interveniert nur so weit, wie es den Zielsetzungen der Zusammenarbeit zwischen Sozialarbeiter und Klient entspricht.* Dieses praktische Prinzip verweist auf ein vorheriges Kapitel, in dem die Grundeigenschaften der Sozialen Arbeit besprochen wurden. Diese Grundeigenschaften sind: (1) die Fähigkeit, den Intellekt zu gebrauchen, (2) Angaben selbst einzuschätzen, egal, ob sie vom Klienten, aus der Literatur oder der Forschung stammen, und (3) die Fähigkeit, emotional diszipliniert vorzugehen und gleichzeitig emotional zur Verfügung zu stehen.

## 3.7 Beobachtungen zur Methodologie Sozialer Arbeit

Auf dem Hintergrund dieser Beobachtungen komme ich zu folgenden allgemeinen Aussagen: *Bedürfnisse und Probleme, die mit Hilfe der Membership-Begriffe faßbar und verstehbar sind, gehören in das Aufgabengebiet der Sozialarbeit. Alles, was darüber hinausgeht, liegt jenseits der Einflußsphäre des Sozialarbeiters und sollte dementsprechend von anderen beachtet werden.* Krankheit, beispielsweise, ist keine Angelegenheit der Sozialarbeit, anders als die sozialen Umstände einer Krankheit. Dementsprechend widmen sich Ärzte ersterem, Sozialarbeiter dagegen letzterem. Die legalen Konsequenzen eines Verbrechens fallen nicht in den Membership-Bereich, anders jedoch die sozialen Konsequenzen, da sie sowohl die Familie des Täters als auch die des Opfers betreffen. Demzufolge beschäftigt sich der Sozialarbeiter mit dem angeklagten bzw. verurteilten Member und seiner Familie und anderen, deren Zukunft von der des Angeklagten abhängt.

Nun kehren wir zur helfenden Gruppe zurück und betrachten sie als eine Anordnung mehrerer Member (einschließlich des Member Sozialarbeiter), die sich gegenseitig helfen oder zumindest gegenseitig beeinflussen. Das wichtigste Ziel ist die Bewertung und Veränderung von Membership-Verhalten mit Hilfe klar definierter Richtlinien. In diesen helfenden Gruppen nähern wir uns dem Ich und dem Anderen mit den Begriffen von Kontinuität und halbdurchlässigen Grenzen. Das Konzept der helfenden Gruppe in der Sozialen Arbeit beruht auf Membership. Dementsprechend trägt diese Methode den Namen „Membership-Methode".

Die Bezeichnung ist bedeutsam, da sie zeigt, was Theoretiker und Methodiker als wichtig ansehen. Dies hat wiederum Einfluß auf die praktisch tätigen Sozialarbeiter, die sich selbst, ihre Klienten und ihre Methoden in Konzepte fassen, die ihren Zielen entsprechen. Und da die Sozialarbeit das Ziel hat, beim Umgang mit Membership zu helfen, handelt es sich bei der Methode, die dieses Ziel fördern soll, um die Membership-Methode. Die zu erreichenden Ziele werden in den Begriffen von Verhalten ausgedrückt, da sich Membership in Membership-Verhalten umsetzt, d. h. in Handlung. Daraus folgt, daß die dem Membership zugrundeliegenden Prinzipien in ähnlichen Begriffen ausgedrückt werden müssen.

Diese Betonung soll in keiner Weise die psychologischen Aspekte des durch Persönlichkeit beeinflußten Verhaltens untergraben. Die Einheit der Intervention ist der

Member bzw. sind die Member. Vor diesem Hintergrund wird die Theorie der Persönlichkeit – und das ist in unserem Falle die psychoanalytische Objektrelationstheorie – dazu verwendet, den Member in sozialen Interaktionen zu verstehen.

## 3.8 Fazit

Ziel dieses Kapitels war es, die Kernelemente der Membership-Theorie in der Sozialarbeitpraxis darzulegen: (1) die Definition von Sozialarbeit, (2) das Problem der Sozialarbeit, (3) der Zugang zu Unterstützung, (4) die helfende Gruppe in der Sozialen Arbeit und (5) Praxisprinzipien in der Sozialarbeit. Die Universalität der Membership-Theorie und eine Methodologie der Praxis wurden ebenfalls betrachtet. Zusammen bieten diese grundlegenden Aspekte einen kohärenten und verständlichen Ansatz, der sich auf viele verschiedene Bereiche der Sozialen Arbeit übertragen läßt.

Die beiden Prinzipien des Membership-Verhaltens, konstante Verbundenheit und bedingter Zugang, sind nicht nur Gegenstand des soeben zu Ende gegangenen Kapitels, sondern betreffen auch die nun folgende Betrachtung des Klienten als Member. Es darf nicht vergessen werden, daß Membership Teil des Menschseins ist, mit Aspekten, die unser Interesse verdienen.

### Literatur

Bakalinksy, R. (1984). The small group in organization practice. Social Work with Groups, 7 (2), 87-96.

Blythe, B.J. & Briar, S. (1987). Direct practice effectiveness. In A. Minahan (Hauptherausgeber), Encyclopedia of social work (18. Auflage) (Band I, S. 399-407). Silver Spring, MD: National Association of Social Workers.

Falck, H.S. (1981). The „seen" and the „unseen" group in clinical social work practice. Monograph #3 in the health social work practice series. Richmond, VA: Virginia Organziation of Health Care Social Workers.

Fortune, A.E. (hg). (1985). Task-centered practice with families and groups. New York: Springer Publishing Company.

Hollis, F. & Woods, M.E. (1981). Social casework: A psychosocial therapy (3.Auflage). New York: Random House.

Siporin, M. (1982). Moral philosophy in social work today. Social Service Review, 56 (4), 516-538.

Toseland, R.W. & Rivas, R.F. (1984). An introduction to group work practice. New York: Macmillan.

Tropp, E. (1968). The group: In life and in social work. Social Casework, 5, 267-274.

Tropman, J., Johnson, H. & Tropman, E. (1979). The essentials of committee management. Chicago: Nelson Hall.

# 4 Der Klient aus der Sicht der Membership-Theorie

In diesem Kapitel wenden wir unsere Aufmerksamkeit der Rolle von Klienten in der Gruppe zu. Wie bereits erwähnt, hat die Definition des Begriffes „Klient" wichtige Auswirkungen auf die Theorie und Praxis der Sozialarbeit. Die Definition des Klienten unterscheidet sich in der Perspektive der Membership-Theorie stark von traditionellen Formulierungen. Tropp (1974), einer der wenigen Wissenschaftler, der die möglichen Auswirkungen des Membership-Konzepts ansatzweise erkannte, war sich der Bedeutung einer solchen Angelegenheit durchaus bewußt. In seiner scharfsinnigen Erörterung der wichtigsten Begriffe in der Sozialarbeit kommt er zu folgendem Schluß:

> Wenn dieses Membership-Konzept auf die verschiedensten, bereits existierenden sozialen Programme übertragen wird, könnte man meinen, daß sich das Verhältnis zwischen Klient und Helfer auf bedrohende, ruckartige Weise verschiebt. Wird dies tatsächlich als bedrohlich eingestuft, dann kann etwas nicht stimmen zwischen dem, wie die Beziehung tatsächlich beschaffen ist, und dem, wie Sozialarbeiter sie sehen: geprägt von demokratischem Ethos, Gegenseitigkeit und Offenheit, die eingehalten werden. Ruckartig wird die Entwicklung nur für diejenigen verlaufen, die bisher nicht auf diese Weise gehandelt haben. (S. 29)

## 4.1 Grundlagen der Klient-Helfer-Beziehung

Von der Warte des Membership aus betrachtet wird aus „Selbsthilfe" „soziale Selbsthilfe". Sie unterliegt den vier Prinzipien, die ebenfalls auf Klienten und Sozialarbeiter zutreffen. Es handelt sich um folgende: (1) die Gleichzeitigkeit des Ichs und der anderen; (2) die Gegenseitigkeit von „Wir" und „Ich"; (3) die Definition von Freiheit als soziales Produkt und (4) Entscheidungsfindung als soziale Selbstbestimmung.

Das Prinzip der Gleichzeitigkeit des Ichs und der anderen unterstreicht die Tatsache, daß jegliche menschliche Handlung, abgesehen von wenigen biologischen Voraussetzungen, soziale Interaktion ist, der Bedeutung zugemessen wird. Das Prinzip der Gegenseitigkeit von „Wir" und „Ich" deutet darauf hin, daß die Gruppe und die Gemeinschaft die Grundlagen der menschlichen Realität darstellen. Darüber hinaus stellen alle Aspekte menschlichen Lebens vor dem Hintergrund der Halbdurchlässigkeit von Grenzen eine nahtlose Kontinuität dar. Jedes neugeborene Kind ist beispielsweise gleichzeitig ein Erzeugnis des „Wir" und trägt sozial zu diesem „Wir" bei.

Das dritte und vierte Prinzip sind implizit in den ersten beiden enthalten und leiten sich von diesen ab. Freiheit als soziales Produkt zu definieren ist nicht nur empirisch nachvollziehbar, sondern auch ganz logisch. Wenn nämlich das Individuum in der Natur existieren würde, gäbe es kein Konzept der Freiheit, da es niemand anderen geben würde, von dem man frei sein könnte. Freiheit hat nur deshalb eine Bedeutung, weil Menschen Member sind und in Gruppen existieren. Freiheit ist eine soziale Eigenschaft, keine individuelle. Freiheit oder Unfreiheit sind soziale Produkte.

Entscheidungsfindung ist daher ein sozialer Prozeß und ist dementsprechend eng mit sozialer Selbstbestimmung verbunden.

## 4.2 Helfende Beziehung und Selbsthilfe

Der Klient befindet sich in einer Selbsthilferolle. Diese Rolle hat zwei grundlegende Eigenschaften: (1) die Einsicht, daß man Hilfe braucht und akzeptieren sollte, und (2) jene Tätigkeiten, die es dem Klienten ermöglichen, Hilfe anzunehmen und produktiv umzusetzen. Klient-sein zeigt sich auf zwei ineinander verzahnte Weisen, die den sozialen Grund und die soziale Konsequenz ausdrücken. Dies ist nicht nur der Fall, weil die betroffenen Personen per Definition sozial sind, sondern weil ein Sozialarbeiter in den Prozeß eingebunden ist, der im Auftrage des Klienten handelt und der Gesellschaft gegenüber verantwortlich ist. Soziale Fehladaption, soziales Fehlfunktionieren und persönliche Schwierigkeiten sind eindeutig Angelegenheiten von sozialem Interesse.

Die Selbsthilfeelemente des Klient-seins sind diejenigen, die von Vorteil für die Gesellschaft (die tertiäre Gruppe) sind. Deshalb ist es das Ziel von Sozialer Arbeit, Hilfe zur Selbsthilfe zu leisten, auch dann, wenn die gegebene und empfangene Hilfe persönlicher Natur ist. Klient-sein ist auch deshalb eine Selbsthilferolle, weil sich der Klient als Member selbst hilft. Ist er erfolgreich, so profitieren auch alle Membership-Gruppen, denen er angehört, davon. Indem der Sozialarbeiter dem Klienten hilft, so hilft er auch z. B. den unsichtbaren Gruppen des Klienten, den Angestellten sozialer Einrichtungen, anderen Sozialarbeitern und dem kommunalen Gemeinwesen.

Um ein solches Ergebnis zu erzielen bilden Sozialarbeiter und Klient(en) eine Gruppe, die das Verhalten des Klienten in anderen, unsichtbaren Gruppen widerspiegelt und es dem Sozialarbeiter (und oftmals auch anderen Klienten) ermöglicht, zu verstehen, wie der Klient handelt und weshalb der Klient Hilfe gesucht hat. Dies ist allerdings nicht immer der Fall, da nicht alle Probleme, die der Klient in die Gruppe einbringt, das Resultat eines fehlerhaften Funktionierens sind. Egal, ob die Gruppe als Prototyp benutzt wird oder nicht, legt die Gruppe immer besonderen Wert auf die Tatsache, daß der Klient Member anderer, oftmals unsichtbarer Gruppen ist. Für den Klienten ist die Handlungsbühne das tägliche Leben. Diese Erkenntnis beeinflußt die Arbeit, die in den Gruppen geleistet wird.

**Beziehungen in Sozialer Arbeit**

Ein großes Problem in der Sozialarbeit ist es, den Klienten nicht lediglich als Fall, als mechanisches, neutrales Objekt zu behandeln (Perlman, 1979; Robinson, 1930). Da Sozialarbeiter die grundlegende Menschlichkeit eines jeden Klienten schon vor sehr langer Zeit erkannt haben, fördern sie ein Verhältnis, das es dem Klienten ermöglicht, sich auf jeder Ebene der Intervention selbst einzubringen. Niemand hat je gefordert, den Klienten nicht einzubeziehen, oder daß der Sozialarbeiter das Recht haben soll, darüber zu entscheiden, was gut für den Klienten ist.

Die folgenden Prinzipien verdeutlichen die Mehrheitsmeinung innerhalb der Sozialarbeit: „dort beginnen, wo sich der Klient befindet", „nur dann einen Schritt tun, wenn der Klient dazu bereit ist", „den Klienten unterstützen, sich selbst zu befähigen" (bei letzterem handelt es sich um einen neuen theoretischen Ansatz in der Sozialarbeit); Betonung des „Hier und Jetzt". Bei all diesen Ansätzen scheint es sich um Grundlagen zu handeln, doch kann man nicht immer genau erkennen, was sie eigentlich bedeuten, wie z. B. die Phrase „das Hier und Jetzt". Es ist offensichtlich unmöglich, nicht „das Hier und Jetzt" zu betrachten, auch wenn im Gespräch die Vergangenheit beleuchtet wird.

Sozialarbeiter und Klient müssen zunächst einmal einander kennenlernen, die Bedeutung des Klient-seins und des Hilfesuchens erforschen, aber auch ein gewisses Maß an Vertrauen schaffen. Eine solche Beziehung läßt sich nicht einfach beschließen, sie muß entwickelt werden. Für den Prozeß ist genügend Zeit nötig. In manchen Umständen, und vor allem bei psychischen Problemen, also dort, wo eine lange Behandlung notwendig ist, sucht der Sozialarbeiter die Fähigkeit beim Klienten, Übertragungsbeziehungen mit ihm aufzubauen, deren Art und Tiefe ein mehr oder weniger intensives Analysieren der Persönlichkeitsprobleme möglich macht. Ein Großteil der Sozialarbeiter sucht ein Verhältnis mit ihren Klienten, das eine Arbeit in einer Atmosphäre relativer Offenheit und gegenseitigen Interesses ermöglicht.

Diese traditionelle Vorgehensweise der Sozialarbeit ist durch neuere Entwicklungen verändert worden, denen Beachtung geschenkt werden muß. Neuere Theorien stellen beispielsweise in Frage, ob eine Beziehung zwischen Sozialarbeiter und Klient bzw. zwischen Klienten in einer größeren Gruppe überhaupt nötig ist. Diese Ansätze verwerfen nicht nur eine grundlegende Tradition der Sozialarbeit, sie fördern auch einen Typ von Individualismus, dem wir uns entledigen sollten.

**Neuere Konzepte von Beziehungen in der Sozialen Arbeit**

Nur wenige ziehen eine langfristige Intervention einer kurzfristigen vor. Zur Debatte steht nicht die Länge der Intervention, sondern ihre Notwendigkeit. Die Zunahme von kurzfristiger Intervention hat, auch wenn sie für viele Klienten von Vorteil ist, ein Element von Effizienz in der Sozialarbeit eingeführt, das vorher nicht da war. Betont wird der von beiden Seiten erarbeitete Vertrag, doch wird diese Betonung durch die Vorstellung eingegrenzt, daß eben eine kürzere Intervention besser ist als eine längere. Die meisten Sozialarbeiter planen eine verlängerte Intervention ein, um auf unerwartet auftretende Entwicklungen eingehen zu können. Verträge umfassen eine bis zwölf Sitzungen. Alle Beteiligten sind in der Regel in der Lage, das Ende der Intervention abzuschätzen. Man kann aber nie wissen, ob die Dauer von den Bedürfnissen des Klienten, von Kostenfaktoren oder vom Sozialarbeiter abhängt, der keine langfristige Beziehung eingehen will.

Erfolg oder Mißerfolg hängt von der Art der Beurteilung ab, besonders am Anfang der Intervention. Je genauer ein Verhalten abgesteckt ist, desto besser kann beurteilt werden, ob sich das Verhalten des Klienten aufgrund der Intervention des Sozialarbeiters geändert hat. Wenn Sozialarbeiter und Klient beispielsweise darin übereinkommen, das Durchsetzungsvermögen gegenüber dem Ehepartner zu trainieren, wird eine positive Veränderung dann deutlich, wenn der Klient den Mut aufbringt, seinem Ehepartner die Meinung zu sagen.

Andererseits muß die Intervention verlängert werden, wenn klar wird, daß sich der Klient über lange Zeit hinweg in Beziehungen begibt, die schädlich für ihn sind, auch wenn sein Bewußtsein dafür geschärft worden ist. Wenn ein männlicher Klient beispielsweise zwar in der Lage ist, aufgrund seiner Fähigkeiten schnell einen Arbeitsplatz zu finden, diesen aber innerhalb von drei Monaten verliert, ist mehr nötig, als ihm dabei zu helfen, Kritik vertragen zu können. Klar ist, daß langfristige soziale Hilfestellungen heute weniger zur Verfügung stehen als früher. Die Elemente, die eine solche Hilfestellung ausmachten, nämlich eine Zeit, ein längerer Prozeß und solide Beziehungen, verschwinden nach und nach. Dessen müssen wir uns bewußt sein, wenn wir gegenwärtige Einschätzungen des Klienten betrachten.

Mit kurzfristigen Hilfestellungen sind Begriffe wie Verantwortlichkeit, Dienstleistung und Kosten-Nutzen-Rechnung verbunden. Zwar verändern diese Modelle nicht die Art der Beziehungen, doch ist ihre Realität durch die neueren Ansätze stark modifiziert worden. Es ist beispielsweise so gut wie unmöglich, eine Beziehung mit einem Krankenhauspatienten aufzubauen, zu dem die Verwaltung nur höchstens drei Stunden Zugang gewährt. Ich bin skeptisch, wenn ich höre, daß es möglich ist, eine Beziehung zu ersetzen, oder daß sie bis zum Verschwinden reduziert werden kann. Diese Skepsis beruht auf dem Eindruck, daß es nicht das Ziel ist, einen *besseren* Service in kurzer Zeit, sondern *weniger* Service für weniger Geld zu bieten. Der Verdacht besteht immer, daß es zu viel kostet, mehr anstatt weniger zu bieten, und daß der Steuerzahler und private Spender lieber weniger bezahlen möchten. Wie man auch argumentiert, der Eindruck bleibt, daß viele Meinungen und Veränderungen nicht dem Ideal der Sozialarbeit verschrieben sind, das eine Beziehung zwischen einem Klienten und einem vertrauenswürdigen Sozialarbeiter fordert, der sich Zeit für seine Klienten nimmt, und nicht einfach nur einen „Service leistet".

Würde man versuchen, die größten Nachteile und „Kosten" der kurzfristigen Modelle auf einer anderen Ebene aufzuspüren, so würde deutlich, daß sich diese Modelle nur begrenzt, wenn überhaupt, mit dem Membership des Klienten außerhalb der Gruppe beschäftigen. Verwandte und andere werden zwar nicht völlig übersehen, aber die eigentliche Beachtung wird nur dem Verhalten des Klienten in der *Gegenwart*, d. h. in der Gruppe, geschenkt. Weder die Zeit noch das Interesse sind vorhanden, danach zu fragen, wie sich die Entscheidungen und Veränderungen, die der Klient erwartet, auf andere auswirken, und damit wieder auf den Klienten als Member von anderen Gruppen. In diesem Sinne wird die kurzfristige Intervention ebenso kritisiert wie früher die langfristige psychoanalytische Sozialarbeit. In beiden Fällen wird Membership übersehen, weil die Einheit, mit der man sich befaßt, das Individuum ist und alle anderen nur „die Umwelt" darstellen.

### Die Beziehung in der Membership-Theorie

Carlton (1984) definiert die Beziehung in der Sozialarbeit als die Verbindung und Qualität klinischen Memberships (S. 64). Er weist darauf hin, daß die Beziehung die Basis der Sozialarbeit ausmacht und verweist auf wichtige Wissenschaftler, die sich in unterschiedlichen Phasen in der Entwicklung der Sozialarbeit dazu geäußert haben. Er zitiert Biesteck (1957) wegen dessen eingehender Analyse von Beziehungen. Während aber Biesteck Beziehungen auf individualistische Weise beschreibt, definiert Carlton Beziehungen im Sinne von Membership:

> Zunächst einmal ist der Eindruck, in Beziehung zu stehen oder verwandt zu sein, synonym mit Membership. Dort, wo Sozialarbeiter und Klient(en) die Ebene des klinischen Memberships erreichen, treten sie in Beziehung zueinander, werden wichtig füreinander, eine Verbindung entsteht... Darüber hinaus bezeichnet Beziehung die Qualität der Verbindung zwischen dem klinischen Sozialarbeiter und dem (den) Klienten. (S. 66-67)

## 4.3 Membership als Prozeß in der Zeit

In seiner Selbsthilferolle macht sich der Klient gemeinsam mit dem Sozialarbeiter daran, seine Aufgaben zu bewältigen. Diese Rolle umfaßt drei grundlegende Funktionen, die alle zeitlich festgelegt sind. Es handelt sich um (1) Berichten, (2) Reinszenieren und (3) Planen (Falck, 1981). Diese drei Funktionen verdeutlichen die Membership-Theorie, insofern als sie nicht von absoluten Grenzen zwischen einem individuellen Klienten und anderen Individuen abhängen. Sie beruhen vielmehr auf der Definition der Person in Übereinstimmung mit dem Modell der Membership-Theorie. Weder das Berichten, noch das Reinszenieren, die beide eine Übertragung sind, können sich bei geschlossenen Grenzen zwischen Individuen entfalten. Außerdem hängen alle drei Funktionen von der tatsächlichen oder gedachten Präsenz anderer ab.

**Der Klient als Berichterstatter**

Alle Klienten sind Berichterstatter. Sie geben ihre vergangenen und gegenwärtigen Erfahrungen dem Sozialarbeiter und anderen auf mündliche oder andere Weise weiter. Dies erwartet der Sozialarbeiter, wenn er den Klienten ermutigt zu sagen, wer er ist, was er denkt und fühlt, welche Träume, Hoffnungen und Phantasien er hat und wie er die Welt und sich selbst darin wiederfindet. Indem der Sozialarbeiter dem Klienten dabei hilft, davon zu berichten, wer er ist, wird sowohl der theoretische Ansatz des Sozialarbeiters, aber vor allem auch das Bild, das der Klient von sich selbst hat, deutlich. Der Klient berichtet, oft auf sehr deutliche Weise, wo seine Probleme und Befürchtungen liegen und warum er nach Hilfe sucht. Viele machen sich Gedanken darüber, wie ihr Bericht auf andere wirkt, auch auf den Sozialarbeiter. Dementsprechend verändern sie ihren Bericht, um ihn logisch und emotional akzeptabel erscheinen zu lassen. Das so entstehende Gesamtbild kann positiv oder negativ, aber auch beides sein. In jedem Falle schenken Klienten der Art und Weise, wie sie ihre Erfahrungen vor anderen interpretieren, große Aufmerksamkeit. Dies geschieht durch Worte und andere Verhaltensmuster. Kurz, sie versuchen, das, was sie anderen mitteilen und wie sie und andere dies einschätzen, unter Kontrolle zu halten. Jene, die mit großen Schwierigkeiten kommen, und jene, deren Fähigkeit, Hilfe zu ersuchen, leicht zu beobachten ist, zeichnen ein Bild von sich selbst, das Schutz bietet, unnötige Schmerzen vermeidet und häufig das ausblendet, was das Leben zu schwierig macht. Festzuhalten ist, daß sich die Berichterstatter nicht nur vor ihrer Vergangenheit darstellen, sondern auch im Licht ihres gegenwärtigen und oftmals lückenhaften Erinnerns an das, was vorher und anschließend kam.

Der Klient stellt also als Berichterstatter Aspekte seiner Erfahrungen in Form von Geschichten über die Vergangenheit dar, so, wie er sich daran erinnert und wie er sie in der Gegenwart interpretiert. Ich führe folgendes Beispiel an:

> *Klient:* Ich bin hergekommen, weil ich zu Hause mit niemandem zurecht komme. Meine Frau, die Kinder und ich streiten uns seit Jahren. Sie können sich gar nicht vorstellen, wie mein Leben aussieht oder wie es in den letzten zehn Jahren war – nur Streit und Schreien. Es begann kurz nach unserer Hochzeit und ging weiter, als die Kinder kamen. Immer, wenn jemand was will, schreien wir.
> *Sozialarbeiter:* Und Sie?
> *Klient:* Ich habe mich immer versteckt, wenn meine Eltern sich angeschrien haben. Wahrscheinlich habe ich so gelernt, mich zu schützen.

Obwohl dies nur ein kurzer Ausschnitt ist, handelt es sich um einen echten Bericht einer Serie von Ereignissen (zehn Jahre Familienleben unter schmerzhaften Umständen), den der Klient mit einer gewissen Einsicht verbindet („Ich habe mich immer versteckt... So habe ich gelernt, mich zu schützen."). Das, was der Klient über seine Eltern sagt, enthält kaum Anschuldigungen.

Der tatsächliche Inhalt dieses Berichts ist weniger wichtig als die Tatsache, daß er die Art der Kommunikation darstellt, die die Grundlage für eine gemeinsame Arbeit in der Gruppe darstellt. Auf dieser Basis kann das Membership von Klient und Sozialarbeiter später ausgebaut werden, um die Familienmitglieder des Klienten einzubeziehen. Aber auch wenn sie nicht tatsächlich anwesend sind, impliziert der Bericht des Klienten, daß diese Familienmitglieder eine Bedeutung für ihn haben und er eine Bedeutung für sie hat. Man möge auch beachten, wie der Klient seine Geschichte ausbaut, indem er von der Intensität seiner Gefühle spricht. („Sie können sich gar nicht vorstellen, wie mein Leben aussieht, oder wie es war...").

Auf die Weise, wie Klienten Tatsachen berichten und ausbauen, zeigen sie, wie sie ihre Beziehungen handhaben. Der Klient als Berichterstatter stellt gleichzeitig Ereignisse dar und liefert eine Interpretation. Darstellung und Interpretation werden mit dem Sozialarbeiter geteilt.

### Der Klient als Darsteller seiner Vergangenheit

Die zweite Funktion der Klientenrolle ist die der Inszenierung. Indem er eine Beziehung durchspielt, die zeitlich vor dem Treffen mit dem Sozialarbeiter liegt, projiziert er einige für ihn wichtige Aspekte dieser Beziehung auf die Anwesenden. Menschen „finden" andere Menschen, die sie auf irgend eine Weise an die Bedeutungen früherer Erfahrungen erinnern. Das meiste davon ist unbewußt. Manchmal ist sich der Klient aber dessen bewußt, oder wird vom Sozialarbeiter darauf hingewiesen. Normalerweise bleibt das Durchspielen aber unbewußt.

Im zweiten Teil des oben bereits begonnenen Beispiels kann man eine Übertragung beobachten, dort, wo der Klient seine vergangenen Beziehungen in der Gegenwart inszeniert.

*Klient:* Jetzt denke ich oft an das permanente Schreien und wie ich es abstellen kann. Ich weiß, daß ich was damit zu tun habe, aber ich weiß nicht wie. Jetzt komme ich schon seit drei Monaten hier hin, aber Sie haben mir immer noch nicht geholfen. [Mit lauterer Stimme] Ich verlange, daß Sie mir aus diesem Schlamassel helfen.
*Sozialarbeiter:* Sie schreien.
*Klient:* Ich will hier raus. Ich kann es nicht mehr aushalten. [Der Klient schreit] Warum kann denn niemand mal das tun, was ich will. Warum muß denn immer ich nachgeben?
*Sozialarbeiter:* Sie haben nicht gehört, was ich gesagt habe. Vielleicht wird Ihnen klar, daß Sie wollen, daß ich Sie anschreie. Sie sind frustriert, weil ich mich so verhalte, wie ich es will, und nicht, wie Sie es wollen.
*Klient:* Was? Naja, vielleicht haben Sie Recht.

In diesem Fall ist der Klient mehr als nur das Opfer dessen, was in der Familie vor sich geht. Indem er auch schreit und an den Streitigkeiten in der Familie teilnimmt, inszeniert er permanent seine Vergangenheit in der Gegenwart, so wie es die anderen Familienmitglieder auch tun. Allerdings ist eine Inszenierung nicht dasselbe wie eine einfache Wiederholung, da sich mit den Jahren die Mitspieler geändert haben. Die Eltern des Klienten spielen keine Rolle mehr, doch dafür haben Ehefrau und die Kinder des Klienten deren Rolle übernommen, und zwar mit Hilfe und der Unterstützung des Klienten. Der Klient hat seiner Frau und seinen Kindern die Rolle der Eltern übertragen und kann so seine Kindheitserfahrungen immer wieder neu durchspielen.

Die Eigenschaften der Gruppe, die mehrere Klienten umfaßt, sind auf dieser Ebene wichtig. Wenn die Klienten untereinander erkennen, daß sich einige durch ihr Verhalten in eine Lage manövrieren, die ihnen schadet, ist dies ein großer Anreiz für Veränderung. Klar wird nicht nur, daß man ein schädliches Verhalten immer wieder inszeniert, sondern auch, daß andere dieses Verhalten ablehnen und das auch sagen. Andererseits haben die Klienten in einer solchen Situation auch die Möglichkeit, sich einige, aber nicht alle Mitklienten auszusuchen, auf die sie Verhaltensweisen, die sich leicht übertragen lassen, projizieren können. Viele Klienten „benutzen" so andere Klienten, um selber Hilfe zu bekommen. Ein Beispiel ist der junge, männliche Klient, der sich eine ältere Frau aussucht, auf die er seinen Ärger und Haß ablädt, aus Gründen, die gar nichts mit dieser Frau zu tun haben. Oder die junge Frau, die sich eines älteren Mannes schützend annimmt, ohne daß dieser je eine solche Hilfe verlangt hätte. Ein drittes Beispiel ist der Teenager, der eine erotische Beziehung mit einem weiblichen Klienten aufzubauen versucht, ohne daß dieser das möchte. Wenn eine solche Beziehung mehrmals abgelehnt wird, kann es sein, daß der Klient sein erotisch suggestives Verhalten sogar verstärkt. Ich will damit zeigen, daß Verhalten nicht ausschließlich auf den Sozialarbeiter übertragen wird. Alle anderen in der Gruppe können ebenso Zielobjekt werden. Und da Transferverhalten wiederholende Aspekte hat, kann es mehrmals durchgespielt werden.

**Der Klient als Planer**

Die dritte Funktion der Klientenrolle als Selbsthelfer ist die des Planers, sowohl in der Zweiergruppe als auch in der größeren Gruppe. Perlman (1957) definiert Sozialarbeit als Problemlösung innerhalb der Beziehung von Sozialarbeiter und Klient(en). Die Logik des Problemlösens enthält auch eine Planung. Die Gegenwart und die Zukunft werden eingeschätzt, und es wird überlegt, wie diese Zukunft erreicht werden kann.

Jede Handlung, die auf ein bestimmtes Ziel ausgerichtet ist und überzeugende Aussagen darüber macht, wie dieses Ziel erreicht werden kann, kann als Planung bezeichnet werden. An einer erfolgreichen Planung nehmen die, die von dem Plan betroffen sind, teil, oder sie werden zumindest bei der Planung berücksichtigt. In diesem Sinne ist jede Planung soziale Planung, unabhängig von den Umständen, den Teilnehmern oder der Wahrscheinlichkeit von eventuellen Auswirkungen.

Die Definition von Planung kann aber gewisse Gefahren für das Ergebnis der Hilfssituation mit sich bringen. Planung ist zu umfassend, wenn beispielsweise alle möglichen Aussagen über ein zukünftiges Verhalten im Plan enthalten sind. In einem solchen Fall sollte man eher von verschwommen formulierten Wünschen sprechen. Scheinbar verschwommene Pläne von sehr kranken Menschen können ebenfalls Gefahren für andere beinhalten. Dessen müssen wir uns bewußt sein. Andererseits kann Planung aber auch zu eng definiert werden, dann wäre sie zu wenig umfassend. Ein Beispiel dafür wäre der rationell durchdachte Plan, der die Vorteile für eine bestimmte Person betont, ohne die Gefahren für andere, also für die unsichtbaren Gruppen des Klienten, zu beachten.

Wir planen, weil es Hoffnung gibt und weil Menschen ihr Membership beeinflussen können, sowohl von nahen als auch weit entfernten Gruppen. Aufgrund dieser

Hoffnung und dieser Fähigkeit schöpfen Hilfesteller und Hilfsempfänger Mut, den schwierigen Prozeß des Planens zu beginnen, ohne den kein positiver Wandel erreicht werden kann. Auch wenn Ziele nicht völlig erreicht werden, fühlen sich viele Menschen durch Teilerfolge gestärkt, um weiter zu hoffen, weiter zu arbeiten und weiter zu planen. Nur in diesem Falle hat es Zweck, den wechselseitigen Prozeß des Helfens und des Empfangens von Hilfe fortzusetzen. Ohne diesen Glauben ist das, was Sozialarbeiter und Klienten gemeinsam unternehmen, kaum zu rechtfertigen.

In der Gruppe wird immer voraussehend geplant. Dies passiert bereits dann, wenn der Klient, wie indirekt auch immer, um Hilfe bittet und ausspricht, was er sich von dieser Hilfe erhofft. So trägt der Sozialarbeiter nicht alleine die Last, sondern bezieht das, was der Klient zu tun gedenkt, mit in seine Überlegungen ein. Dies wird in der Fortsetzung des oben begonnenen Beispiels deutlich:

> *Klient:* Ich beginne zu begreifen, daß nicht jeder schreit, wenn er frustriert ist oder was braucht. Das muß ich erstmal richtig verdauen.
> *Sozialarbeiter:* Was meinen Sie damit?
> *Klient:* Ich bin es gewohnt, angeschrien zu werden und zurückzuschreien. Wahrscheinlich dachte ich, daß es eben so ist, ohne jemals wirklich darüber nachzudenken – wenn Sie verstehen, was ich meine.
> *Sozialarbeiter:* Ja, aber da Sie nun darüber nachdenken, was planen Sie denn, dagegen zu tun?
> *Klient:* Ich will mein Verhalten ändern. Und ich hoffe, daß alle anderen im Haus das auch tun. Ich glaube, die Situation wird besser, wenn wir alle einsehen, was wir getan haben, und versuchen, was dagegen zu tun.

Während sich der Klient auf einen klaren Plan zubewegt, kann man beobachten, wie er sein Problem erkennt, seinen Anteil sieht, und wie bei ihm die Hoffnung wächst, daß er und andere Familienmitglieder in der Lage sein werden, ihre Interaktion zu ändern, um besser *zusammen*leben zu können. Unser Beispiel zeigt den Klienten als Planer, der mit Hilfe des Sozialarbeiters beginnt, die Probleme in ganz bestimmten Bereichen methodisch zu lösen.

## 4.4 Dimensionen der Klient-Helfer-Beziehung

Wenn wir vom Klienten als Berichterstatter, Darsteller und Planer sprechen, implizieren wir die Interessen anderer, die nicht direkt in die Gruppe einbezogen sind. Sie sind von Bedeutung, weil sie eine Rolle in der Entstehung des Problems spielen, mit dem der Klient umzugehen versucht, aber auch, weil sie für die Lösung des Problems wichtig sind. Manchmal spielen sie eine direkte, manchmal eine indirekte Rolle. Manchmal wissen sie, daß sie eine Rolle spielen, oftmals sind sie sich dessen gar nicht bewußt. Diese „Anderen" machen die sichtbaren und unsichtbaren Gruppen des Klienten aus. In der Sozialarbeit gibt es eine Beobachtung, die wichtiger ist als alles andere, was über sichtbare und unsichtbare Gruppe gesagt worden ist. Es ist folgende: auf jeder Ebene des Klient-seins sind zwar die Anwesenden von Bedeutung, doch einen langfristigeren und wichtigeren Einfluß auf die Gruppe haben die, die eben nicht anwesend sind.

## Alleine handeln oder einzeln handeln

Membership impliziert die Tatsache, daß man zwar alleine, aber nie einzeln handelt. Einzeln zu handeln gleicht dem individuellen Handeln. Alleine zu handeln bedeutet demgegenüber, daß die Person ein soziales Wesen ist, auch wenn sie sich nicht in der Gegenwart anderer befindet. Die Sozialpsychologie und die symbolische Interaktionstheorie (Strauss, 1956) machten einen großen Schritt nach vorn, als George Herbert Mead die Bedeutung dieser Tatsache erkannte. Mit Mead nahm das Wissen über menschliches Verhalten deutlich zu:

Das Ich ist im Grunde eine soziale Struktur und entsteht aus der sozialen Erfahrung. Nachdem ein Ich entstanden ist, beschafft es sich selbst soziale Erfahrungen, kann aber auch zum völlig einsamen Ich werden. Es ist aber unmöglich, daß das Ich außerhalb der sozialen Erfahrung entsteht. Sobald es entstanden ist, können wir uns eine Person vorstellen, die ihr Leben lang in Einzelhaft bleibt, die sich aber selbst zum Partner hat und in der Lage ist, zu denken und sich mit sich selbst zu unterhalten, so, wie sie mit anderen kommuniziert hat. (S. 204)

Mead verwendet den Begriff *des menschlichen Sozialen*, um das Phänomen zu beschreiben. Auch wenn ein Mensch ganz alleine handelt, wird er von anderen beeinflußt und beeinflußt wiederum andere. Wie ein Mensch handelt, der alleine ist, hängt davon ab, was er von anderen gelernt hat.

## Die Konsequenzen von Entscheidungen des Klienten

Dieses Phänomen des Beeinflussens und des Beeinflußt Werden, des Handelns und des Behandelt Werdens ist keine abstrakte Idee. Die Member der unsichtbaren Gruppen müssen mit dem veränderten Verhalten des Klienten leben. Dies gilt auch für den Klienten. Wenn sich ein Klient seiner unsichtbaren Gruppe stellt, reagieren die Member unterschiedlich auf ihn. Dementsprechend muß der Klient mit den veränderten Reaktion der anderen zurecht kommen. Solche Verhaltensänderungen werden in der Gruppe durchgespielt. Sie beeinflussen das, was in der Gruppe abläuft, so lange, wie der Klient an der Gruppe teilnimmt.

## Eine Anmerkung über den Einfluß sichtbarer und unsichtbarer Gruppen in nichtklinischer Sozialarbeit

Es gibt keinen Grund zu glauben, daß die unsichtbare Gruppe weniger regelmäßig in der nichtklinischen Sozialarbeit auftaucht. Die unsichtbaren Gruppen machen sich dort bemerkbar, wo es um Fragen persönlicher Macht geht, z. B. wenn freiwillige Helfer durch soziales Engagement einen Prestigegewinn erhoffen. Unsichtbare Gruppen sind auch in großen Hilfsorganisationen aktiv. Kurz: überall dort, wo Prozesse und Konflikte auftauchen, spielen unsichtbare Gruppen eine Rolle, die bis in die früheste Kindheit zurückreichen können.

Die Sozialarbeit vor Ort wird in Kapitel sechs genauer untersucht. An dieser Stelle müssen wir festhalten, daß Ausschußmitglieder ihre persönlichen Bedürfnisse in der Arbeit des Ausschusses zum Ausdruck bringen (Janis, 1972). Auch in anderen Gruppen auf dieser Ebene, z. B. in der Verwaltung oder in Planungsgruppen, kommen persönliche Bedürfnisse zum Ausdruck. Der Sozialarbeiter muß sich dessen als Member dieser Gruppen bewußt sein, da die abwesenden Member unsichtbarer Gruppen die Arbeit und Erfolge dieser Gruppen entscheidend beeinflussen können.

## 4.5 Wege in die Klient-Helfer-Beziehung

Ein wichtiges Thema muß angesprochen werden, wenn es darum geht, Member einer Gruppe zu werden. Es ist folgendes: Wer Klient werden will, muß ein besonderes Verhalten an den Tag legen. Die meisten Menschen gehen nicht davon aus, Klienten eines Sozialarbeiters zu werden. Sie werden es nur in außergewöhnlichen Umständen. Diese Umstände sind nicht dann erreicht, wenn einfach nur ein Problem im Leben eines Menschen auftaucht. Es geht eher darum, daß der Mensch nicht in der Lage ist, die Probleme ohne die Hilfe eines Fremden – d. h. eines Sozialarbeiters – zu lösen. Klient zu sein bedeutet also, daß man nicht nur sein Membership-Verhalten ändert, sondern daß man Member einer neuen Gruppe wird.

Die Rolle des Klienten wird stigmatisiert und unterscheidet sich so von anderen Rollen. Es handelt sich nicht um eine neutrale Rolle, die man annimmt, wenn man beispielsweise als Patient zum Arzt geht. Die Membership-Veränderung, die nun die Rolle eines Klienten der Sozialarbeit beinhaltet, wird normalerweise streng geheim gehalten. Anderen, denen man nicht traut, wird gar nichts davon mitgeteilt.

Wie bereits gesagt muß sich der Klient einem Fremden öffnen. Viele Menschen sehen dies als ein Zeichen von Schwäche. Oftmals wird das Ersuchen von Hilfe bei einem Sozialarbeiter nicht als Anzeichen von Unzulänglichkeit gesehen, besonders dann nicht, wenn der Grund eine Krankheit oder ein Unfall ist. Viele Menschen wünschen sich und ihren Kindern nicht, hilfsbedürftig zu sein. Es gehört nicht zu den amerikanischen Idealen, um Hilfe zu bitten, obwohl es sich um eine tolerierte, in manchen Fällen sogar um eine akzeptierte Art von Membership handelt. Wie man es auch betrachtet: um Hilfe zu bitten hat Auswirkungen auf das Selbstwertgefühl und auf die Einschätzung anderer, die davon erfahren. Soziale Wohlfahrtsorganisationen werden zwar akzeptiert, doch ihre Bedeutung ist alles andere als neutral. Wer um Hilfe in persönlichen Fragen bittet, unterscheidet sich von dem, der die Elektrizitätsgesellschaft anruft, wenn sein Strom ausgefallen ist.

**Wie man Klient wird**

Um Klient zu werden, muß man eine Reihe von Dingen tun und z. T. ertragen. Vieles von dem, was Sozialarbeiter dem Klienten beibringen, wird in der Gruppe geprobt.

Es ist ziemlich einfach, den komplexen Prozeß, den man durchlaufen muß, um Klient zu werden, auf einige wenige, vor allem technische Elemente zu reduzieren. Der zukünftige Klient bewirbt sich entweder um die Dienste des Sozialamts, oder ihm werden diese Dienste angeboten, ohne daß er darum gebeten hat. Als Beispiel für erstere Variante gelte eine Person, die sich mit einem Eltern-Kind Problem an einen Sozialarbeiter wendet. In letztere Kategorie fallen Krankenhauspatienten, die der Sozialarbeiter aus eigenem Antrieb aufsucht oder weil er von einer Krankenschwester oder einem Arzt auf den Fall hingewiesen wurde. Außerdem gibt es Fälle, wo ein Klient aufgrund eines Gerichtsbeschlusses einen Sozialarbeiter aufsuchen muß. Oftmals wird ein Mensch auf diese Weise gegen seinen Willen zum Klienten.

Sobald ein Mensch Klient eines Sozialarbeiters geworden ist, wird von ihm erwartet, daß er seine Geschichte erzählt, es sei denn, es handelt sich um ein sehr kleines Kind oder um Menschen, die nicht verbal kommunizieren können. Vom Klienten wird erwartet, daß er seine Geschichte direkt, ehrlich und so erzählt, daß der Sozialarbeiter erkennt, welche Art von Hilfe der Klient benötigt. Die Präsentation des Klienten und die Reaktion des Sozialarbeiters sollten zusammenpassen. Wenn dies erfolgreich erreicht wird, überlegen Sozialarbeiter und Klient gemeinsam, welche Bedürfnisse der Klient hat und was der Sozialarbeiter ihm anbieten kann. Es ist wichtig, daß der Klient seine Geschichte weiter ausführt, denn so können sich Klient und Sozialarbeiter der wahren Bedeutung der Geschichte nähern. Ist dies erreicht, bekommt die Membership-Beziehung zwischen Klient und Sozialarbeiter in der Gruppe tiefere Bedeutung.

Die alte Vorstellung, nach der der distanzierte Sozialarbeiter zuhört, eine Diagnose erstellt und einen Interventionsplan aufstellt und dann interveniert, ist weitgehend, aber noch nicht gänzlich überholt. Heutzutage wartet der Sozialarbeiter nicht, bis der Klient seine ganze Geschichte erzählt hat. Die Intervention beginnt gleich am Anfang, denn der Sozialarbeiter hilft dem Klienten aktiv, seine Geschichte überhaupt erst hervorzubringen.

## 4.6 Kompetenzen des Klienten

Eine soziale Rolle zu haben heißt, daß man sich in einer bestimmten Situation auf eine bestimmte Weise verhält. Sie beeinflußt andere in ähnlichen oder unterschiedlichen Rollen. Jede soziale Rolle besteht aus bestimmten Erwartungen und Verhaltensweisen. Jeder, der in einer gegebenen sozialen Rolle steckt, hat gleichzeitig noch andere soziale Rollen. Ein Mann kann beispielsweise an einem Ort ein Arbeiter sein, ein Vater an einem anderen, ein Kirchgänger an einem dritten und ein Klient an einem vierten Ort. In diesem Beispiel nimmt die Person die Rollen des Arbeiters, des Vaters, des Kirchgängers, des Klienten ein.

Der Rolle des Klienten begegnen wir am häufigsten im Bereich der sozialen Dienste, aber auch im Krankenhaus, im Gefängnis und vermehrt auch in privaten Praxen von Sozialarbeitern. Der professionelle Sozialarbeiter bringt dem Klienten bei, durch sein Verhalten Klient zu sein, und zwar mit Hilfe von Fragen, passenden Antworten, Lob und Zustimmung, wenn der Klient ein erwartetes Verhaltensmuster an den Tag legt, bzw. durch Ablehnung, wenn sich der Klient unpassend verhält. So zeigt der Sozialarbeiter dem Klienten offen oder unterschwellig, was von ihm in der Klientenrolle erwartet wird. Er ermutigt den Klienten, wenn dieser Kompetenz erwirbt und zum Ausdruck bringt.

Der Sozialarbeiter überträgt die folgenden Verhaltensmuster auf den Klienten, sobald sie bei der Problemlösung in der Gruppe relevant werden: (1) der Umgang mit Informationen, (2) der Umgang mit Verlust und sozialem Prestige, (3) der Umgang mit Gefühlen, (4) der Umgang mit Entscheidungen, (5) der Umgang mit Konsequenzen und (6) die Fähigkeit, Gelerntes zu übertragen.

## Der Umgang mit Informationen

Die Fähigkeit, Informationen zu handhaben, läuft parallel zur sozialen Interaktion, ist aber nicht mit ihr identisch. Die Fähigkeit zu hören, was gesagt wird, ist beispielsweise nicht identisch mit einer fehlerhaften oder selektiven Hörfähigkeit, oder mit einer Fehlinterpretation. Objektive und subjektive Informationsverarbeitung ist nicht dasselbe. Viele Menschen schenken dieser Unterscheidung erst dann Beachtung, wenn sie für sie wichtig wird. Wenn der Sozialarbeiter sagt: „Vielleicht können Sie sich daran erinnern, was er zu ihnen gesagt hat und wie sie darauf reagiert haben", kann es sein, daß sich der Klient zum ersten Mal der Unterschiede bewußt wird. Wenn man jedoch eine breite Spanne voraussetzt, kann man in der Regel davon ausgehen, daß Menschen grundlegende Definitionen von Situationen verstehen. Um das tägliche Leben mit einem Minimum an Rationalität zu bewältigen, müssen Menschen die Bedeutung von Wörtern und anderen wichtigen Kultursymbolen verstehen und miteinander darin übereinstimmen.

Wenn die Fähigkeit, Informationen zu handhaben, auf die helfende Beziehung in der Sozialarbeit übertragen wird, heißt dies, daß Klient und Sozialarbeiter ihre Sprache gegenseitig verstehen und daß beide in der Lage sind, dem anderen mitzuteilen, worüber er redet und was er damit meint. Es wäre falsch zu glauben, daß sich Sozialarbeiter und Klient problemlos verstehen in Anbetracht großer Unterschiede wie soziale Herkunft, Erziehung, Bildung, Mehrheits- und Minderheitsstatus, ethnische und Rassenunterschiede. Vielen Klienten fällt es schwer, die Gewohnheiten und die Sprache des Sozialarbeiters zu erlernen, um dann die Informationen verarbeiten zu können, die während der Interaktion zwischen Sozialarbeiter und Klienten auftauchen. Neben seinen ursprünglichen Problemen hat der Klient auch noch die Aufgabe, den Umgang mit Informationen zu erlernen.

## Der Umgang mit Verlust und sozialem Prestige

Viele Menschen haben Verlusterfahrungen gemacht, besonders diejenigen, die Hilfe bei ihren persönlichen Problemen suchen. Doch der Umgang mit Verlusterfahrungen ist nicht nur eine Art des Leidens, sondern auch von Aktivität. So kann es als Fertigkeit betrachtet werden, die gelehrt und erlernt werden kann. In der Regel geschieht dies schon im Kindesalter, wobei Bedeutungsmuster von den Eltern und anderen Erwachsenen an die Kinder weitergegeben werden. Die Universalität von Verlust wird erst dann deutlich, wenn der erlebte Verlust bedeutsam ist, z. B. beim Tod eines Verwandten oder nahen Freundes. Bei Kindern kann dies beobachtet werden, wenn ein geliebtes Haustier stirbt.

Verlust führt nicht nur zu Trauer über das, was verlorengegangen ist (ein Arbeitsplatz, eine Beziehung, ein Mensch), sondern auch dazu, daß sich ein Bild dessen aufbaut, was war und was hätte sein können. Das „was hätte sein können" bezieht sich auf eine Zukunft, die sich wegen des Verlusts nie ereignen wird. Was in der Vergangenheit war wird nun zur Erinnerung vergangener Zeiten, die in der Regel als glücklichere Zeiten eingestuft werden. Es wäre unnormal, wenn neben dem Klienten nicht noch andere Personen in die Trauer einbezogen wären, denn nichts im Leben eines Menschen geschieht ohne soziale Begleiterscheinungen.

Die Verbindung zwischen Membership und Trauer beruht auf Symbolisierung und Internalisierung. Der Klient benötigt die Fähigkeit, sich der Bedeutung von Verlust, direkt und indirekt, zu stellen. Dort, wo der Verlust wie im Todesfalle direkt ist, muß der Klient wissen, wie er für diese Person trauern kann. Der Sozialarbeiter muß, wenn nötig, dabei behilflich sein. Wenn der Klient ein Körperteil verliert, hat der direkte Kummer mit dem veränderten körperlichen Zustand zu tun, während sich der indirekte Kummer auf die Bedeutung des Verlustes oder der Veränderung der Beziehungen zu anderen Person bezieht.

Eine Möglichkeit, mit Verlust umzugehen, ist, ihn zu verleugnen. Das Verleugnen ist eine Schutzstrategie des Ichs, und zwar die verbreitetste Art, mit unliebsamen Nachrichten oder Wahrheiten umzugehen. Verleugnen ist nicht immer schlecht; es gibt viele Gründe, warum es besser ist, etwas „nicht zu wissen". Dies trifft auf viele schwerkranke Menschen zu, die kurz vor ihrem Tod stehen. Bei anderen Menschen kann das Verleugnen eine nötige Planung für die Zukunft verhindern, und so ein besseres Leben nach dem Verlust verbauen. Viele Menschen trauern auf natürliche Weise und benötigen nicht die Hilfe eines Sozialarbeiters. Für den Klienten eines Sozialarbeiters sieht die Lage ganz anders aus. Der Klient sucht Hilfe, um Veränderungen in seinem Leben vorzunehmen. Wenn dies durch die Unfähigkeit des Klienten, über Verlust zu trauern, behindert wird, kann darin der unterschwellige Grund für das Hilfeersuchen gesehen werden. Ein Beispiel dafür sind geschiedene Partner, die erwägen, wieder zu heiraten. Nur wenn die erste Ehe und das Scheitern bewältigt sind, kann die neue Beziehung erfolgreich verlaufen. Und damit die neue Beziehung keinen Schaden nimmt, sucht der Klient Hilfe. Oftmals hat die Angelegenheit, die so zur Sprache gebracht wird, weniger mit der neuen Beziehung als mit ungelösten Problemen in der vergangenen zu tun. Der Verlust vergangener Leistungen, vergangener Beziehungen, und vor allem der Selbsteinschätzung muß analysiert und das Problem erfolgreich gelöst werden.

Nirgends wird die Bedeutung des „Wir" im Membership deutlicher als in der Dynamik der Trauer. Der Aspekt des sozialen Status, der sich durch Verlust und Trauer verändert, kann ein dramatisches Zeugnis der veränderten Umstände sein. Als Beispiel diene die Frau, die ihren Partner durch Scheidung oder dessen Tod verloren hat, und sich nun aus dem sozialen Leben ausgeschlossen fühlt, an dem sie und ihr Mann vorher teilgenommen hatten. Sie sagt, daß sie nur als Teil eines Paares akzeptiert war. Auf ähnliche Weise bemerken Witwer oder geschiedene Männer, wie andere ihren Status in den eines Single umwandeln wollen. Ihnen werden z. B. passende neue Ehepartner vorgeschlagen.

Verlust verschafft der betroffenen Person nicht nur einen neuen sozialen Status, sondern wird auch von anderen beeinflußt, ja sogar manipuliert. Dabei spielt es keine Rolle, ob der Verlust selbst hervorgerufen oder spontan und ungewollt war. Die Hoffnung besteht, daß das neue soziale Image nicht nur der betreffenden Person gefällt, sondern daß auch die Menschen, denen diese Person wichtig ist, das neue Image akzeptieren können. Wenn der Klient mehr sein soll als lediglich der Empfänger von Eindrücken anderer, benötigt er die Fähigkeit, zu trauern und aktiv zu werden, wenn es darum geht, Entscheidungen über die Gegenwart und die Zukunft zu treffen, die auf einer genauen Einschätzung der eigenen Möglichkeiten beruhen. Der Umgang mit Verlust wird besonders für die Millionen älterer Menschen wichtig, die aufgrund der höheren Lebenserwartung ihren Lebensabend ohne Partner verbringen werden.

Ein anderer Fall von Trauer hat mit dem Verlust von Gesundheit oder mit einem Unfall zu tun, der zu dauernder Behinderung führt. Als Beispiel diene folgendes Beispiel aus der Sozialarbeit im Krankenhaus:

Als ich Mr. Smith besuchte, verließ die Krankenschwester gerade sein Zimmer. Sie trug Verbandsmaterial, das sie von seinem Bein entfernt hatte. Ich hatte den Klienten einmal vorher gesehen. Er war ein 37jähriger LKW-Fahrer, der in einen Unfall verwickelt gewesen war, bei dem er seinen rechten Fuß verloren hatte. Mr. Smith erkannte mich sofort wieder und sprach mich mit Namen an. „Was für ein Schlamassel", sagte er, und ich stimmte ihm zu. „Ein Unglück kommt nie allein", sagte ich, „es ist also nicht nur der Fuß, es gibt auch noch andere Probleme." Mr. Smith meinte, ich hätte wohl das Gespräch zwischen ihm und seiner Frau gestern abend mitbekommen. Mr. Smith war der Ansicht, daß er bereits seine Arbeitsstelle verloren habe. Die Firma habe ihm Gehalt für zwei Wochen überwiesen, und seitdem habe er nichts mehr gehört. In schneller Abfolge sprach er über folgendes: Mrs. Smith wolle wieder anfangen zu arbeiten, was ihm nicht passe, denn er sei der Meinung, daß Frauen nach Hause gehörten, in das Haus, das sie kaufen wollten, und dann seien da noch seine beiden Söhne, beide Teenager. Er befürchte, daß es zu einer Gerichtsverhandlung komme, aber er wisse nicht, wann die stattfinden würde, wenn überhaupt. Er mache sich Sorgen darüber, ob er überhaupt wieder eine Arbeitsstelle finden werde, vielleicht gebe ihm seine Firma ja einen Bürojob, aber da sei er eher skeptisch.

Mr. Smith redet etwas sprunghaft und desorientiert. Dies ist eine normale Reaktion auf eine große Verlusterfahrung. Er macht sich Sorgen, ist verwirrt, unsicher – realistische Reaktionen in einer frühen Phase des Trauerns über einen Verlust. Der Sozialarbeiter muß sich die Frage stellen, wie schnell diese Sorgen besprochen werden sollten, insbesondere Mr. Smiths verständlicher Wunsch, schnell wieder zu arbeiten. Konkrete Bedürfnisse wie Geld, Nahrung, Unterkunft, Einkommen müssen sofort beachtet werden. Es muß aber auch Zeit gefunden werden, Mr. Smith die Möglichkeit zu geben, die Fähigkeit des Trauerns zu entwickeln. Er muß wissen, daß Tränen angemessen sind. Ob er das auch so sieht, muß erfragt werden. Tausende Klienten leiden darunter, daß auf ihren Verlust und dessen Folgen nicht eingegangen wird, denn sie glauben, daß es ein Zeichen von Schwäche ist, sich selbst und anderen gegenüber Trauer zu zeigen. Wenn ausreichende Trauerarbeit vor oder während der Rehabilitation geleistet wird, kann viel Enttäuschung vermieden werden. Die Beschwichtigung, daß „alles schon wieder gut sein wird", ist ein häufiger Fehler, egal, ob sie vom Klienten selber kommt und nicht in Frage gestellt wird, oder ob der Sozialarbeiter, die Krankenschwester oder der Arzt sie ausspricht.

Darüber hinaus muß die Beteiligung der Familie durchdacht werden. Die meisten Sozialarbeiter würden Mrs. Smith und die Kinder in ihre Arbeit einbeziehen, da sie Teile der primären Gruppe darstellen und eindeutig von Mr. Smiths Verletzungen betroffen sind. Sie mögen unausgesprochene Fragen haben, wie z. B. „Warum hast du es getan? Bist du wirklich schuld? Hättest du den Unfall nicht vermeiden können?" Oft kommt auch folgender Gedanke nicht zur Sprache: „Schau mal, was du mir, uns, unseren Kindern angetan hast." Hier ist Ärger mit Verlust und Schmerz verbunden. Es ist wichtig, daß Klienten, die sich solcher Gedanken schämen, trotzdem in der Lage sind, mit ihnen umzugehen und sie auszusprechen. Oftmals gehen solche Überlegungen in dem Trubel der aktuellen Probleme unter, wenn Krankenhausrechnungen bezahlt werden müssen, wenn Versicherungsfragen gelöst werden müssen und wenn eine schnelle Genesung die vorsichtige Arbeit des Klienten und seines Helfers, die sich mit den langfristigen Konsequenzen des Verlust beschäftigt, verdrängt. Es gibt bedeutende Unterschiede zwischen der rein körperlichen Genesung und einer umfassenden Genesung. Sie erfordern großes Geschick.

## Der Umgang mit Gefühlen

Der Umgang mit Gefühlen ist normalerweise mit der Fähigkeit verbunden, die Bedeutung von Ereignissen auszudrücken. Worte ohne Gefühle haben nur eine begrenzte Überzeugungskraft. Dort, wo die affektive Komponente fehlt, wird immer gefragt: Hat er oder sie das wirklich so gemeint? Um wirkliche Bedeutung zu haben, müssen Worte des Lobs, des Ärgers oder anderer Gefühle von aufrichtigen Gefühlen begleitet sein. Worte allein reichen nicht aus. Zwar wird vom Klienten allgemein erwartet, daß er in der Lage ist, Gefühle zu handhaben, doch viele empfinden dies als problematisch, und zwar nicht nur in der Gruppe, sondern wichtiger noch in ihren Beziehungen zu anderen außerhalb der Gruppe. Manche Klienten brauchen die Erlaubnis, Gefühle auszudrücken, besonders wenn diese Wut, Liebe, sexuelle Bedürfnisse und Verlangen betreffen.

Andererseits bringt es wenig, wenn Gefühle nur um ihrer selbst willen ausgedrückt werden. Das Ausdrücken von Gefühlen sollte mit den Gründen verbunden sein, um derentwillen der Klient um Hilfe sucht. Es ist nicht leicht, die Balance zu finden dazwischen, dem Klienten zu helfen, bisher unausgesprochene Gefühle zu artikulieren, und den eigenen Ansichten des Sozialarbeiters, der einsehen muß, daß sein kultureller Hintergrund auf keinen Fall auf alle Menschen zutreffen muß. Es besteht ein Unterschied zwischen dem Erlernen der Fähigkeit, was man meint, auch zu sagen, und Dinge so zu sagen, daß die eigenen kulturellen, regionalen und ethnischen Wertvorstellungen nicht verabsolutiert werden.

Die Fähigkeit, die eigenen Gefühle zu handhaben, beschränkt sich nicht auf Gespräche mit Sozialarbeitern oder anderen. Diese Fähigkeit hat eine persönliche Seite in dem Sinne, daß ein Mensch mit sich selbst spricht. Schuld, Besorgnis und Angst beeinflussen das Innenleben genauso wie Hoffnung, Erwartung und Optimismus. Zumindest manchmal sollte der Klient in der Lage sein, die internen Barrieren zu überschreiten, die ihn daran hindern, Gefühle auszudrücken. Ein bestimmter Umgang mit Gefühlen, der schon Jahre besteht, kann nicht leicht geändert werden. Viele Sozialarbeiter haben mit dem Problem gerungen, das darin besteht, einem Klienten zu helfen, seine Gefühle zu handhaben, ohne gleichzeitig etwas sehr Tiefes zu zerstören, das wichtig und legitim ist und zum Klienten dazugehört und auch das Recht umfaßt, Gefühle eben genau so zu handhaben, wie er es für richtig hält.

## Der Umgang mit Entscheidungen

Die angewandte Sozialarbeit widmet viel Zeit der Entscheidungsfindung, also der Fähigkeit, Entscheidungen hinsichtlich einer großen Spannbreite menschlicher Probleme zu treffen. Es geht nicht nur um den Inhalt dieser Entscheidungen, sondern auch um die dazu nötigen Fähigkeiten, z. B. um die Gefahren richtig einzuschätzen, die immer Teil eines Entscheidungsprozesses sind. Viele Klienten haben Angst davor, sich festzulegen. Natürlich haben manche Entscheidungen größere Auswirkungen als andere. Das bedeutet, daß manche Entscheidungen den Klienten auf lange Zeit festlegen, während andere kurzfristiger Natur sind und leichter rückgängig gemacht werden können. Zur ersten Gruppe gehört die Entscheidung über eine schwierige Operation, die Entscheidung für einen Ehepartner und die Entscheidung für eine Berufskarriere. Weniger langfristige Konsequenzen haben die Entscheidungen darüber, wo man seinen Urlaub verbringt, wo man wohnt oder ob man eine Arbeitsstelle in der einen oder der anderen Firma annimmt. Demjenigen, der die

Fähigkeit hat, Entscheidungen zu treffen, kann leichter geholfen werden als anderen. Diese Fähigkeit kann aber auch im Laufe des Hilfeprozesses erlernt werden.

Ein wichtiger Aspekt von Entscheidungen ist der, daß sie eher sozialer als individueller Natur sind, und zwar deshalb, weil der Member ein soziales Wesen ist und seine Entscheidungen deshalb Konsequenzen für andere haben.

### Der Umgang mit Konsequenzen

Der Aspekt Sozialer Arbeit, der die Membership-Theorie besser verdeutlicht als jeder andere, ist die Fähigkeit des Klienten, mit den Konsequenzen von Entscheidungen umzugehen, die er mit Hilfe des Sozialarbeiters getroffen hat. Nirgends werden die Unterschiede zwischen Individualismus und Membership-Theorie deutlicher.

Verantwortung ist der Schlüssel zum richtigen Umgang mit Entscheidungen. Im Rahmen des Individualismus liegt die Verantwortung beim Individuum, da davon ausgegangen wird, daß die Unabhängigkeit die Basis des menschlichen Lebens ausmacht. Redewendungen wie „vor der eigenen Haustür kehren" oder „sich an die eigene Nase packen" verdeutlichen die Wesensart des Individualismus. Unabhängigkeit wird mit Autonomie verwechselt, wobei es sich bei letzterer um die Fähigkeit handelt, verantwortlich zu handeln mit dem klaren Bewußtsein der Konsequenzen.

Zwar liegt Autonomie etwas näher an Membership als Individualismus, so impliziert aber auch sie, daß Konsequenzen individueller Natur sind. Die Membership-Theorie hingegen ist der Ansicht, daß die Konsequenzen von Entscheidungen persönlich, aber nicht individuell sind und mit der sozialen Natur des Menschen zu tun haben. Die Fähigkeit, Konsequenzen zu handhaben beruht auf einer Auswahl möglicher Alternativen. Sie erfordert, daß die Person es versteht, Zeichen einzuschätzen und die möglichen Ergebnisse abzuwägen und zu fragen, ob die Möglichkeiten wünschenswert sind oder nicht.

Der Umgang mit Konsequenzen ist sowohl ein Problem von Einstellungen als auch ein intellektuelles Problem. Sie hat auch mit der Einschätzung seines eigenen Wertes zu tun. Es gibt viele Klienten, die der Ansicht sind, daß sie kein Recht haben, ihre eigenen Entscheidungen zu treffen oder zumindest kein Recht haben, Wünsche zu äußern. Die grundlegende Frage ist folgende: „Wenn ich folgendermaßen handle, welchen Eindruck mache ich auf dich, und was denkst du über mich?" Hier handelt es sich um Cooleys (1912) bekanntes Spiegelkonzept. In der Membership-Theorie ist das Spiegelkonzept von besonderer Bedeutung, da es dem Klienten Hinweise darüber gibt, wie sein Membership von anderen eingeschätzt wird und andersherum.

Auf dem Wege der sozialen Selbstverwirklichung werden die Auswirkungen einer Entscheidung nicht nur hinsichtlich dessen, der sie trifft, sondern auch hinsichtlich der anderen beleuchtet; es wird nach dem gefragt, was man selbst und was andere beisteuern können. Diese Definition von Entscheidungen kann als Beschränkung von Verhalten gesehen werden. Sie kann aber auch als Hilfe zur Freiheit erkannt werden, wo Menschen in ihrem sozialen Milieu Sicherheit und Unterstützung finden können, aber nicht ohne Gefahr und Angst.

Siporin (1982) fordert eine Neueinschätzung der moralphilosophischen Basis der Sozialarbeit:

Als Antwort auf grundlegende soziale Veränderungen ist die moralphilosophische Grundlage der Sozialarbeit fragmentiert und geschwächt worden. Einige Sozialarbeiter werden als „unmoralisch" bezeichnet. Berufsverbände nehmen in einigen Bereichen kontroverse Standpunkte ein, die eine Moral ausdrücken, die kritisiert und in Frage gestellt werden kann. (S. 516)

Siporins Hauptargument besteht darin, daß der Sozialarbeiter nicht mehr nur das betrachten kann, was der Klient will oder tun soll, als lebe dieser in einem sozialen und moralischen Vakuum. Membership geht davon aus, daß dieser Ansatz von Anfang an falsch ist, da jedes Verhalten sozialer Natur ist. Der Sozialarbeiter, der glaubt, ein Klient könne allein in Einklang mit seinen eigenen Bedürfnissen und Wünschen leben, ohne Rücksicht auf sein soziales Umfeld, der schadet dem eigenen Beruf und dessen Ansehen.

**Die Fähigkeit, Erlerntes zu übertragen**

Es ist durchaus möglich, die Hilfe, die die Sozialarbeit anbietet, als Lernprozeß einzustufen. Es wird aber nicht kognitiv wie in der Schule gelernt, sondern eher informell, wie z. B. in einer Gruppe, die aus mehreren Klienten besteht. Diese Vorstellung beeinflußte stark den frühen Ansatz der Gruppenarbeit in der Sozialarbeit, als die Gruppe als Ort der Erholung und der informellen Bildung angesehen wurde.

Ein Lernprozeß findet aber auch in der Kleingruppe statt, die nur aus dem Sozialarbeiter und einem Klienten besteht. Wie immer man auch Lernen in der Sozialarbeit konzeptualisiert, so besteht eine allgemeine Übereinkunft, daß die Gruppe der Weg und nicht das Ziel ist. Man hofft, daß das, was der Klient in der Gruppe lernt, auf andere Gruppensituation übertragen werden kann. Die Mehrheit der Sozialarbeiter bewertet ihre Arbeit mit dem Klienten danach, was sich neben und nach der Hilfssituation abspielt. Aus diesem Grunde ist es das Ziel der Sozialarbeit, dem Klienten zu ermöglichen, Erlerntes auf andere Bereiche zu übertragen.

## 4.7 Fazit

Der Klient soll durch die Hilfe des Sozialarbeiters zur Selbsthilfe in Fragen und Problemen des Lebens befähigt werden. Um dies zu erreichen, greift der Klient auf die Beziehung zu einem Sozialarbeiter und eventuell zu anderen Klienten zurück. Dies hat immer Auswirkungen auf das Ich, aber nicht ausschließlich. Klient zu sein heißt, eine Membership-Rolle zu übernehmen.

Die Selbsthilfe, die der Rolle des Klienten zugrunde liegt, enthält Verhaltensfunktionen, die mit der Berichterstattung, der Inszenierung und Planung zu tun haben. Diese sind wiederum mit genauen Handlungsmustern verbunden, mit Hilfe derer man Klient wird und die Fertigkeiten des Klient-seins erlernt, so z. B. der Umgang mit Informationen, der Umgang mit Verlust, der Umgang mit Gefühlen, die Fähigkeit, verschiedene Möglichkeiten abzuwägen, um vernünftige Entscheidungen treffen zu können, der Umgang mit den Konsequenzen einer solchen Entscheidung und schließlich die Fähigkeit, das in der Gruppe Erlernte auf andere Aspekte des täglichen Lebens übertragen zu können. So scheint es sinnvoll, in einem nächsten Schritt auf dem Weg der Membership-Theorie den Sozialarbeiter als Member zu betrachten.

Der Sozialarbeiter, der auch den Regeln des Membership unterliegt – also der konstanten Verbundenheit und dem begrenzten Zugang – wird nun als Teil der Gruppe gesehen. Diese Einschätzung wurde bisher dadurch behindert, daß auf die Distanz, die Professionalität, die Objektivität und die Neutralität des Sozialarbeiters großen Wert gelegt wurde. Die Membership-Theorie löst dieses Problem, wie der Leser im folgenden Kapitel erkennen wird.

**Literatur**

Biestek, Felix P. (1957). The casework relationship. Chicago: Loyola University Press.
Carlton, T.O. (1984). Clinical social work in health settings: A guide to professional practice with exemplars. New York: Springer Publishing Company.
Cooley, J.H. (1912). Human nature and the social order. New York: Scribners.
Falck, H.S. (1981). The „seen" and the „unseen" group in clinical social work. Monograph #3 in the Health Social Work Practice Series. Richmond, VA: Virginia Organization of Health Care Social Workers.
Janis, I.L. (1972). Victims of groupthink. Boston: Houghton Mifflin.
Perlman, H.H. (1957). Social casework: A problem-solving process. Chicago: University of Chicago Press.
Perlman, H.H. (1979). Relationship: The art of helping people. Chicago: University of Chicago Press.
Robinson, V.P. (1930). A changing psychology for social case work. Chapel Hill: University of North Carolina Press.
Siporin, M. (1982). Moral philosophy in social work today. Social Service Review, 56 (4), 516-538.
Strauss, A. (hg). (1956). The social psychology of George Herbert Mead. Chicago: University of Chicago Press.
Tropp, E. (1974). Three problematic concepts: Client, help, worker. Social Casework, 55 (1), 19-29.

# 5 Der Sozialarbeiter aus der Sicht der Membership-Theorie

Als Tropp (1974) von den „drei problematischen Konzepten: Klient, Hilfe, Sozialarbeiter" sprach, wies er darauf hin, daß

> das Konzept des Member der Arbeit mit Gruppen entlehnt ist und sich gut zum wertvollsten Geschenk an die ganze Sozialarbeit entwickeln kann... Ein Member weiß, daß er Rechte hat; er wartet nicht auf das Wohlwollen eines anderen. (S. 28)

Zwar muß sich Tropps Vorhersage noch bewahrheiten, doch unterstreicht sie, daß der Rolle des Sozialarbeiters Aufmerksamkeit geschenkt werden muß. Mit ihr befaßt sich das folgende Kapitel, und zwar anhand der zwei Fragen „Was für ein Member ist der Sozialarbeiter?" und „Welche Eigenschaften hat dieses Membership?".

Tropp untersuchte den Begriff Sozialarbeiter, weil er ihn für „problematisch" hielt. Auf etwas weniger dringliche Weise haben andere Wissenschaftler das ebenso getan. Die Rolle des Sozialarbeiters wurde in der Regel innerhalb der Beziehung Klient – Sozialarbeiter diskutiert. Die Beispiele in den meisten Lehrbüchern betonen allerdings die Interventionen des Sozialarbeiters.

In Kapitel vier wurde die Rolle des Klienten systematisch definiert und beschrieben. In diesem Kapitel verwenden wir nun denselben Ansatz, um den Sozialarbeiter als Member zu definieren. Dabei gehen wir von der Annahme aus, daß weder Klient noch Sozialarbeiter ohne Bezug auf den anderen verstanden werden kann.

## 5.1 Dimensionen sozialarbeiterischen Handelns

Soziale Arbeit beruht auf fünf Komponenten des Handelns: (1) einer aufgabenspezifischen Ausrichtung, (2) der Verwendung von Wissen, (3) Rationalität, (4) dem bewußten Umgang mit dem Ich und (5) Methodologie. Zwar ist es möglich, die Rolle des Sozialarbeiters unabhängig von einem theoretischen Ansatz zu definieren. Dennoch sei darauf hingewiesen, daß die Membership-Theorie in die nun folgenden Überlegungen zu allen fünf Komponenten eingebaut ist.

## 5.2 Zielorientiertes Handeln

Die Tatsache, daß sich Klienten um Hilfe bei ihrer Handhabung von Membership bemühen oder man ihnen dabei Hilfe anbietet, zeigt, daß jede Sozialarbeit zielgerichtet ist. Die Aufgabe muß sich (1) immer auf das Problem, für das der Klient Hilfe benötigt, aber (2) auch auf die Zielsetzungen der Sozialarbeit beziehen. Die Tatsache, daß sich die Intervention der Sozialarbeit auf alltägliche Erfahrungen des Klienten richtet, ist viel älter als die Beschäftigung mit intrapsychischen Phänomenen der heutigen klinischen Sozialarbeit. Die Motivationen für Hilfeleistung sind vielfältig und reichen von religiösen Idealen bis hin zum eher säkularen Humanismus der Gegenwart. Immer aber ist ein Gefühl von Notwendigkeit und Zweck zu erkennen, das immer wieder und manchmal sogar auf dramatische Weise zum Ausdruck kommt, sowohl in England als auch in den Vereinigten Staaten (Briggs & Macartney, 1984; Pacey, 1950; Pimlott, 1935; Tropp, 1977). Der Ausgangspunkt war immer der, daß ein Klient nicht grundlos einen Sozialarbeiter aufsucht, daß es immer ein sichtbares Verhältnis zwischen dem Hilfsersuchen und dem Hilfsangebot und den Ergebnissen geben muß. Sozialarbeit ist immer als Gemeinschaftsdienst angesehen worden, als Angebot einer Gesellschaft an ihre Mitglieder.

Es wäre wünschenswert, wenn das Hilfsersuchen und die Annahme von Hilfe ebenso natürlich wäre wie andere Abläufe des täglichen Lebens, wie z. B. Essen und Schlafen. Das Ersuchen um Hilfe ist aber immer als ungewöhnlich eingestuft worden, als Zustand oder Situation, in der eine Person ihre Bedürfnisse nicht allein erfüllen kann. Es besteht die Annahme, daß es vorzuziehen ist, wenn ein Mensch seine Bedürfnisse allein befriedigen kann. Erst dann, wenn er dazu nicht in der Lage ist, wird akzeptiert, daß er Hilfe von außen annimmt.

Vom Beginn der Sozialarbeit an, in vorprofessionellen Zeiten, bis zum heutigen Tage versuchen Sozialarbeiter, mit unzulänglichen Mitteln ungelöste und oftmals unlösbare Probleme anzugehen. Dies ist kein Zufall, denn viele Sozialarbeiter sind der Ansicht, daß die Beziehungen zwischen Klienten und anderen Mitgliedern der Gesellschaft gestört, diskriminierend und ungerecht sind. Dieser Eindruck wird durch mehrere Faktoren verstärkt: den Mangel an angemessen ausgebildetem Personal, den Mangel an angemessener finanzieller Unterstützung, die unzureichende und manchmal gar nicht vorhandene Koordinierung der sozialen Dienste sowie unzureichende Einrichtungen, insbesondere institutioneller Art.

Alle diese Probleme verweisen auf einen Mangel an sozialer Planung trotz aller Fortschritte, die die Forschung auf dem Gebiet der Sozialarbeit gemacht hat. Dieser Mangel betrifft alle Bereiche der Sozialarbeit. Es fehlt immer noch an wichtigen Statistiken, insbesondere über die Bedingungen chronischer Abhängigkeit und die besten Lösungsmöglichkeiten in diesem Bereich. Dementsprechend müssen Sozialarbeiter aus sehr wenig das beste machen. Infolgedessen wird die Einschätzung dessen, was ein Sozialarbeiter realistisch erreichen kann, zu einem wahren Rückzugsgefecht. Der Sozialarbeiter muß unter Bedingungen arbeiten, die kaum Spielraum für Experimente oder für das vorsichtige Ausprobieren neuer Interventionsmethoden bieten.

Fraglos haben Einfluß, Möglichkeiten und Reichweite der Sozialarbeit parallel zu verbesserter Forschung, verbesserten Methoden und tieferen Einsichten zugenommen. Es bleibt aber weiterhin eine Gratwanderung zwischen den grundlegend positiven Errungenschaften der Sozialarbeit und den negativen Gesellschaftsfaktoren, die ihr so große Probleme bereiten. Sogar dieser Einschätzung liegt die Membership-Theorie zugrunde, denn was immer die amerikanische Gesellschaft für die Sozialarbeit unternimmt oder unterläßt, tut sie auch für sich selbst. Unzulänglichkeiten, die Sozialarbeiter selber in ihrem Beruf sehen, sind bis zu einem gewissen Grade verbessert worden, u. a. durch eine präzisere Analyse der Interventionsergebnisse. Es ist allerdings unrealistisch zu glauben, daß qualitativ bessere Evaluationsstudien die berufsimmanente Ambivalenz der Sozialarbeiter verbessert. Diese beruht auf strukturellen und ideologischen Problemen, die die amerikanische Gesellschaft damit hat, Hilfe zu leisten und anzunehmen.

Ein weiterer Grund, warum die Aufgaben der Sozialarbeit so eng definiert werden, ist die Meinung, daß das Geld, was Steuerzahler und freiwillige Spender in den

Sozialhaushalt zahlen, ein „Geschenk" ist und deshalb sparsam verwendet werden muß. Großzügig darf man nur mit Geld sein, das man selbst erarbeitet hat und privat besitzt. Klienten verbrauchen finanzielle Mittel, die ihnen von anderen zur Verfügung gestellt wurden. Auf diese Weise wird dem Klienten gezeigt, daß die soziale Einrichtung, die Fähigkeiten und die Zeit des Sozialarbeiters das Eigentum aller, nur nicht das des Klienten ist. Dementsprechend müssen Sozialarbeiter mit finanziellen Mitteln vorsichtig umgehen, um (1) so viele Klienten wie möglich zu betreuen und (2) um das, was andere zur Verfügung stellen, nicht zu verschwenden. Diese allzu starke Zweckorientierung der Arbeit fördert unbeabsichtigterweise die Überzeugung, daß kurzfristige, stark strukturierte Dienstleistungen der langfristigen Arbeit vorzuziehen seien, nicht, weil sie besser, sondern weil sie billiger sind.

Der Schritt vom Bewußtsein, als Geber moralisch über dem Empfänger zu stehen, hin zur Ideologie der moralischen Unwürdigkeit des Empfängers sozialer Dienste ist nicht weit und dient dem Ziel, den Abstand zwischen Geber und Empfänger zu vergrößern. Angesichts des Klienten, der nur verbraucht, aber kein Einkommen verdient, wird gefragt: „Was für Vorteile habe ich davon?" und „Was nimmt mir der Klient weg?" Unterschwellig werden diese Fragen damit beantwortet, daß man das tun muß, was nötig ist, aber eben nicht mehr, um so dem Anbieter von Dienstleistungen die Möglichkeit zu geben, sich der Forderungen des Empfängers zu entledigen. Dem steht die Membership-Theorie gegenüber, die folgende Frage stellt: „Was sind Kosten und Nutzen für uns selbst beim Geben und Nehmen?"

Egal wie Membership definiert wird, ob es unseren Idealen entspricht oder nicht, arbeitet der Sozialarbeiter in dem Rahmen, den die Gesellschaft darstellt. Der Sozialarbeiter entstammt ihr und ist ihr Vertreter. Der Sozialarbeiter, der von der Gesellschaft ausgebildet, finanziell ausgestattet und sanktioniert ist, spiegelt auf beruflicher und persönlicher Ebene die engen und restriktiven Werte der amerikanischen Kultur wider. Bei allen Veränderungen, die der Sozialarbeiter vorschlägt, ob allein, durch seine Berufsorganisation, ob in Form einer Gesetzesvorlage, wird das System an sich so gut wie nie in Frage gestellt. In der Regel verhalten sich Sozialarbeiter den dominanten, alltäglichen Werten Amerikas gegenüber loyal.

Die Aufgabenorientierung von Sozialer Arbeit ruht auf drei Realitäten, die Soziale Arbeit strukturieren: (1) Klienten und Sozialarbeiter arbeiten mit einem festgelegten Ziel zusammen, (2) die finanziellen Mittel sind der Komplexität der Aufgaben nicht angemessen und (3) nicht soziale Verpflichtung, sondern Wohltätigkeit ist die dominante Motivation, die Entscheidungen über Hilfsleistungen beeinflußt. Letztendlich unterstützen amerikanische Sozialarbeiter diese restriktiven Haltungen, da auch sie aus der Gesellschaft kommen, die ihre Arbeit und ihre Auffassungen hervorbringt und fördert.

Auf die Fragen nach der Rolle der Sozialarbeit und der Sozialarbeiter wird es erst dann eine überzeugende Antwort geben, wenn sich amerikanische Bürger, Steuerzahler und die, die das Wertesystem formulieren, darüber klar werden, was sie im Feld der Sozialarbeit zu unterstützen bereit sind. Bis heute gibt es diese Klarheit noch nicht, weder hinsichtlich des öffentlichen Bildungssystems, der Krankenversicherung, der übervollen Gefängnisse noch in anderen Bereichen, in denen Sozialarbeiter beruflich tätig sind, und die das tägliche Leben der Bevölkerung betreffen.

## 5.3 Die Anwendung von Berufswissen

Jeder Beruf, auch die Sozialarbeit, ist auf Berufswissen angewiesen, um ihre jeweiligen Aufgaben zu erfüllen. Es gibt drei wichtige Wissensbereiche, die den Alltag der Sozialen Arbeit beeinflussen. Der erste ist das Wissen über das Verhalten von Klienten im Kontext von Membership. Der zweite ist das Wissen über die Verteilung von Mitteln. Der dritte ist das Wissen über den Sozialarbeiter als professionellen Member der Gruppe. Neben diesen drei Wissensgebieten stehen dem Sozialarbeiter eine große Anzahl von Forschungsergebnissen zur Verfügung, z. B. Untersuchungen der Lebenszyklen (Erikson, 1959), Untersuchungen über das Verhalten in Kleingruppen (Feld & Radin, 1982; Hare, 1976; Stogdill, 1974), oder psychoanalytische, soziologische und philosophische Ansätze (Elson, 1986; Parsons, 1964; Rychlak, 1981; Smelser & Smelser, 1970; Specht & Craig, 1982). Alle können in der Sozialarbeit verwendet werden, aber nur einige sind in ihrer derzeitigen Form anwendbar. Zunächst müssen Sozialarbeiter die Ergebnisse in die Begriffe der Sozialarbeit übersetzen, bevor sie in der Arbeit mit den Klienten verwendet werden können.

Der Grund, warum aus dem großen Wissensreservoir über den Menschen geschöpft wird, ist der, daß sich dort Antworten finden, die den Belangen des Klienten förderlich sein können. Solange es keine Untersuchungen darüber gibt, wie erfolgreich theoretische Ansätze sind, muß der Sozialarbeiter auf eigene Erfahrungswerte oder andere, unwissenschaftliche Ansätze zurückgreifen. Dies ist nicht so negativ, wie es zunächst erscheint, denn der Sozialarbeiter kann einen umfangreichen eigenen Wissensschatz anwenden und selber kreativ werden. Der Erfolg eines Sozialarbeiters beruht nur zu einem Teil auf wissenschaftlichem Wissen. Maluccio (1979) weist allerdings darauf hin, daß ein Minimum an theoretischem Wissen über menschliches Verhalten unverzichtbar ist, um die Arbeit eines Sozialarbeiters konsistent zu strukturieren.

**Wissen über das Verhalten des Klienten**

Die erste Kategorie von Wissen umfaßt eine sehr große Menge an Stoff aus den Bereichen der Biologie, Psychologie, Soziologie und Philosophie. Auf dieser Basis trifft der Sozialarbeiter Entscheidungen bei der Zusammenarbeit mit einem Klienten. Diese Entscheidungen sind deshalb wichtig, weil die Theorien, deren sich der Sozialarbeiter bedient, die Einschätzung der Situation des Klienten und die Art der Intervention beeinflussen.

Angesichts der Fülle an Informationen und Theorien über fast jeden Aspekt menschlichen Lebens ist es von Bedeutung, daß Grundprinzipien gefunden werden, die das Wissen strukturieren. Die Membership-Theorie beruht auf den Grundprinzipien der konstanten Verbundenheit und des bedingten Zugangs. Das gesamte Wissen wird durch diese beiden Prinzipien, die im zweiten Kapitel behandelt wurden, zusammengefaßt. Daher ist es möglich, Beispiele aus unterschiedlichen Wissensbereichen zu beleuchten, ohne den zentralen Ansatz der Membership-Theorie zu übersehen. Die Membership-Prinzipien verdeutlichen auch, wie Wissensgebiete miteinander verzahnt sind. Auf diese Weise werden die Grenzen zwischen den einzelnen Gebieten aufgeweicht. Es ist beispielsweise nicht möglich, Persönlichkeit, also ein psychologisches Phänomen, ohne den Aspekt des sozialen Lernens zu analysieren, denn die Persönlichkeit eines Menschen wird stark durch das beeinflußt, was Ältere den Jüngeren vorgelebt haben. Als weiteres Beispiel weise ich darauf hin, daß gewisse vererbte Eigenschaften mit der Entwicklung psychischer Krankheiten verbunden sind, so z. B. manische Depression. Psychische Krankheiten drücken sich im Verhalten eines Menschen aus: Man kann dem Klienten zuhören, sein Verhalten beobachten und Schlüsse aus der Diagnose ziehen. Ähnliches trifft auf Schizophrenie zu (Johnson, 1984). Festzuhalten ist, daß nur wenige Verhaltensstörungen durch eine einzelne Theorie erklärt werden können und zu einem einzelnen Wissensfeld gehören.

Dieses Überlappen ist auch in nicht-klinischen, nicht-krankhaften Bereichen des menschlichen Lebens zu beobachten. In der internationalen Politik werden die privaten Bedürfnisse führender Persönlichkeiten häufig übersehen, auch wenn diese sich auf die ganze Weltbevölkerung auswirken können. In der Sozialarbeit hat es die Trennung von individuellen Hilfsdiensten und Umwelt fast unmöglich gemacht, Wissen über beide Bereiche in der Praxis zusammenzubringen. Klinisch orientierte Sozialarbeit übersieht häufig, was jenseits des Individuums passiert, während sich Gemeinwesenarbeiter oft so verhalten, als habe das Psychologische nichts mit ihrer Arbeit zu tun.

Stein (1963) hat sich mit dem Verhältnis von Wissen in den Sozialwissenschaften und Wissensbeständen aus anderen Quellen beschäftigt. Er stellte fest, daß „..... Sozialarbeit keine angewandte Sozialwissenschaft ist; sie ist noch nicht einmal angewandte Soziologie, Psychologie und Biologie. Sozialarbeit bezieht ihr Wissen aus der Wissenschaft, aber ihre Werte aus der Philosophie, der Religion und der Ethik. Ihre Methode speist sich aus den z. T. unerforschten – und unerforschbaren – unterschwelligen zwischenmenschlichen Beziehungen. Sozialarbeit ist eine Kunst, und zwar genau deshalb, weil nicht alles auf Wissenschaft beruht. Zwar müssen wir danach streben, das wissenschaftliche Fundament unserer Arbeit permanent zu verbessern, doch wir dürfen nicht die ästhetischen und ethischen Elemente über Bord werfen" (S. 229).

Ziel des professionellen Sozialarbeiters ist es, immer weiter zu lernen, sich intellektuell selbst zu beobachten und vorhandene Forschungsergebnisse anzuwenden. Nur mit ersterem kann letzteres erfolgreich sein. Trotz all der Risiken und Unsicherheiten, die Teil der Rolle eines professionellen Mitglieds einer Gruppe sind, wird man dann ein wahrer Experte, wenn man auf die wissenschaftliche Basis seiner Berufstätigkeit setzt. Die Untersuchungen Rogers (1962), Truax und Carkhuffs (1967) und Maluccios (1979) zeigen, daß es keinen echten Konflikt zwischen dem Sozialarbeiter, der seine Arbeit wissenschaftlich fundieren will, und einem, dem nur das Helfen am Herzen liegt, gibt. Es kann sich sogar um ein und dieselbe Person handeln (Lapham & Shevlin, 1986). Scharfe Analyse, emotionale Ausgewogenheit, Großzügigkeit, wissenschaftliche Skepsis, Offenheit und Objektivität bei der Arbeit mit dem Klienten passen hervorragend zusammen.

Vor diesem Hintergrund wenden wir uns nun einem weiteren Wissensbereich zu, in dem sich der Sozialarbeiter auskennen muß. Es handelt sich um das Wissen über menschliche Möglichkeiten.

**Das Wissen um humane Ressourcen**

Dieser zweite wichtige Bereich für die Praxis der Sozialarbeit wird generell als unabhängig von dem Wissen über menschliches Verhalten angesehen. Dieses Wissen wird in der Regel mit dem Begriff Sozialpolitik überschrieben. Darunter fallen die Sozialgesetzgebung, der politische Entscheidungsprozeß sowie Vorschriften der Verwaltung. Vom Standpunkt der Membership-Theorie aus fällt auch dieser Komplex an Prinzipien, Statistiken und Forschungsergebnissen unter die Kategorie 'menschliches Verhalten', und zwar aus folgenden Gründen.

Wissen im Bereich der Sozialpolitik sagt uns zunächst auf der Ebene von Deskription, wie und warum Member einer gegeben Gesellschaft ihre gemeinsamen Mittel zunächst erarbeiten und dann aufteilen. Zweitens engt die Politik der sozialen Wohlfahrt den Bereich auf die wichtigsten Anliegen des Sozialarbeiters ein, d. h. darauf, wie in einer Gesellschaft ein Member einen zweiten Member behandelt, der auf Hilfe angewiesen ist. Drittens kann Klarheit über gegebene Verhältnisse Klarheit über das, wie die Verhältnisse sein sollten, liefern. Dies ist die moralische Seite der Mittelverteilung, da sie die vorherrschenden Werte widerspiegelt. Viertens stellt eine systematische Forschung darüber, wie gemeinsame Mittel verteilt werden, den ersten Schritt dar, wie diejenigen, mit denen der Sozialarbeiter primär zu tun hat, also die Klienten, von Veränderungen profitieren können.

Derzeit kann keine Annäherung der Erforschung von Sozialpolitik und der Forschung im Bereich des menschlichen Verhaltens beobachtet werden. Der Grund hierfür kann auf dasselbe Problem zurückgeführt werden, mit dem dieses Buch begann, d. h. auf das einseitige Interesse am Individuum. Dementsprechend werden soziopolitische Aspekte menschlichen Verhaltens, die in der Membership-Theorie als gleichrangig behandelt werden, wenn es darum geht, menschliches Verhalten zu verstehen, auf schwammige Vorstellungen über „Umwelt" und „Ökologie" reduziert und untergeordnet behandelt.

In der Membership-Theorie gibt es keine Trennung zwischen dem angeblich Persönlichen und dem angeblich Öffentlichen. Jedes Ereignis ist beim Membership-Ansatz sowohl persönlicher als auch öffentlicher Natur. Deshalb sind auch die Anliegen der Sozialpolitik Membership-Anliegen und müssen dementsprechend behandelt werden. So vermeidet man die Vorstellung, als lägen politische und Verwaltungsentscheidungen jenseits des Einflusses der Member. Im Gegenteil: sie werden als Ausdruck des Membership gesehen, das sie regulieren und z. T. fördern. Der Social Security Act beispielsweise betrifft alle Bürger der Vereinigten Staaten. Der Versuch, diesen Gesetzeskatalog zu beeinflussen, wird immer auf Menschen beruhen, die andere aus ihrer Gruppe vertreten.

Sozialarbeiter müssen ihre Fähigkeiten bestens einsetzen, um den Anforderungen zu genügen, die Entscheidungsprozesse in Politik und Verwaltung erfordern. Sie müssen nicht nur wissen, was vor Ort und in den politischen Entscheidungsgremien vor sich geht, sondern auch, wie ein Entscheidungsprozeß zu beeinflussen ist. Diese Fähigkeit ist Teil ihres Berufes.

**Wissen über sozialarbeiterisches Handeln**

Sozialarbeit wird nur dann kontinuierlich verbessert, wenn auch das Handeln des Sozialarbeiters verstanden wird. Ein Aspekt ist das Wissen des Sozialarbeiters über den Klienten, während sich ein anderer mit dem Klienten befaßt und was dieser vom Sozialarbeiter weiß bzw. von ihm denkt.

Das meiste Wissen über das Handeln des Sozialarbeiters entspringt zwei Quellen. Eine ist informell und öffnet sich in dem Augenblick, in dem der Klient die Aufgabe hat, die Arbeit des Sozialarbeiters zu bewerten. Eine solche Bewertung findet gegen

Ende einer Intervention statt. Die zweite Quelle ist die Forschung, besonders die Evaluationsforschung, auch wenn diese nicht immer zuverlässig ist.

Ebenso entscheidend ist allerdings auch die Nomenklatur, die der Auswertung zugrunde liegt. In der Membership-Theorie wird aus wissenschaftstheoretischen Überlegungen heraus die Vorstellung abgelehnt, die Theorie Sozialer Arbeit habe das Individuum in seinem Verhältnis zur Umwelt zu ihrem Gegenstand. Daraus folgt, daß sich die Evaluation von der Annahme leiten lassen soll, daß das, was evaluiert werden soll, das Ergebnis der Interaktion von zwei Membern ist, die die Rollen von Klient und Sozialarbeiter ausüben. So argumentierten Blythe und Briar (1987) kürzlich, daß noch mehr Untersuchungen über die Arbeit mit Familien und anderen Gruppen von Individuen nötig seien.

Wichtig ist in diesem Zusammenhang außerdem, in welchen Kategorien Sozialarbeiter ihre Arbeit mit Klienten beschreiben. Die meisten Sozialarbeiter würden der Aussage zustimmen, daß die Arbeit mit den Klienten auf Gegenseitigkeit beruht. Diese Perspektive gerät aber aus dem Blickfeld, wenn Sozialarbeiter mit der Maßgabe ausgebildet werden, „im System des Klienten zu intervenieren". Sogar Maluccio (1979) mit seinem humanistischen Grundtenor bezeichnet den Klienten als „Konsumenten" einer Dienstleistung. Sicherlich ist derjenige, der bei einem Konsumenten interveniert, weiterhin ein Member, doch handelt es sich um einen Member, der sich selbst eher als einen Außenseiter denn als ein Mitglied der Gruppe, der er hilft, einschätzt. Intervention beschäftigt sich mit dem, was Sozialarbeiter tun, während „Konsumerismus" die Reaktionen von Konsumenten thematisiert.

Der Begriff Intervention impliziert die Begrenztheit des Individualismus. Jenseits einer fragwürdigen Anwendung militärnaher Termini auf Soziale Arbeit – „Ziele", „Intervention", „System" – ist es notwendig zu verstehen, was Member (Klienten und Sozialarbeiter) erreichen wollen, wie und mit welchem Erfolg sie ihre Absichten umsetzen. Bei einer solchen Zusammenarbeit von zwei oder mehr Personen trägt jeder Member Verantwortung. Die Erkenntnis, daß gemeinsame Anstrengungen zu gemeinsamen Ergebnissen führen, stimmt mit den Prinzipien der konstanten Verbundenheit und des bedingten Zugangs überein. Die Forschung, die die Ergebnisse Sozialer Dienste evaluiert, sollte demzufolge untersuchen, was Klienten und Sozialarbeiter gemeinsam erreichen bzw. nicht erreichen. Die Unterschiede in ihren Membership-Rollen rechtfertigen die Teilnahme beider am Interaktionsprozeß. Durch methodisch kontrolliertes Vorgehen trägt das Membership-Handeln des Sozialarbeiters zum jeweiligen Ergebnis bei. Die Verantwortung aber tragen beide Member, auch wenn diese ungleich verteilt ist.

Vertreter der Membership-Theorie müssen sich mit folgenden zwei Forschungsaufgaben beschäftigen: der Definition von Variablen bei der Hilfeleistung durch Soziale Arbeit und der Evaluation von deren Ergebnissen. Während über den Klienten relativ viel Material zur Verfügung steht, gibt es verhältnismäßig wenige Informationen über den Sozialarbeiter. Episodische Fallstudien und Artikel enthalten einiges an Material. Shulman (1984) hat aus seinen Forschungen zur sozialen Gruppenarbeit eine Liste von sozialarbeiterischen Handwerksmethoden entwickelt. Ferner ist Blythe und Briars (1987) Diskussion der „wichtigsten Untersuchungen des praktischen Erfolgs in der Sozialarbeit" (S. 399-407) in diesem Zusammenhang wichtig, ebenso wie ihr Ergebnis, daß „eine gute Wegstrecke zurückgelegt wurde, auch wenn die Untersuchungen zur Praxiseffizienz bisher noch zu keinem abgesicherten Handwerkskasten von Interventionstechniken geführt haben. Jüngste Forschungen belegen, daß Sozialarbeit erfolgreiche professionelle Arbeit zu leisten vermag" (S. 406).

Einer der Aspekte in Maluccios Untersuchung (1979) über „interpersonales Helfen aus der Sicht des Klienten und des Sozialarbeiters" ist für unsere Diskussion der Membership-Theorie relevant. Ziel der qualitativen Studie war es, „zum Erfolg der Sozialarbeit beizutragen, indem die Meinung des Klienten über den interpersonalen Hilfsprozeß eingeholt und mit der des Sozialarbeiters verglichen wurde" (S. 23). Zwar basierte Maluccios Stichprobe nur auf 33 Klienten und enthielt keine statistische Analyse der Daten, doch kamen einige wichtige Ergebnisse zutage.

Maluccios Ergebnisse unterstützen frühere Untersuchungen im Bereich der beratenden Psychologie (Carkhuff, 1969; Carkhuff & Truax, 1965; Rogers, 1962; Truax & Carkhuff, 1967). So belegte er beispielsweise, daß Themen der Verhaltensforschung wie „Empathie oder genaues Verstehen", „Echtheit oder Authentizität" und „Akzeptanz oder nicht besitzergreifende Wärme" in der Sozialarbeit genauso gut angewandt werden können wie in anderen Bereichen (S. 123). Die Relevanz solcher Variablen wurde in der Fachliteratur eingehend gewürdigt und behandelt, allerdings nicht in der Sozialen Arbeit (Fischer, 1973).

Maluccio stieß darüber hinaus auf vier weitere Verhaltensmuster, die Sozialarbeiter benötigen, um mit ihren Klienten erfolgreich kommunizieren und in den Augen der Klienten wirklich helfen zu können. Es handelt sich um (1) „Eindeutigkeit", die Maluccio als „Fähigkeit, Gedanken und Vorstellung klar und präzis mitteilen zu können" definiert (2) „Kompetenz", d. h. die Fähigkeit des Sozialarbeiters, seine „professionelle Rolle erfolgreich zu handhaben", (3) „Wissen um menschliches Verhalten" und (4) „Objektivität" oder „die Fähigkeit, verschiedene Standpunkte unvoreingenommen anzuerkennen" (S. 123). In den Interviews, die Maluccio mit ehemaligen Klienten durchführte, wurde deutlich, wie positiv und wichtig diese vier Verhaltensmuster eingestuft werden. Nichts ist demzufolge wichtiger als die Fähigkeit des Sozialarbeiters, menschliche Eigenschaften (wie Mitgefühl, Echtheit, Akzeptanz) zu zeigen, um den Klienten zufriedenzustellen – wenn sie nur eindeutig, kompetent, klug und objektiv kommuniziert werden.

Maluccios Untersuchungen zeigen auch, daß der Sozialarbeiter vom Klienten die Bestätigung braucht, daß er nützlich ist. Oftmals zögern Sozialarbeiter, nach einer solchen Bestätigung zu fragen oder sie anzunehmen, wenn sie gegeben wird. Dies beleuchtet einen weiteren Aspekt des Memberships von Sozialarbeitern und Klienten.

> Die Forschungsergebnisse bestätigen, daß auch die Wirkungen untersucht werden müssen, die Klienten auf den Sozialarbeiter haben. Dieser Bereich ist bisher nur unzureichend analysiert worden. In der Untersuchung wurde klar, daß Sozialarbeiter Menschen sind, die persönliche Bedürfnisse haben und die durch die Klienten und durch das, was in Transaktionen geschieht, stark beeinflußt werden.... Es gibt Anzeichen dafür, daß die Art, wie Klienten auf sie reagieren, positive oder negative Reaktionen hervorrufen, die ihr Kompetenzgefühl und ihre Rollenausübung auf unterschiedliche Weise beeinflussen. Die Hilfemaßnahmen des Sozialarbeiters hängen demnach von der persönlichen Wirkung der Klienten auf sie ab. (S. 189-190)

Die soeben gemachte Aussage wird dadurch unterstrichen, daß „die meisten Klienten mit dem Ergebnis zufrieden sind", während Sozialarbeiter in den meisten Fällen „entweder unzufrieden oder unentschieden sind" (S. 187). In der gemeinsamen Arbeit müssen Klient und Sozialarbeiter sowohl zu geben als auch von dem anderen zu nehmen in der Lage sein. Die dazu nötigen Fähigkeiten sind nicht einfach und auch nicht leicht zu erlernen. Maluccio beobachtet: „Das Übereinkommen, das der helfenden Beziehung zugrundeliegt, ist ein weitaus komplizierteres Gebilde, als in der Fachliteratur zur Sozialarbeit zum Ausdruck kommt. Er ist weder Produkt noch

Ereignis, sondern ein dynamischer Prozeß, der die Qualität und das Ergebnis der Zusammenarbeit von Sozialarbeiter und Klient auf eine Weise beeinflußt, die noch weiter erforscht werden muß." (S. 187)

## 5.4 Rationalität als Prinzip

Wenn wir uns nun der Rolle zuwenden, die Rationalität in der Sozialen Arbeit spielt, so müssen wir einige der Ideen wiederholen, mit denen wir uns im vorhergehenden Kapitel über die Handhabung von Wissen in der Sozialarbeit beschäftigt haben. Anstatt die unterschiedlichen Wissensquellen der Sozialen Arbeit aufzuzählen, untersuchen wir jetzt ihre logischen Aspekte.

„Vernunft", so A.R. Lacey (1976), „kann mit der Offenbarung, wie in der Theologie oder mit Emotionen und Gefühlen, wie es in der Ethik geschieht, kontrastiert werden. In der Philosophie wird sie in der Regel mit den Sinnen kontrastiert (und das schließt die Introspektion, aber nicht die Intuition ein)" (S. 181). Wir müssen uns dieser Frage zuwenden, da sich die Sozialarbeit in den vergangenen Jahrzehnten viel mit der Rationalität und ihren Auswirkungen auf den Beruf befaßt hat. Es geht nicht nur einfach um die Frage, ob Sozialarbeit „wissenschaftlich" ist, denn wir haben bereits gesehen, daß die Membership-Theorie sowohl auf Phänomenen beruht, die wie die Biologie und die soziale Interaktion beobachtbar sind, als auch auf Symbolisierung und Internalisierung von Objekt-Relationen, die auf Schlußfolgerungen basieren.

Viele Professionen wünschen sich einen wissenschaftlichen Status. Das Erreichen dieses Status wird als Möglichkeit angesehen, in den Kreis der „wahren" Professionen einzudringen. Die Diskussion darüber, ob die Sozialarbeit ein wissenschaftlicher Beruf ist, begann mit Flexner (1915), der eine etwas widersprüchliche Rede vor der National Conference on Charities and Corrections hielt, in der er seine Überzeugung kundtat, daß die Sozialarbeit eben keine wissenschaftsbegründete Profession sei.

Flexner erklärte nicht, weshalb er ein solches Urteil fällen konnte. Seine Aussagen wurden in den nächsten 68 Jahren auch nicht von Sozialarbeitern hinterfragt. Erst 1983 wies Austin darauf hin, daß Flexner „seine Rede damit begann, daß er seine Kompetenz hinsichtlich des Problems in Frage stellte, da er nur über eine begrenzte Erfahrung mit Sozialarbeitern und der einschlägigen Literatur verfüge" (S. 363). Austin war also der erste, der den Widerspruch zwischen Flexners Anspruch auf Expertenwissen und seinen selbst eingestandenen Zweifeln bemerkte. Austin führte eine Liste von Eigenschaften eines wissenschaftlichen Berufs auf, wie sie Flexner definierte:

> Eine Profession beruht auf intellektuellen Entscheidungen mit großer individueller Verantwortung. Ihr Rohmaterial, das auf Wissenschaft und Erfahrung beruht, wird in eine praktische und klare Aufgabe umgewandelt. Ihre Verfahrensweisen können gelehrt werden. Sie tendiert zur Selbstorganisation und ihre Motivation tendiert zunehmend in Richtung Altruismus. (S. 363)

Die Betonung von Wissenschaftlichkeit und Lernbarkeit als Basis für eine Profession, flankiert von Eigenverantwortung und Uneigennützigkeit, zählen auch zu den Grundeigenschaften von rationalem Denken und rationalem Handeln. Flexner war der Ansicht, daß die Sozialarbeit nicht alle diese Eigenschaften erreicht hätte und deshalb nicht den Titel „wissenschaftlicher Beruf" verdiene. Felix Frankfurter

(1915), der später zum Associate Justice of the Supreme Court of the United States aufstieg, hielt direkt im Anschluß an Flexner eine Rede, in der er erläuterte, warum es sich bei der Sozialarbeit um einen wissenschaftlichen Beruf handele und sie deshalb an Universitäten gelehrt werden sollte, nämlich deshalb, weil sie juristischen Traditionen folge.

Was uns besonders an Flexners Überlegungen interessiert ist nicht nur die Frage, ob die Sozialarbeit den Anforderungen einer wissenschaftlichen Profession genügt, sondern auch, ob sie dies überhaupt zum Ziel haben sollte. Müssen Sozialarbeiter zum Beispiel wirklich auf „Wissenschaft und Erfahrung" aufbauen? Die Antwort auf diese Frage war 1915 ein zögerliches Ja. Demzufolge wandelte sich Soziale Arbeit langsam in eine wissenschaftsgeleitete Profession um.

Dieser Status wurde nicht ohne Schmerzen erreicht, wie die Tatsache zeigt, daß die jüngere Sozialarbeit in logischem Positivismus verhaftet ist, und das sowohl in ihrer Forschung als auch in ihrer Lehre (Brekke, 1986; Gyarfas, 1983; Heinemann, 1981; Hudson, 1978, 1982; Schuerman, 1982).

In der Geschichte der Sozialen Arbeit wird oft übersehen, in welchem Maße der wissenschaftliche Einfluß die Rolle des Sozialarbeiters verändert hat, weg von dem Menschen, der „Gutes tut", hin zu dem Profi, der seine Arbeit auf empirischen Daten, Logik, vorsichtigen Schlußfolgerungen und auf Beweisen aufbaut, kurz, auf intellektueller Verantwortlichkeit. Mit der Unterstützung von Wissenschaftlern wie Perlman (1957), der den Nachweis erbrachte, daß Problemlösungen in der Sozialarbeit analog zur wissenschaftlichen Methodik ablaufen, begann die Sozialarbeit ihren langen Weg in Richtung Rationalität, Logik und Wissenschaft, allerdings nicht ohne Widerstand.

Obwohl dies kaum dokumentiert wurde, gab es eine unterschwellige Protestströmung gegen die wissenschaftliche Fundierung der Sozialen Arbeit, insbesondere bei den Sozialarbeitern im klinischen Bereich. Sie kritisierten, daß wissenschaftliche Modelle die subjektiven Elemente in der Beziehung Sozialarbeiter – Klient und die damit verbundenen schwer zu messenden Prozesse übersähen. Darüber hinaus erkannten diese Sozialarbeiter, daß es den Wissenschaftlern nicht gelang, die praktizierte Sozialarbeit zu analysieren, ohne sie auf eine leichter zu beurteilende Form zu reduzieren. Es kann aber nicht übersehen werden, daß diese Bestrebungen zur Verwissenschaftlichkeit die Wirksamkeit der Sozialen Arbeit erhöht haben. Sozialarbeiter haben erkannt, daß Vernunft und wissenschaftliche Ergebnisfindung einen Platz in der Sozialarbeit innehaben. Sie sehen auch ein, daß Sozialarbeiter anderen Mitgliedern der Gesellschaft gegenüber verantwortlich sind, die die Sozialarbeit durch ihre Steuern oder freiwillige Leistungen unterstützen.

Die Sozialarbeit hat einen langen Weg seit den Tagen der Vorschrift-und-Beispiel Methodik und der Mystik, die das helfende Gespräch in der Sozialen Arbeit einmal umwitterte, zurückgelegt. Franklin (1986) sieht im Treffen von Richmond den Wendepunkt weg von der „moralischen Überzeugung" hin zur „rationalen Analyse". Die professionelle Sozialarbeit hat allerdings durch ihre positivistische Vorgehensweise die frühe Mystik durch eine neue, eigene ersetzt.

Diese Überlegungen lassen den Schluß zu, daß Soziale Arbeit weit genug entwickelt ist, um ihre eigenen Wissensbestände zu entwickeln, um Wissen aus anderen Disziplinen, besonders aus den Basiswissenschaften angemessen zu rezipieren und daraus abzuleiten, was Soziale Arbeit soll und will. Die heutigen Sozialarbeiter haben einen breiten Ansatz, sie addieren nicht einfach verschiedene Quellen. Wahrer Fortschritt wird dann erzielt, wenn Sozialarbeit Wissen auswählt und daraus eine Theorie der Sozialarbeit formuliert. Die wichtigste Quelle dieser Theorie ist zweifellos das umfangreiche Wissen um menschliches Verhalten: Das Endresultat ist eine Synthese von Sätzen, die zu einer Theorie der Praxis führen. Dies ist der rationale Kern der Sozialarbeit, ohne den Sozialarbeit keine wissenschaftliche Profession wäre.

Soziale Arbeit muß sich ihre eigene Praxis definieren. Der dazu nötige Schritt ist die Identifizierung jener menschlichen Verhaltensweisen, mit deren Hilfe die Prinzipien der Sozialarbeit formuliert werden können. In der Membership-Theorie wären das die folgenden: Zellen sind halbdurchlässig, Menschen selektieren und beobachten, wie sie mit anderen interagieren, Menschen internalisieren ihre Beziehungen zu anderen und sie weisen ihren Erfahrungen Bedeutung zu. Es handelt sich hier um bekannte Phänomene menschlichen Verhaltens, aus denen viele Schlußfolgerungen gezogen werden können, um die Theorie der Sozialarbeitspraxis weiterzuentwickeln. Alle Elemente basieren auf den beiden Prinzipien der konstanten Verbundenheit und des bedingten Zugangs. So könnte man argumentieren, daß man die Membership-Theorie gar nicht akzeptieren muß – sie ist ganz einfach Tatsache. Die Membership-Theorie der Sozialarbeit ruht demnach auf einer empirischen Basis.

Es besteht ein enges Verhältnis zwischen Membership-Theorie und Rationalität, insbesondere hinsichtlich der Rolle der Sozialarbeit. Die positivistische, empirische Wissenschaft spielt dabei ebenso eine Rolle wie der Subjektivismus des Symbolischen Interaktionismus, wie auch eine sorgfältige Sammlung und Auswertung von Daten zur sozialen Intervention. Genau dies benötigt eine erfolgreiche Sozialarbeit. Jeder professionelle Sozialarbeiter muß in der Lage sein, empirische Daten und Wissensvorräte zu identifizieren und auszuwählen, die für seine Arbeit besonders relevant sind, und sich gleichzeitig der Wissenschaftlichkeit dieses Wissens bewußt sein. Darüber hinaus darf er sich der wissenschaftlichen Sprache nicht wahllos bedienen. Auch hier muß der Einfluß der Rationalität spürbar sein, so daß der Sozialarbeiter Begriffe verwendet, die die Sozialarbeit klar definieren und als solche anerkannt sind.

Rationalität als menschliche Eigenschaft muß ebenso erlernt werden wie ein rationales, professionelles Verhalten. Rationalität erfordert Selbstdisziplin.

## 5.5 Methodisches Handeln durch die eigene Person

Methodisches Handeln durch die eigene Person bedeutet, daß sich der Sozialarbeiter emotional und intellektuell selbst beobachtet. Diese Selbstbeobachtung soll dazu führen, daß man das, was man als Sozialarbeiter in einer Hilfsgruppe tut, kontrolliert. Letztendlich soll die Selbstbeobachtung den Nutzen des Sozialarbeiters für den Klienten feststellen.

Auf unterschiedliche Weisen ist der bewußte Einsatz des Ich ein psychologisches Phänomen, das Probleme von Übertragung und Gegenübertragung aufwirft und so den Hilfeprozeß entweder fördert oder behindert (Hollis & Woods, 1981, S. 295). Besonders wichtig sind die Verhaltensmuster des Sozialarbeiters, die im Unbewußten stattfinden. Das Unbewußte ist der Bereich, der die Hilfehandlungen unkontrolliert zu beeinflussen vermag. Die Begrifflichkeit der Übertragung/Gegenübertragung wird, da sie aus der Psychoanalyse stammt, hauptsächlich in der klinischen Sozialarbeit verwendet, hat aber auch in anderen Bereichen Gültigkeit und darf auch dort nicht vernachlässigt werden.

Jede Beziehung, auch jede *berufliche* Beziehung, kann potentiell unbewußt zur Förderung der eigenen Interessen verwendet werden. Sich dessen bewußt werden, heißt, daß man entscheiden kann, was man sagt und tut. Übertragungsphänomene werden übersehen, wenn die zu lösende Aufgabe dermaßen in den Vordergrund gerückt wird, daß störende Elemente übersehen werden. Auf höchster Regierungsebene wurden tragische Fehler gemacht, weil Entscheidungen durch irrationale Faktoren wie z. B. persönliche und psychologische Bedürfnisse beeinflußt wurden, die wenig mit der wichtigen Entscheidung zu tun hatten (Janis, 1972). Die nichtklinische Gemeinwesenarbeit übersieht allzu häufig diese Faktoren, da sie Vorurteile gegen jedwedes „Psychologische" hegt. Übertragungsphänomene werden deutlich, wenn der Sozialarbeiter Meinungen über unterschiedliche Klienten entwickelt, die eine erfolgreiche Sozialarbeit verhindern können. Diese Phänomene werden durch Supervision, Beratung und reflektierte Erfahrung bewußt gemacht.

Methodisches Handeln durch die eigene Person beschränkt sich nicht nur auf den Bereich der Gegenübertragung. Ein weiterer Aspekt ist intellektueller Natur. Wissen zu haben ist beispielsweise nicht dasselbe wie die angemessene Entscheidung über die Verwendung von Wissen. Und da die Soziale Arbeit ein praktischer Beruf ist, trägt der Sozialarbeiter zum Erfolg der Gruppe bei, wenn er Wissen dort angemessen verwendet. Wissen ist kein unabhängiges, neutrales Phänomen. Es spiegelt sich in emotionaler und intellektueller Selbstdisziplin wider, die der Sozialarbeiter dem Klienten gegenüber an den Tag legt.

Eine dritte Komponente des methodischen Handelns durch die eigene Person betrifft die Auswahl von Methoden, d. h. die Auswahl der richtigen Intervention aus einer Palette an Möglichkeiten. Dieser Aspekt wird im folgenden Kapitel ausführlich besprochen. Deshalb sei an dieser Stelle nur darauf hingewiesen, daß die Autonomie des Sozialarbeiters dadurch zum Ausdruck gebracht wird, daß er die Frage stellt: „Was muß ich in diesem Augenblick hinsichtlich dieses Klienten unternehmen?" Eine bewußte Entwicklung des Interventionsplans ist in Interventionen von kurzer Dauer ebenso wichtig wie in langfristigen Interventionen. Emotionale, intellektuelle und methodische Aspekte der Sozialen Arbeit beruhen auf dem bewußten, rationalen und geplanten Einsatz der eigenen Person seitens des Sozialarbeiters.

Trotz der Tatsache, daß Selbstdisziplin und Individualismus oft in Verbindung gebracht werden, bedeutet die Forderung nach Selbstdisziplin in der Gruppe nicht, daß sich der Sozialarbeiter von den Klienten absetzt. Das Membership aller unterstreicht den bewußten Einsatz der eigenen Person. Der Sozialarbeiter setzt seine eigene Person bewußt ein, eben *weil* er ein Member ist. Wenn die Sozialarbeiter nur rein individualistische Eigenschaften hätten, gäbe es nicht die Notwendigkeit, die bewußten und unbewußten Botschaften zu beobachten, die an den Klienten gesendet werden. Indem der Sozialarbeiter seine Person bewußt einsetzt, arbeitet er an der Qualität der professionellen Membership-Beziehung. Sie wird dadurch auf die zu lösenden Aufgaben hin ausgerichtet. Nahezu jegliche Soziale Arbeit beruht auf dieser Prämisse.

## 5.6 Zur Logik sozialarbeiterischen Handelns

Die Sozialarbeit ist für ihr Interesse an Methoden (case work, Gruppenarbeit, Gemeinwesenarbeit) sowohl gelobt als auch kritisiert worden. Carroll (1977) wies beispielsweise darauf hin, daß „kein Konzept der angewandten Sozialarbeit mehr

Diskussionen hervorgebracht hat, so oft als sinnlos bezeichnet worden ist, aber auch so nachhaltig betrieben worden ist wie die Formulierung von 'Methoden'„ (S. 429).

Die Methodologie des case work und der sozialen Gruppenarbeit widmet sich der direkten Interaktion zwischen Klienten und dem Sozialarbeiter. In der Gemeinwesenarbeit findet demgegenüber keine direkte Interaktion zwischen Klient und Sozialarbeiter statt. Hier wird der Sozialarbeiter für soziale Großgruppen, wie z. B. einen Stadtteil, eine ganze Stadt oder für die Gesamtgesellschaft aktiv. Aber auch in dieser dritten Art von Sozialarbeit findet versteckt eine direkte Interaktion statt, und zwar in einer Sekundärgruppe, in der sich Member für unsichtbare Drittgruppen (s. o.) stark machen. Auch hier muß der Sozialarbeiter auf sinnvolle Weise in Aktion treten. Dies ist die Verbindung zur Methodologie: Der Sozialarbeiter muß sich für eine Reihe von Maßnahmen entscheiden, die einer bestimmten Intervention in einer bestimmten Situation angemessen sind. Carroll bietet ein dreiteiliges Schema an. Im ersten Teil geht es um neun „soziale Techniken": (1) soziales Planen, (2) Organisation von Gemeinschaften, (3) Forschung, (4) Supervision, (5) Beratung, (6) Verwaltung, (7) Gruppenarbeit, (8) Familientherapie und (9) case work. Carrolls zweite Kategorie besteht aus sieben „sozialen Zielgruppen": (1) Individuen, (2) Familien, (3) Kleingruppen, (4) formalen Organisationen, (5) Gemeinden, (6) Regionen und (7) Gesellschaften. Ihr Schema wird durch die Kategorie „soziale Probleme" vervollständigt. Dazu zählen Armut, Drogenmißbrauch, Rassendiskriminierung, um nur einige zu nennen. Obwohl Carrolls Schema umfassend ist, fehlt dem „dreidimensionalen Modell der angewandten Sozialarbeit" eine Aussage darüber, mit welcher der „sozialen Zielgruppen" der Sozialarbeiter zusammenarbeiten wird.

Eine Methodologie setzt erkennbare Personen voraus. Diese Personen handeln als Member. Solange die Dimensionen dieses Handelns unklar sind, bleibt auch unklar, welchen Beitrag der Sozialarbeiter zu leisten hat. Es ist unmöglich, in einer abstrakten Situation zu intervenieren. Sozialarbeiter und Klienten werden deshalb als Personen gesehen, die sich durch ihr Handeln gegenseitig beeinflussen. Der Sozialarbeiter wählt als Member Verfahren aus, die das Handeln des Klienten ändern. Dieser Klient kann gesehen, benannt und durch das, was er tut, beschrieben werden. Das Verfahren wird hinsichtlich der konkreten Bedürfnisse ausgewählt. Das Verfahren ist der empirisch bedeutsamste Ausdruck von Sozialarbeitsintervention. Durch ein richtiges Verfahren werden Dinge vorangebracht.

Wenn geklärt ist, daß die angewandte Sozialarbeit durch konkretes, beobachtbares Verhalten beschrieben wird und daß der Sozialarbeiter Member einer Gruppe ist, dann sollte auch klar sein, daß die Theorie und anderes Wissen der Sozialarbeit dient und sie nicht dominiert. Dies trifft sowohl auf induktive als auch auf deduktive Theorien zu. Erfahrungswerte führen zu einer Verallgemeinerung und später zu einer Hypothese. Die Verallgemeinerungen werden in der Praxis über eine längere Zeit hinweg getestet. Der Sozialarbeiter fragt danach, was aus früheren Erfahrungen gelernt wurde, und überlegt, inwiefern dies auf die Gegenwart übertragen werden kann. Das hört sich einfach an, ist es aber nicht. Im Gegenteil: Es handelt sich um eines der schwierigsten intellektuellen Probleme, denen sich der Sozialarbeiter stellen muß. Ein Grund für die Schwierigkeit liegt darin, daß Prinzipien und Praxis nicht parallel nebeneinander verlaufen. Praktische Verfahren basieren auf mehr als Theorie. Darüber hinaus sind die Verbindungen zwischen Theorie und Praxis nicht immer in jeder Situation klar zu erkennen. Überstarke Verallgemeinerungen unterstreichen die Notwendigkeit einer rationaleren Praxis.

## 5.7 Fazit

Die Bestandteile der Sozialarbeit als Membership-Aktivität sind Orientierung an Aufgaben, Anwendung von Wissen über Sozialarbeiter und Klienten, Rationalität, methodisches Handeln durch die eigene Person und Methodologie. Aus diesen Überlegungen entsteht das Bild des Sozialarbeiters als einer Person, die mit anderen Menschen umgehen kann. Er ist ein disziplinierter, hilfsbereiter, rationaler Mensch, der menschliches Verhalten kennt, wissenschaftliche Skepsis an den Tag legt und auf ein Fachwissen zurückgreifen kann, das gelehrt, gelernt und angewandt werden kann.

Dieses Kapitel hat gezeigt, wie ein Member überzeugende Entscheidungen hinsichtlich seines Memberships treffen kann. Unter den Bedingungen der konstanten Verbundenheit wird das Prinzip des bedingten Zugangs angewandt, das die Aktionen und Interventionen des Sozialarbeiters erhellt. Darauf müssen wir an dieser Stelle nicht weiter eingehen, da wir uns dem Thema zu einem späteren Zeitpunkt zuwenden werden.

## Literatur

Austin, D.M. (1983). The Flexner myth and the history of social work. Social Services Review, 57 (3), 357-377.

Blythe, B.J. & Briar, S. (1987). Direct practices effectiveness. In A. Minahan (hg), Encyclopedia of social work (18. Auflage) (Band I, S. 399-407). Silver Spring, MD: National Association of Social Workers.

Brekke, J.S. (1986). Scientific imperatives in social work research: Pluralism is not scepticism. Social Service Review, 60 (4), 538-554.

Briggs, A. & Macartney, A. (1984). Toynbee hall: The first hundred years. London: Routledge and Kegan Paul.

Carkhuff, R.R. (1969). Helping and human relations (Band I & II). New York: Holt, Rinehart and Winston.

Carkhuff, R.R. & Truax, C.B. (1965). Training in counseling and psychotherapy: An evaluation of an integrated didactic and experiential approach. Journal of Counseling Psychology, 29 (4), 333-336.

Carroll, N.K. (1977). Three-dimensional model of social work practice. Social Work, 22 (5), 428-432.

Elson, M. (1986). Self psychology in clinical social work. New York: W.W. Norton.

Erikson, E.H. (1959). Identity and the life cycle. Psychological Issues, 1 (1), 50-100.

Feld, S. & Radin, N. (1982). Social psychology for social work and the mental health professions. New York: Columbia University Press.

Fischer, J. (1973). Interpersonal helping: Emerging approaches for social work practice. Springfield, IL: Charles C. Thomas.

Flexner, A. (1915). Is social work a profession? Proceedings of the national conference of charities and corrections (S. 576-590). Chicago: Hildman Printing Company.

Frankfurter, F. (1915). Social work and professional training. Proceedings of the national conference of charities and corrections (S. 591-596). Chicago: Hildman Printing Company.

Franklin, D.L. (1986). Mary Richmond and Jane Addams: From moral certainty to rational inquiry in social work practice. Social Service Rewiev, 60 (4), 504-525.

Gyarfas, M.G. (1983). Debate with authors: The scientific imperative again. Social Service Review, 57 (1), 149-150.
Hare, A.P. (1976). Handbook of small group research (2.Ausgabe). New York: Free Press.
Heinemann, M.B. (1981). The obsolete scientific imperative in social work research. Social Service Review 55 (3), 371-397.
Hollis, F. & Woods, M.E. (1981) Casework: A psychosocial therapy (3.Ausgabe). New York: Random House.
Hudson, W.W. (1978). First axioms of treatment. Social Work, 23 (1), 65.
Hudson, W.W. (1982). Scientific imperative in social work research and practice. Social Service Review, 56 (2), 256-258.
Janis, I.L. (1972). Victims of groupthink. Boston: Houghton Mifflin.
Johnson, H. (1984). The biological bases of psychopathology. In F.J.Turner (hg), Adult psychopathology: A social work perspective. New York: Free Press.
Lacey, A.R. (1976). A dictionary of philosophy. London: Routledge and Kegan Paul.
Lapham, E.V. & Shevlin, K.M. (hg). (1986). The impact of chronic illness on psychosocial stages of human development. Washington, DC: Georgetown University Hospital and Medical Center, Department of Social Work.
Maluccio, A.N. (1979). Learning from clients. New York: Free Press.
Pacey, L.M. (1950). Readings in the development of settlement work. New York: Association Press.
Parsons, T. (1964). Social structure and personality. New York: Free Press.
Perlman, H.H. (1957). Social casework: A problem-solving process. Chicago: University of Chicago Press.
Pimlott, J.A.R. (1935). Tonybee hall: Fifty years of social progress. London: J.M. Dent & Sons.
Rogers, C. (1962). The interpersonal relationships: The core of guidance. Harvard Educational Review, 32 (4), 416-429.
Rychlak, J.F. (1981). A philosophy of science for personality theory. Malabar, FL: Robert E. Krieger
Schuerman, J.R. (1982). Debate with authors: The scientific imperative in social work research. Social Service Review, 56 (1), 144-146.
Schulman, L. (1984). The skills of helping individuals and groups (2.Ausgabe) Itasca, IL: F.E. Peacock.
Smelser, N.J. & Smelser, W.T. (1970). Personality and social systems (2.Ausgabe). New York: Wiley.
Specht, R. & Craig, G.J. (1982). Human development: A social work perspective. Englewood Cliffs, NJ: Prentice-Hall.
Stein, H. (1963). The concept of the social environment in social work practice. In H.J.Parad & R.Miller (hg), Ego-oriented casework: Problems and perspectives (S. 65-72). New York: Family Service Association of America.
Stogdill, R.M. (1974). Handbook of leadership, New York: Free Press.
Tropp, E. (1974), Three problematic concepts: Client, help, worker. Social Casework, 55 (1), 19-29.
Tropp, E. (1977). A humanistic foundation for social group work. Richmond, VA: Virginia Commonwealth University School of Social Work.
Truax, C.B. & Carkhuff, R.R. (1967). Towards effective counseling and psychotherapy. Chicago: Aldine.

# 6 Sozialarbeiter und Klient I

Die Rollen des Sozialarbeiters und des Klienten waren Gegenstand der vorangehenden zwei Kapitel. Obwohl beide Rollen in der Praxis untrennbar sind, sind sie doch nicht identisch. Deshalb wurden sie getrennt voneinander behandelt. Wenn Klient und Sozialarbeiter zusammenarbeiten, gibt es solche Unterschiede nicht, auch nicht der Klarheit zuliebe.

Dieses und das folgende Kapitel analysieren die Funktionen, die Sozialarbeiter und Klient trotz ihrer unterschiedlichen Rollen *gemeinsam* ausführen. Es ist hilfreich, an dieser Stelle eine wichtige Voraussetzung zu klären, die dieser Analyse zugrunde liegt. Jeder Member widmet sich sowohl sich selbst als auch dem anderen (den anderen). Der Sozialarbeiter beobachtet sein Verhalten dem Klienten gegenüber, ebenso wie der Klient sein Verhalten dem Sozialarbeiter gegenüber beobachtet. Während man spricht und handelt, findet also eine Art von Selbstanalyse und eine Analyse des Gegenüber statt.

Bei dieser Mehrfachanalyse handelt es sich um ein universales Phänomen, das weniger von der eigenen Rolle abhängt als von der Tatsache, daß man der Existenz des Gegenüber Bedeutung beimißt. Dies bedeutet nicht, daß das Verhalten des anderen akzeptiert, gemocht oder kopiert wird. Es bedeutet, daß der andere eine Bedeutung hat und daß sein Verhalten für alle, die davon betroffen sind, einen symbolischen Wert hat. Wieder einmal werden die Grundprinzipien des Membership verdeutlicht: konstante Verbundenheit und bedingter Zugang. Menschen, die sich gegenseitig erfahren, sind Member, Membership wird durch eine Auswahl beeinflußt, und der Wert von Membership kann verändert werden.

Die Annahme ist also die, daß Klient und Sozialarbeiter erkennen, daß sie ihre Kommunikation interpretieren. Aus der Kommunikation schließt der Klient, was der Sozialarbeiter denken könnte, und auch der Sozialarbeiter versucht anhand der Kommunikation zu erfahren, was denn der Klient davon verstehen könnte. Demzufolge handelt jeder Teilnehmer in bezug auf den anderen, zumindest soweit, daß er mitfühlen kann, daß er ein Gefühl für den Zustand des anderen entwickeln kann. Also ist ihm der andere wichtig (Keefe, 1976). Für die meisten Menschen ist dies eine notwendige Voraussetzung für jegliche Art menschlicher Beziehung, von der oberflächlichsten bis zur engsten.

Die gegenseitige Intervention von Sozialarbeiter und Klient impliziert, daß der Klient bei sich selbst interveniert, während er mit dem Sozialarbeiter spricht, und daß der Sozialarbeiter dasselbe tut, während er dem Klienten Aufmerksamkeit schenkt. Jeder Member fördert seine eigene Rolle, während er mit anderen interagiert. Grenzen zwischen den Teilnehmern sind durchlässig; Zugang besteht gleichzeitig zu dem anderen und sich selbst. Während man mit dem anderen spricht, widmet man sich auch sich selbst, durch die Selbstanalyse, durch Bewußtsein und durch die Überlegung, was für einen Eindruck man macht.

Dieser Interaktionsprozeß beschreibt gleichzeitig das Handeln des Sozialarbeiters und des Klienten. Beides findet zur selben Zeit statt, denn während der eine zuhört und beobachtet, spricht der andere, bewegt sich auf seinem Stuhl, lächelt, weint, wägt Möglichkeiten ab. Alle Teilnehmer sind immer aktiv und intervenieren permanent.

## 6.1 Gegenstandsbereiche Sozialer Intervention

Die soziale Gruppe hat das Ziel, dem Klienten bei den vielen Aufgaben zu helfen, die bei der Handhabung des eigenen Membership auftreten. Das bedeutet, daß (1) die Aufgaben vom Sozialarbeiter und dem Klienten gemeinsam definiert werden, daß (2) die Gruppe selbst aus Membern besteht und daß (3) die Member eher als soziale als als individuelle Menschen gesehen werden.

Klienten haben die Fähigkeit, Hilfe von vielen unterschiedlichen Helfern nachzufragen und anzunehmen. Warum sie die Unterstützung eines Sozialarbeiters nachfragen bzw. annehmen, hängt nicht nur davon ab, was sie selber wünschen und brauchen, sondern auch davon, was der Sozialarbeiter ihnen geben kann. Da die Sozialarbeit bei *klar definierten* Bedürfnissen Hilfe leistet, muß es eine Grundübereinkunft geben. Diese Grundübereinkunft ist die, daß die Probleme, mit denen sich Klienten an einen Sozialarbeiter wenden, sozialer Natur sind. Die Intervention muß dementsprechend sozialer Natur sein, und auch die Ergebnisse müssen sozial greifbar sein. In anderen Worten befaßt sich die Sozialarbeit mit der Handhabung von Membership, den sozialen Beziehungen zwischen Menschen, die in den Begriffen der Interaktion faßbar sind. Die Beurteilung sozialer Zustände muß zu Interventionen führen, die die Zustände den Wünschen des Klienten gemäß verändern. Gleichzeitig müssen bei der Intervention die Auswirkungen auf andere Menschen beachtet werden.

An dieser Stelle ist es interessant zu beobachten, wie die Verstrickung von Sozialer Arbeit und Individualismus dazu geführt hat, daß die Probleme des Klienten auf medizinische Weise erkannt, eingestuft und behandelt wurden. Wenn Probleme auf soziale Weise behandelt werden, werden ganz andere Lösungsansätze deutlich. Die Begriffe Behandlung und Hilfe bei der Handhabung von Membership verdeutlichen den starken Kontrast zwischen dem individualisierten, medizinischen Ansatz und dem Verfahren der Sozialarbeit.

Wer glaubt, medizinische Behandlung zu benötigen, sucht einen Mediziner oder Heilpraktiker auf. Dementsprechend stellt man sein Problem als Krankheit dar. Es wird als Ausnahmesituation gesehen, die schnellstens verbessert oder beendet werden sollte. Abgesehen von chronischen Krankheiten wird eine Krankheit als Ereignis und nicht als Prozeß eingestuft. Versuche der Ärzte, den Patienten die Verantwortung für Krankheiten zu geben, sind deshalb gescheitert, weil die Darstellung von Problemlagen eine Diagnose, eine Behandlung oder eine Heilung durch einen Experten erfordert.

In der Membership-Theorie wird demgegenüber davon ausgegangen, daß soziale Probleme oft gar keinen genau zu fassenden Anfang haben, und auch wenn das der Fall sein sollte, daß sie dann nicht wie eine Krankheit einen vorgeschriebenen Weg gehen. Soziale Arbeit befaßt sich nicht mit medizinischen Fragen. Ihre Aufgabe ist es, dem Klienten in Alltagssituationen zu helfen. Es ist richtig, daß man nicht jeden Tag die Hilfe eines Sozialarbeiters benötigt. Aber wenn man auf einen Sozialarbeiter angewiesen ist, dann nicht deshalb, weil das Problem ungewöhnlich ist, sondern weil man es nicht schafft, kreativ mit diesem Problem umzugehen. Sterben ist kein ungewöhnlicher Vorgang, auch für die, die dem Tod eines geliebten Menschen zum ersten Mal gegenüberstehen. Kinder zu erziehen ist nichts Außergewöhnliches, und dennoch benötigen manche Hilfe dabei, wie sie mit dem Ärger über die eigenen Kinder umgehen können. Ehekrisen finden so gut wie überall statt, doch es kann sein, daß Menschen Hilfe brauchen, um damit umgehen zu können. Der Sozialarbeiter widmet sich also weniger dem eigentlichen Problem, als den begrenzten Möglichkeiten vieler Menschen, sich in der jeweiligen Situation richtig zu verhalten. Hilfe bei der Handhabung von Membership zu leisten ist somit die Hauptaufgabe der Sozialarbeit.

Diese Einsichten beziehen sich auch auf die Fähigkeit zu leiden. Leiden, so die Membership-Theorie, ist universell und ist trotz seiner unangenehmen Auswirkungen nicht zu vermeiden. Unnötiges Leiden kann nicht gebilligt werden, doch ist es ein Aspekt des menschlichen Lebens, daß jeder auf irgend eine Weise irgendwann einmal leidet. Die Handhabung des Leidens muß daher gelehrt und erlernt werden. Eine soziale Welt ohne Leiden ist eben Illusion. Die Membership-Theorie nimmt den Standpunkt ein, daß sich die Sozialarbeit mit der Handhabung von Schmerz und Leiden befaßt, und nicht damit, ob Leiden und Schmerz existieren oder nicht. Besondere Beachtung finden die sozialen Umstände des Leidens, z. B. Armut, schlechte Behandlung aufgrund einer Vorbestrafung, einer „falschen" Religionszugehörigkeit oder Hautfarbe. Es ist eindeutig, daß Menschen, die chronisch krank oder behindert sind, mit ihrem Leiden sozial umgehen müssen. Diese Probleme fallen nicht deshalb in den Aufgabenbereich der Sozialen Arbeit, weil es sich um eine physische oder psychiatrische Krankheit handelt, sondern weil diese Probleme das soziale Membership der Menschen auf z. T. schwerwiegende Weise belasten. Verwandte, Freunde und Arbeitskollegen des Kranken sind auch betroffen, auch wenn dies nur sekundär ist.

In der Membership-Theorie wird Rechtlosigkeit nicht hingenommen. Es ist nicht akzeptabel, sich nur mit den Auswirkungen der Rechtlosigkeit zu befassen. Damit sich Membership entfalten kann, muß der Grund des Unrechts aus der Welt geräumt werden. Eine Möglichkeit, mit Leiden umzugehen, ist es, gegen den Ursprung des Leidens anzugehen. Wenn Sozialarbeiter und Klient die Frage bearbeiten, was getan werden kann, so geschieht dies nicht aus rein theoretischen Gründen. Es geschieht, damit der Klient nicht einsam und allein leiden muß. Die Situation, die den Schmerz, das Leiden und die Ungerechtigkeit heraufbeschwört, kann verändert werden.

Der genaue Inhalt einer Intervention in der Sozialarbeit kann variieren. Es kann vorkommen, daß die Probleme, mit denen ein Klient zum Sozialarbeiter kommt, in sich geschlossen und zeitlich begrenzt sind. Es kann sogar sein, daß ein Problem keine anderen Menschen betrifft, auch wenn es schwierig ist, ein solches Problem zu erkennen. Festzuhalten ist, daß es so gut wie keine Situationen gibt, die nicht sozialen oder biosozialen Ursprungs ist. Dies ist der Grund, warum die Interventionen der Sozialen Arbeit so breit gestreut sind und warum sie, vor allem Nicht-Sozialarbeitern, häufig diffus erscheinen. Die unterschiedlichen Einsatzmöglichkeiten der Sozialen Arbeit sind durch grundlegende Elemente verbunden. Die Membership Perspektive bietet solche Elemente.

## 6.2 Stile Sozialer Intervention

Die Intervention von Sozialarbeitern (und von Klienten) kann von verschiedenen Standpunkten aus betrachtet werden. Einer hat mit dem praktischen Ansatz zu tun, ein anderer mit den kulturellen Auswirkungen der Hilfeleistung und dem Empfangen von Hilfe, und ein dritter mit den unterschiedlichen Verfahren, das Verhalten von Klienten zu beurteilen. Wir wenden uns in diesem Kapitel den ersten beiden

Standpunkten zu. Der dritte wird im nächsten Kapitel behandelt. Keiner der drei ist wichtiger als die anderen. Alle sind gleich wichtig und miteinander verbunden.

## 6.3 Techniken

### Beobachtung

Die verbreitetste Technik der Sozialarbeit ist die Beobachtung. Der Zweck der Beobachtung ist es, das, was im Prozeß des Helfens passiert, so weit wie möglich nachzuvollziehen. Sowohl der Sozialarbeiter, als auch der Klient beobachten, wenn auch aus unterschiedlichen Gründen.

Der Sozialarbeiter erkennt während der Beobachtung, wie der Klient normalerweise mit Problemen umgeht. Es handelt sich um 'Markierungen' im Verhalten des Klienten, die auf eine Intervention hindeuten. Durch sie wird dem Sozialarbeiter aber auch erneut seine Handhabung des Gegenübertragung klar. Dies wurde bereits in Kapitel 5 besprochen.

Auch die Klienten beobachten ihr Verhalten. Sie bilden Meinungen und Ansichten darüber, welchen Eindruck sie auf den Sozialarbeiter, andere Klienten und sich selbst machen. Wenn man sie danach fragt, sind sie bereit, über die Sozialarbeit zu reden. Zum Beispiel:

> *Sozialarbeiter:* Mal schauen, wo wir waren.
> *Klient:* Wir haben darüber gesprochen, wie ich eine Stelle finden kann.
> oder
> *Sozialarbeiter:* Wir sollten auch darüber reden, wieviel Zeit wir noch haben.
> *Klient:* Eine Stunde.
> oder
> *Klient:* Auf dem Weg hierher wurde mir plötzlich bewußt, daß sich unsere Gruppe heute zum letzten Mal trifft.
> *Sozialarbeiter:* Wir haben sehr viel zusammen erreicht.

In allen drei Beispielen fällt auf, daß der Klient sich über das, was mit ihm passiert, Gedanken macht. Wenn dies noch nicht auf einer bewußten Ebene geschieht, reichen sehr geringe Stimulierungen seitens des Sozialarbeiters aus, damit der Klient die bewußte Ebene erreicht. Ein Member beobachtet sich und andere permanent.

### Vergewisserung

Carlton (1984) definiert Vergewisserung als „eine Technik, mit der die Fähigkeit des Members gefördert wird, sich selbst im Verhältnis zu anderen zu sehen" (S. 118). Das folgende Beispiel verdeutlicht diese Technik.

> Der Klient, Herr R., ist 80 Jahre alt, Vater zweier Söhne. Seine Frau ist chronisch krank. Herr und Frau R. sind auf die Hilfe des älteren Sohns und dessen Familie angewiesen. Ihre Schwiegertochter erledigt die Einkäufe. In einem Gespräch mit dem Sozialarbeiter der Familie erklärt Herr R., wie er seine Situation einschätzt.
>
> *Herr R.:* Ich habe ihm gesagt, daß es uns, seinen Eltern, wie den meisten anderen alten Leuten geht: Wir werden von unseren eigenen Kindern ignoriert. Er schrie mich an und sagte, daß

> seine Mutter und ich undankbar seien und nicht sähen, daß er und seine Familie uns permanent helfen.
> *Sozialarbeiter:* Und was haben Sie gesagt?
> *Herr R.:* Ich habe ihm gesagt, daß er ein elender Lügner sei und daß ich ihn schon seit Wochen nicht gesehen hätte.
> *Sozialarbeiter:* Wie reagierte er?
> *Herr R.:* Er sagte, daß er Recht habe und nicht ich. Dann ging er und schlug die Tür zu. Er schrie, daß er sich ein solches Verhalten nicht gefallen lasse.
> *Sozialarbeiter:* Vor einiger Zeit haben Sie mir erzählt, daß Ihr Sohn fast täglich vorbeikomme. Nun scheinen Sie der Ansicht zu sein, daß er Sie ignoriert, weil Sie sich alt fühlen.
> *Herr R.:* Nun, sicher kommt er oft vorbei, doch dann sagt er uns immer, was wir zu tun und lassen haben.
> *Sozialarbeiter:* Ich glaube, wir reden jetzt über das richtige Problem. Ich glaube, Sie werden nicht ignoriert, sondern Sie fühlen sich schlecht behandelt.
> *Herr R.:* Genau so ist es.

Vergewisserung bedeutet in diesem Fall, daß Herr R. und der Sozialarbeiter gemeinsam herausfinden, was wirklich geschehen ist („Sie werden nicht ignoriert") und welchen Eindruck Herr R. hat („Sie fühlen sich schlecht behandelt"). Ich weise darauf hin, daß Herr R. und der Sozialarbeiter sich gemeinsam des Falles vergewissern. Sie vergewissern sich des Unterschiedes zwischen dem Ignoriertwerden und dem Gefühl der schlechten Behandlung. Sie ist wichtig, damit sich Herr R. dem echten Konflikt mit seinem Sohn stellen kann. Erst dann kann er über Lösungsmöglichkeiten nachdenken.

## Konfrontation

Carlton (1984) schreibt, daß Konfrontation „das Verhalten des Klienten direkt herausfordert.... Die wichtigste Funktion der Konfrontation liegt darin, daß Unterstützung für negatives Verhalten entzogen wird" (S. 118).
Ich führe als Beispiel eine Konfrontation an, an der sowohl der Klient als auch der Sozialarbeiter teilnehmen.

> *Herr R.:* ... immer wieder sagt er uns, daß wir alt sind und nicht mehr in der Lage sind, intelligente Entscheidungen zu treffen. Immer wieder sagt er, wie dumm wir sind, nur wegen unseres Alters.
> *Sozialarbeiter:* Wenn Sie von „wir" sprechen, meinen Sie dann sich selbst und Ihre Frau?
> *Herr R.:* Genau. Ich muß mich um sie kümmern, denn sie ist krank und kann nicht für sich selbst sprechen.
> *Sozialarbeiter:* Ich verstehe nicht genau, was Sie meinen.
> *Herr R.:* Nun, wenn Sie einmal die siebzig erreichen, dann – Sie wissen schon, was hier passiert [er zeigt auf seinen Kopf] – hier wird es ein bißchen schwach.
> *Sozialarbeiter:* Das hört sich an, als ob Sie genau das über Ihre Frau sagen, was Ihr Sohn über Sie sagt – nur auf andere Weise.
> *Herr R.:* Auf wessen Seite sind Sie eigentlich? Ich dachte, Sie würden mich verstehen.
> *Sozialarbeiter:* Ich glaube, das tue ich auch. Und Sie verstehen das auch, und das schmerzt Sie.

Die Konfrontation beruht auf dem Material, das der Klient dem Sozialarbeiter zur Verfügung stellt, bzw. was er den anderen Klienten zur Verfügung stellt, wenn es mehr als einen Klienten gibt. Der Beitrag des Klienten besteht also darin, daß er Material liefert, das angemessen verwendet werden kann. Es ist Aufgabe des Sozialarbeiters, das Material auszuwerten.

Das nächste Beispiel zeigt eine weitere Konfrontation. Diesmal ist es allerdings der Klient, der sich selber konfrontiert. Er ist aufgrund der vorangehenden Arbeit mit dem Sozialarbeiter dazu in der Lage.

> *Herr R.:* .... Dann hab ich es also wieder gemacht, obwohl ich mir doch geschworen hatte, daß er mich nicht dazu bringen würde, ihn wieder anzuschreien [Herr R. spricht über seinen Sohn].
> *Sozialarbeiter:* Sie müssen das einen Augenblick lang vergessen haben.
> *Herr R.:* Nein, das stimmt nicht. Ich war einfach so wütend, daß ich ihn schlagen wollte.
> *Sozialarbeiter:* Oftmals beschreiben Sie sich als einen friedlichen Menschen. Einmal haben Sie mir sogar gesagt, daß gute Christen anderen nicht wehtun.
> *Herr R.:* Sie können es sich nicht vorstellen; manchmal, wenn ich geladen bin, könnte ich ihn umbringen.

## Beratung

Wahrscheinlich wäre Herr R. nicht in der Lage gewesen, viel früher auf diese Weise zu reden. Das wird anhand der Unterhaltung deutlich, die der Klient und der Sozialarbeiter führen, als es darum geht, wie der Umzug von Herrn und Frau R. in ein Altenheim vonstatten gehen soll.

> *Herr R.:* Dann haben wir uns entschlossen, uns der Sache zu stellen.
> *Sozialarbeiter:* Es ist mir unangenehm, daß Ihre Frau nicht anwesend ist, wenn Sie und ich über Ihre und die Zukunft Ihrer Frau sprechen. Wir sollten sie herbitten, bevor wir weiter über Ihre Zukunftsplanung reden.
> *Herr R.:* Sie weiß wohl, daß ich mit Ihnen gesprochen habe; es macht ihr nichts aus. Aber wenn Sie darauf bestehen, hole ich sie her.
> *Sozialarbeiter:* Darum geht es nicht. Vielleicht hat sie den Eindruck, keinen Einfluß auf die Entscheidung nehmen zu können. Auch wenn sie mit Ihnen übereinstimmt, kann sie glauben, daß Sie ihr das antun.
> *Herr R.:* Was antun?
> *Sozialarbeiter:* Sprechen wir darüber, was es heißt, Ihre gemeinsame Wohnung aufzugeben.

## Befähigung

Die Befähigung ist eine weitere bekannte Interventionstechnik der Sozialarbeit. Carlton definiert sie folgendermaßen: Befähigung „geschieht dann, wenn eine negative Interaktion in eine positive Richtung verändert wird und wenn positiver Fortschritt eintritt. Sie fördert und stärkt Membership-Verbindungen und leitet die Member-Interaktion hin zur Erfüllung von Aufgaben und dem Erreichen von Zielen" (S. 121).

Im folgenden Beispiel besprechen Herr und Frau R. sowie der Sozialarbeiter die praktischen Probleme beim Umzug in ein Seniorenheim. Ihr Sohn ist anwesend.

> *Herr R.:* Unser Sohn, meine Frau und ich haben uns darüber unterhalten, wie meine Frau und ich einen Platz im Heim bekommen können.
> *Sozialarbeiter:* Es geht nicht nur darum, wie man dorthin gelangt, sondern auch, wie man die eigene Wohnung verlassen kann.
> *Sohn:* Das sollte eigentlich kein Problem sein. Ich komme mit dem Lieferwagen, wir beladen ihn – nicht wahr, Vater – und schon sind wir fort.
> *Frau R.:* Ich habe mit der Pflegerin gesprochen. Sie sagte, daß wir nur ein Möbelstück mitbringen könnten. Sie sagte, daß sie es lieber haben, wenn die Bewohner die Möbel benutzen, die dort sind, anstatt das Heim mit eigenem Ramsch vollzustopfen.

> *Sohn:* Das macht die Sache viel einfacher. Dann brauche ich noch nicht einmal den großen Lieferwagen. Ich kann ganz einfach den Autoanhänger nehmen.
> *Sozialarbeiter:* Wenn man laut darüber nachdenkt, wie man die Wohnung, in der man 50 Jahre lang gelebt hat und in der Sie [blickt den Sohn an] aufgewachsen sind, verläßt, macht das die Sache viel leichter.
> *Herr R.:* Unser Sohn versteht gar nichts. Er redet nur immer.
> *Sozialarbeiter:* Lassen Sie uns über die praktischen Dinge sprechen, die zuerst getan werden müssen.

Der Fortschritt, von dem Carlton in seiner Definition der Befähigung spricht, kann daran festgemacht werden, daß Herr R. nicht mehr nur alleine zum Sozialarbeiter kommt. Sowohl Frau R. als auch ihr Sohn sind nun aktiv an den Überlegungen darüber beteiligt, wie der Umzug von der eigenen Wohnung in das Altenheim durchgeführt werden kann. Mehrere Aspekte müssen betrachtet werden, ebenso wie die vielen Schwierigkeiten bei diesem Prozeß. Eine Schwierigkeit besteht darin, daß die emotionale Bedeutung des Umzugs nicht erkannt wird. Das drückt sich in der sorglosen Haltung des Sohnes aus. Eine weitere ist die gespannte Beziehung zwischen Vater und Sohn. Eine dritte besteht darin, daß die Altenpflegerin die Möbel des Ehepaars als „Ramsch" bezeichnet. Indem der Sozialarbeiter die Betrachtung immer wieder auf die konkrete Aufgabe lenkt, fördert der Sozialarbeiter Aktivitäten, z. B. das Abschiednehmen von der alten Wohnung und der Einzug in das Heim. Die drei Familienmitglieder nehmen an allen Phasen des Umzugs teil. Für die Klienten ist es eine Selbstbefähigung, für die der Sozialarbeiter eine Hilfestellung leistet. Beide Rollen ergänzen sich, so daß die Arbeit in der Gruppe eine echte Membership-Handlung ist. Obwohl viele Fragen und Probleme auftauchen, entsteht trotzdem das Gefühl von Bewegung und Fortschritt auf ein klares Ziel hin.

## Die Entwicklung von Optionen

Bei der Entwicklung von Optionen handelt es sich um eine weitere gängige Sozialarbeitstechnik. Im Rahmen der Membership-Perspektive wird sie nicht allein vom Sozialarbeiter ausgeführt. Sie ist Aufgabe aller Member einer Gruppe.

Unser Beispiel verdeutlicht, um was es sich bei der Entwicklung von Optionen handelt. Der nun folgende Ausschnitt fand statt, nachdem Herr und Frau R. bereits einige Tage in ihrem neuen Heim verbracht hatten. Sie müssen zwei Aufgaben lösen. Zunächst einmal gilt es, eine neue tägliche Routine zu entwickeln, die nicht nur ihren eigenen Wünschen entspricht, sondern auch die Tatsache in Betracht zieht, daß sie nicht mehr alleine leben. Darüber hinaus müssen sie sich mit den fortdauernden Problemen, die sie mit ihrem Sohn haben, beschäftigen. Beide Aufgaben haben die Gemeinsamkeit, daß Optionen herausgearbeitet werden müssen, bevor Entscheidungen getroffen werden können.

> *Sozialarbeiter:* Ich weiß nicht so recht, womit wir uns heute beschäftigen sollten. Ich kann leider nicht mehr sehr häufig mit Ihnen zusammenarbeiten, da sich das Sozialamt nach durchgeführtem Umzug nicht mehr um die Klienten kümmert. Deshalb haben wir nicht mehr viel Zeit zusammen.
> *Herr R.:* Nun, bis jetzt laufen die Dinge doch sehr gut, meinst du nicht [er schaut seine Frau an].
> *Frau R.:* Für dich vielleicht [sie wendet sich zum Sozialarbeiter]. Er hat hier schon Freunde gefunden und spielt mit ihnen den ganzen Tag Karten. Ich mag das Essen nicht. Unser Zimmer ist zu klein, und das ganze Haus kommt mir wie ein Beerdigungsinstitut vor. Ich hasse es. Und bin zu Tode gelangweilt.

Sozialarbeiter, die mit Klienten wie Herrn und Frau R. arbeiten, haben eine doppelte Aufgabe. Sie besteht einerseits darin, Hilfe bei der Handhabung von Verlust zu bieten. Andererseits helfen sie den Klienten, die Zeit im neuen Heim zu planen. Der Erfolg des zweiten Teils beruht auf dem Erfolg des ersten. Aber anstatt sich nacheinander mit beiden Aufgaben zu befassen, arbeitet man an beiden gleichzeitig. Der Grund dafür ist klar. Für beide braucht man Zeit, und keine kann erfolgreich gelöst werden, wenn man sie nicht als zusammengehörig betrachtet. Zukunftsoptionen müssen so schnell wie möglich entwickelt werden, um ein pathologisches Syndrom, wie z. B. Depressionen, zu verhindern. Gleichzeitig sollte ein erfolgreiches Trauern ermutigt werden. Dies setzt voraus, daß der Sozialarbeiter den Unterschied zwischen Trauer und Depression kennt. Das nun folgende Beispiel verdeutlicht dies:

*Sozialarbeiter:* Ihr Problem wird nun sein, daß Sie sich an den neuen Ort gewöhnen müssen, während Sie gleichzeitig noch Ihrer früheren Wohnung hinterhertrauern. (Die alte Wohnung wird als frühere Wohnung bezeichnet, um die Klienten mit der Realität zu konfrontieren.)
*Herr R.:* Aber Sie sehen doch, daß meine Frau nicht versteht, daß ich durch das Kartenspiel meine Gedanken ablenken kann.
*Frau R.:* Während du mich die ganze Zeit hier sitzen läßt.
*Sozialarbeiter:* Vielleicht können wir darüber reden, wie Sie die Zeit planen können, die Sie zusammen verbringen, und auch die Zeit, die Sie für sich alleine haben?
*Herr R.:* Was soll das heißen? Ich will genau so wenig hier sein wie sie. All das Gerede geht mir auf den Geist. Es war falsch, hierher zu kommen; ich will, daß wir wieder alleine sind; nichts in der Welt gefällt mir in diesem Heim. Hier ist es allen egal, ob wir leben oder sterben. Wenn man alt ist, wird man eben vor die Hunde geworfen. Ich weiß ja, daß Sie uns helfen wollen, aber ich kann Sie nicht ausstehen. Ich will, daß Sie endlich gehen und uns hier so verwesen lassen, wie wir das wollen. Und auf dem Weg raus können Sie meinem blöden Sohn noch sagen, daß ich weder ihn oder irgend jemand sonst je wieder sehen will.
*Frau R.:* Sie sehen ja, wie er sich aufregt. Ich muß ein bißchen alleine sein und mache mal einen Spaziergang.

Die Situation wurde nicht dadurch gefördert, daß der Sozialarbeiter ankündigte, sich bald zurückzuziehen. Das hat sicherlich das erregte Verhalten Herrn R.s verstärkt. Man kann an diesem Beispiel aber auch erkennen, wie der Sozialarbeiter Techniken der Trauer anwendet, um Ehepaar R. zu helfen, den Verlust ihrer Wohnung zu verwinden und neue Optionen zu erkennen. Man darf allerdings das Identifizieren von Optionen nicht mit dem Treffen einer Entscheidung verwechseln. Entscheidungen werden dann getroffen, wenn die Optionen in das Bewußtsein des Klienten gelangt sind.

Die Arbeit des Sozialarbeiters und Herrn und Frau R.s zeigt, daß Interventionstechniken keine einfachen Schritte sind. Oft laufen sie parallel, aber sie können immer identifiziert werden. Nichts von dem, was der Sozialarbeiter in unserem Fallbeispiel tat, geschah allein. Er ist sich darüber im Klaren, daß Herr und Frau R. an jedem Schritt des Prozesses teilhaben müssen. Wo das nicht der Fall ist, z. B. zu dem Zeitpunkt, da der Sozialarbeiter und Herr R. einen Umzug in das Seniorenheim ohne die Anwesenheit von Frau R. überlegten, machte der Sozialarbeiter eine kognitive und affektive Aussage. Er sagte: „Es ist mir unangenehm, daß Ihre Frau nicht bei uns ist..."

## Interpretation

Mit Interpretation wird die Aufgabe des Sozialarbeiters bezeichnet, all das in Worten auszudrücken, was in Sprache latent vorhanden ist und impliziert wird, aber ohne zum Ausdruck zu kommen. Unter allen wichtigen Interventionstechniken ist dies diejenige, bei der der Klient am wenigsten teilnehmen kann. Sie hängt von der Fähigkeit des Sozialarbeiters ab, die Feinheiten zu verstehen, die der Klient oft selbst nicht sieht. Die Ausnahme ist die Arbeit mit mehreren Klienten. Wenn die Interpretation das eigene Verhalten betrifft, versucht man verstärkt, sich gegen die unangenehme Wahrheit zu sträuben, als wenn man das Verhalten anderer Klienten interpretiert. So verwundert es nicht, daß Klienten lieber das Verhalten anderer als das eigene interpretieren.

Interpretation meint, daß die Bedeutung entweder einer einzelnen Verhaltensweise oder von einer Serie von Verhaltensweisen, die ein Pattern ergeben, ausgedrückt wird. An einer Stelle in unserem Beispiel kam es zu folgendem Gespräch zwischen Herrn und Frau R. und ihrem Sohn und der Schwiegertochter, die inzwischen zur Gruppe hinzugestoßen war.

> *Herr R.:* Kaum zu glauben, daß Mutter und ich schon sieben Monate hier sind. Ich mag das Heim immer noch nicht. Und es gefällt mir gar nicht, was mit ihrer Gesundheit passiert.
> *Frau R.:* Mach dir um mich keine Sorgen. Ich pass' schon auf mich auf, und die Kinder machen schon das, was sie tun müssen [sie nickt ihrem Sohn und ihrer Schwiegertochter zu].
> *Schwiegertochter:* Ich verstehe nicht, was hier vor sich geht. Wenn eine fremde Person zuhören würde, müßte sie glauben, daß wir und die Kinder euch vernachlässigen. Wir tun alles, um euren Aufenthalt so angenehm wie möglich zu machen. Wir verbringen viel Zeit mit euch, und auch finanziell lassen wir euch wissen, daß wir euch gern haben. Ich weiß, daß euer Sohn nicht immer sehr taktvoll ist, aber er macht alles, um euch zu gefallen. Und trotzdem macht ihr ihm Vorwürfe. Ich weiß, daß ich nur die Schwiegertochter bin, und sollte eigentlich den Mund halten, aber jetzt muß mal jemand was sagen.
> *Sozialarbeiter:* Wir haben alle dieselbe Angst. So wie wir älter werden, haben wir Angst, daß wir unsere Unabhängigkeit verlieren. Das ist auch Ihr Problem [schaut die Eltern an], und auch Sie haben Angst davor [schaut den Sohn und die Schwiegertochter an]. Sie haben Recht, es ist bedrückend. Wenn Sie meine Meinung wissen wollen, dann ist das der Grund für all das Geschrei und all die Anschuldigungen.
> *Herr R.:* Da haben Sie Recht.

Herrn R.s letzte Bemerkung zeigt, daß er die Interpretation versteht und anerkennt. Er teilt sie, indem er auf sie reagiert. Wichtiger als die Tatsache, daß er sie annimmt, ist, daß er mit ihr umgeht. Hätte er sie abgelehnt, wäre das Ergebnis dasselbe; es wäre weiterhin seine Art, mit Membership umzugehen. Der Sozialarbeiter hätte sich allerdings für eine andere Intervention entscheiden müssen, wenn Herr R. die Interpretation verworfen hätte. Unser Beispiel läßt allerdings offen, wie die anderen Klienten reagiert haben.

Was unsere Beispiele, die alle aus einer einzigen Gruppe genommen wurden, zeigen sollen, ist, daß die verwendeten Interventionstechniken auch in allen anderen Gruppen einsetzbar sind. Sie haben universellen Charakter und hängen vom Membership-Verhalten aller ab, egal, wie diese Verhaltensweisen aussehen. Das Fallbeispiel zeigt auch, wie ein Sozialarbeiter einen Fehler macht: die unangebrachte Feststellung, daß aufgrund der Richtlinien des Sozialamts eine Fortsetzung der Betreuung nicht mehr möglich ist. Aber auch so findet Membership statt, auf das Herr R. wütend antwortete. Unser Beispiel macht deutlich, daß es nur sehr selten vorkommt, daß eine Technik oder ein Verhalten nur eine einzige Person betrifft. Im Gegenteil: auch dann, wenn die Konturen einer jeden Person sichtbar werden, so bleibt sie immer Member einer Gemeinschaft, die hinter ihr steht und die den Prozeß der Sozialarbeit belebt. Von Beginn an steuert der Sozialarbeiter seine Mitarbeit so, daß nicht nur diejenigen, die an der Gruppe teilnehmen, beachtet werden, sondern auch die außerhalb der Gruppe eingeschlossen werden. In einem Fall spricht er über die Abwesenheit von Frau R. Wenn er sich nur mit Herrn R. unterhält, bezieht er sich auf Frau R., den Sohn und die Familie des Sohns. Eine Intervention, die mit einer einzelnen Person begann, weitet sich aus und umfaßt schließlich vier Klienten.

Man beachte, daß es sich bei den Problemen der Familie R. um solche handelt, die Millionen anderer Menschen auch haben. Der Umgang mit dem Problem ist in vielen Fällen ähnlich. Angst, Wut, Konkurrenzkampf, emotionales Aufbäumen, aber auch Rücksichtnahme und Hilfsbereitschaft gehören zum gewohnten Membership-Verhalten. Es handelt sich um nichts Ungewöhnliches. Die Probleme spiegeln eine normale menschliche Lage wider, in der ein anderer Mensch, der sich seines Verhaltens bewußt ist, zu helfen versucht.

Bei der Vergewisserung, Konfrontation, Interpretation, Entwicklung von Optionen, Beratung, Befähigung und anderen Interventionstechniken handelt es sich um grundlegende Interventionstechniken jeglicher Sozialen Arbeit. Die Art des Problems spielt kaum eine Rolle. Die Klienten unterscheiden sicherlich nicht die verschiedenen Bereiche der Sozialen Arbeit. Das bedeutet aber nicht, daß sich die Sozialarbeit nicht spezialisieren sollte. *Methodologische* Spezialisierung ist unnötig und überflüssig. Ich weise darauf hin, daß der Sozialarbeiter im Falle der Familie R. in der Lage war, übergangslos von der Arbeit mit einem Klienten zu einer Arbeit mit vier Familienmitgliedern überzugehen. Es fiel nicht auf, daß er versuchte, seine Arbeit in „Fallstudien", „Gruppenarbeit", „Familienarbeit" einzuteilen. Die Klienten nahmen dann an der Arbeit teil, wenn sie es für nötig und richtig hielten.

Die Betrachtung der Praxis führt zu einer nötigen Entmystifizierung des sogenannten klinischen Sozialarbeitsprozesses. Der Sozialarbeiter modifiziert seine Arbeit immer in Abhängigkeit von der Ausgangslage und den Bedürfnissen des Klienten. Ähnliches kann über die künstliche Einteilung in klinische Sozialarbeit und Gemeinwesenarbeit gemacht werden. Der Inhalt der Arbeit mag unterschiedlich sein, während die Hilfsmittel, die dem Sozialarbeiter zur Verfügung stehen, sich ähnlicher sind, als häufig vermutet wird. Eine genaue Analyse des Interaktionsprozesses in einer Ausschußsitzung zeigt, daß dort vom Ausschußmitglied und dem Sozialarbeiter dasselbe Verhalten an den Tag gelegt wird, wie in der klinischen Sozialarbeit zu beobachten ist. Das Unvermögen, die Einheit der Profession zu erkennen, spaltet sie und hält diese Spaltung aufrecht, mit dem Resultat, daß der Sozialen Arbeit die nötige Autonomie weiterhin fehlt, um eine eigenständige Profession zu sein.

## 6.4 Soziale Intervention in soziokultureller Perspektive

Es ist sehr wahrscheinlich, daß sich Sozialarbeiter, wie andere Menschen auch, der Normen und Werte, die ihr und das Verhalten der Klienten steuern, nicht bewußt sind. Der Konflikt zwischen Herrn R. und seinem Sohn ist ein gutes Beispiel dafür. Ihm können viele verschiedene Bedeutungen zugemessen werden, je nach den Werten der einzelnen Member. Einige werden den Konflikt als dauerhaftes Familienproblem ansehen. Andere werden ihn als normal in einer Vater-Sohn-Beziehung werten und ihm deshalb keine weitere Bedeutung schenken. Wieder andere könnten der Ansicht sein, daß der Sozialarbeiter das Gespräch zur Sprache bringen sollte, damit die beiden Männer zu einer Lösung kommen.

Lum (1986) erforschte die Arbeit mit Minderheiten. Er beobachtete die Arbeitsweise des Sozialarbeiters, was er tatsächlich sagte, bzw. wie er ohne Worte kommunizierte und was er über die Werte des Klienten zu wissen meinte. Lum interessierte sich besonders dafür, wie der Sozialarbeiter sich selbst darstellte. Er kam zu der Erkenntnis, daß es bei manchen ethnischen Gruppen wichtig ist, daß der Sozialarbeiter sich als Person einbringt, um eine Vertrauensbasis zwischen diesen Klienten und ihm als „dem Fremden von außen" zu schaffen.

> In einer ersten Sitzung sollte sich der Sozialarbeiter dem Klienten einer Minderheit darstellen. Warte nicht darauf, mit dem Problem zu beginnen. Starte die Unterhaltung und gib dem Klienten die Möglichkeit, dich als Person kennenzulernen. Stelle dich vor, sprich über deine eigene Vergangenheit und über deine Arbeit für das Sozialamt. Gestalte die Beziehung persönlich, so daß der Klient interessante Details über dein Leben erfährt. Suche Gemeinsamkeiten zwischen dir und dem Klienten, damit du eine Brücke zwischen ihm und dir bauen kannst. (S. 105)

Dieser Ansatz mag zu global erscheinen und deshalb zu stark festlegen, aber sein Vorteil liegt darin, daß er sich dem Verhalten des Sozialarbeiters zuwendet und nicht lediglich seinem Verstand. Lum spricht weniger von Werten und Haltungen als von praktischen Handlungen. Die kulturellen Charakteristiken des Minderheits- (und Mehrheits-) Members soll mehr als nur respektiert werden. Sie sollen sich in der Intervention des Sozialarbeiters widerspiegeln. Lum verwirft die Ausklammerung der eigenen Person aus der helfenden Beziehung, welche lange Zeit zu den Traditionsbeständen der Sozialen Arbeit gehörte. Stattdessen fordert er, die eigene Person in die Interaktion einzubeziehen mit dem Ziel, die Mitwirkung des Klienten anzuregen. Der Sozialarbeiter bleibt kein unerreichbarer Fremder, sondern wird zu einem erkennbaren Menschen, der, während er gewisse Grenzen akzeptiert, nicht als neutrale Einheit an der Gruppe teilnimmt. Alle emotionalen, ethischen und intellektuellen Absicherungen, die nötig sind, wenn das Ich bewußt eingesetzt wird, bleiben bestehen. Sie schrecken aber nicht ab, sondern sind der Arbeit in der Gruppe dienlich. Auch dies gehört zur Grundlage der Membership-Theorie.

Membership bedeutet allerdings nicht automatisch Nähe, Intimität und Selbstdarstellung. Lum beispielsweise zeigt, daß bei einer sog. „Kulturstudie" Vorsicht geboten ist (S. 106-108). Er zitiert Kahn und Mitarbeiter (1975), die sich mit der indianischen Bevölkerung Amerikas beschäftigt haben, um seinen Ansatz zu untermauern:

> Einige Faktoren, die unserer Ansicht nach bei der psychotherapeutischen Arbeit mit den Papagos Bedeutung haben, sind:
>
> 1. Beziehe Mental Health Experten ein
> 2. Verwende einen Ansatz für Krisenintervention
> 3. Vermeide den Augenkontakt
> 4. Nähere dich langsam und vorsichtig den therapeutischen Themen
> 5. Vermeide Konfrontationen
> 6. Stelle Interpretationen sehr klar dar
> 7. Verwende direktive Techniken
> 8. Gehe flexibel mit Zeit um
> 9. Rede weniger als gewöhnlich (Lum, S. 108, zitiert nach Kahn)

Hier begegnen wir erneut einem deskriptiven Ansatz für die Handhabung professionellen Memberships, mit einer starken Betonung dessen, was der Sozialarbeiter tun und lassen soll. Es wird deutlich, daß der Sozialarbeiter nicht nur den Klient kennen muß, sondern auch, daß er dieses Wissen in bedeutungsvolles Verhalten umsetzen kann.

Es ist verhältnismäßig leicht, die Maßnahmen zu beschreiben, die bei der Einschätzung eines Klienten beachtet werden müssen (Carlton, 1984; Falck, 1981), doch tauchen Gefahren bei Ansätzen auf, die zu kategorisch, rigid und universell sind. Die Tatsache des Memberships verbindet alle Menschen, unabhängig von ihrer Rasse, ihrer Hautfarbe, ihrem Mehrheits- oder Minderheitenstatus, ihrem Wohnort oder ihrer wirtschaftlichen Stellung. Es gibt kein Leben in der Gruppe ohne Membership, und es gibt auch kein Leben ohne Gruppen. Der Sozialarbeiter hat die Aufgabe, mit dem Membership, das der einzelne Klient darstellt und lebt, umzugehen. Diese Fragen sind gültig, auch wenn die Antworten unzählige Variationsmöglichkeiten enthalten. In jeder Kultur stellen die Fragen des Memberships das Kernstück der Sozialarbeit dar. Dasselbe trifft auf all das zu, was der Sozialarbeiter denkt, fühlt und tut.

## 6.5 Fazit

Die gemeinsame Arbeit von Sozialarbeiter und Klient(en) wird als Inhalt der Gruppe angesehen. Dieser Inhalt umfaßt die Probleme und andere Fragen, die der Klient an den Sozialarbeiter heranträgt, Interventionstechniken, kulturelle Unterschiede sowie Überlegungen, die sowohl den Klienten, als auch den Sozialarbeiter betreffen. Diese Faktoren beeinflussen die Interaktionen der Member in einer Gruppe auf eine erkennbare Weise.

Daß das Prinzip des bedingten Zugangs greift, wird immer dann besonders deutlich, wenn die Umstände des Membership kontrolliert werden müssen. Die Interaktion von Sozialarbeiter und Klient wird durch die zu bewältigenden Aufgaben gesteuert. Die Aufgaben bestehen darin, Hilfe zu bieten und Hilfe anzunehmen. Das, was gesagt wird, wie es gesagt wird und wie es verstanden werden soll, macht das Verhalten des professionellen Sozialarbeiters aus und verdeutlicht auf sichtbare Weise ein Prinzip von Membership, das im weiteren Sinne die meisten menschlichen Interaktionen steuert.

**Literatur**

Carlton, T.O. (1984). Clinical social work in health settings: A guide to professional practice with exemplars. New York: Springer Publishing Company.

Falck, H.S. (1981). The social status examination in health care. Richmond, VA: Virginia Commonwealth University School of Social Work.

Kahn, M.W., Williams, C., Galvez, E., Lejero, L., Conrad, R., & Goldstein, G. (1975). The Papago psychology service: A community mental health program of an American Indian reservation. American Journal of Community Psychology, 3, 88-90.

Keefe, T. (1976). Empathy: The critical skill. Social Work, 21 (1), 10-13.

Lum, D. (1986). Social work practice and people of color: A process-stage approach. Monterey, CA: Brooks/Cole.

# 7 Sozialarbeiter und Klient II

Es ist von Vorteil, die Interventionen in der Sozialen Arbeit methodisch zu beschreiben. Die Arbeit des Sozialarbeiters läßt sich beobachten und nachahmen. Sobald man eine Methode und die erhofften Ziele definiert hat, kann man sie theoretisch auf unendlich viele verschiedene Weisen anwenden. Trotzdem müssen andere Überlegungen einbezogen werden, sowohl vor der Anwendung als auch bei der Durchführung der Methode, egal, wie genau diese ausgearbeitet ist. Eine Methode ist nur dann hilfreich, wenn sie mit dem dauerhaften Beurteilen des Sozialarbeiters (und auch jedes Klienten) dessen, was in der Gruppe geschieht, verbunden ist. Methoden allein haben keine Daseinsberechtigung.

## 7.1 Gemeinsame Situationsbestimmung

Eine Methode ist dann erfolgsversprechend, wenn zwei Bedingungen erfüllt werden. Zunächst müssen der Klient und die Situation, in der er sich befindet, beurteilt werden. Darüber hinaus muß beobachtet werden, welche Auswirkungen der Gruppenprozeß auf jeden Member hat. Zwingend notwendig ist ein unfassendes Beurteilen des Problems, mit dem sich der Klient dem Sozialarbeiter zuwendet.

**Das systematische Beurteilen**

Beurteilen kann systematisch erfolgen. Es dient dazu, sowohl auf allgemeine als auch auf spezifische Weise die Intervention der Sozialarbeit zu steuern. In der Membership-Theorie wird das Beurteilen vom Sozialarbeiter und dem Klienten gemeinsam durchgeführt, indem jeder seine jeweilige Rolle spielt. Mit Hilfe der Kontrollmethode ist der Sozialarbeiter in der Lage, Erwartetes und Unerwartetes im Laufe des Interventionsprozesses zu beobachten. Beurteilen und Kontrolle finden also vom ersten Kontakt bis hin zum letzten Treffen zwischen Sozialarbeiter und Klient(en) statt, als auch darüber hinaus.

Beurteilung im formalen Sinne findet erwartungsgemäß in der ersten Phase der Zusammenarbeit von Sozialarbeiter und Klient statt. Ich weise darauf hin, daß es sich bei einem solchen Beurteilen um keinen besonders weit entwickelten Wissenszweig handelt. Fehler können auftreten, so daß die Möglichkeit der Korrektur gegeben sein muß. Jedes Beurteilen muß als vorläufige Aussage angesehen werden, die mit Hilfe der Kontrolle verändert werden kann. Ändert sich das Verhalten des Klienten, egal, ob zum Besseren oder zum Schlechteren, muß die Beurteilung im Lichte neuer Erkenntnisse ständig überprüft werden.

Auch wenn ich mit besonderer Vorsicht anfängliche Beurteilungen erstelle, so unterliegt das Bild, das ich vom Klienten gewinne, nicht so vielen Schwankungen, wie man erwarten könnte. Anders ausgedrückt: Während das Fehlen verläßlicher Diagnosekategorien natürlich eine gewisse Vorsicht gebietet, ist auch zu beobachten, daß der erfahrene Sozialarbeiter in der Regel zutreffende Beurteilungen erstellt, die z. T. auf Intuition beruhen. Diese Intuition ist eine grundlegende Bedingung für eine Intervention. Was den Sozialarbeiter und den Klienten vor groben Fehleinschätzungen bewahrt, ist die Reaktion des Klienten auf die Intervention des Sozialarbeiters.

Die Sozialarbeit ist also auf das Feedback des Klienten angewiesen. Der Sozialarbeiter, der seine Interaktion mit dem Klienten kontrollierend beobachtet, erhält sofort eine Rückmeldung darüber, welche Methode erfolgreich ist und welche nicht. Doch auch hier ist Vorsicht geboten. Manche Klienten bieten nur wenig oder gar kein Feedback, während andere es um Tage, Wochen oder Monate verzögern.

**Methoden des Beurteilens**

Einige Bereiche des Beurteilens können identifiziert und definiert werden. Nicht alle gelten in gleichem Maße für alle Klienten und in allen Situationen. Beurteilt werden die Bereiche des Lebens des Klienten, mit denen sich Sozialarbeiter und Klient befassen, um Hilfe geben und annehmen zu können. Anders ausgedrückt: Die Beurteilung findet nur da statt, wo sie für die Lösung eines Problems wichtig ist. Es gilt deshalb die Regel, daß es unpassend und unethisch ist, nach Informationen zu fragen, die nicht benötigt werden. Wenn sich der Sozialarbeiter darüber im Unklaren ist, wie er den Klienten beurteilen soll, kann er verschiedene Ansätze ausprobieren, um herauszufinden, was der Klient darstellen möchte, was das Dargestellte bedeutet und wie es mit der Hilfe, die man zu geben bereit ist und der Hilfe, die das Sozialamt anbietet, zu vereinbaren ist.

Der Sozialarbeiter muß darauf achten, daß er der Versuchung widersteht, medizinische Diagnoseverfahren nachzuahmen, wo die Diagnose nicht nur von grundlegender Bedeutung ist, sondern ein gewisses Fachwissen voraussetzt, über das der Klient nicht verfügt. Diese Versuchung besteht immer, da ein professioneller Sozialarbeiter Spezialwissen hat, das Klienten oft nicht haben. Wäre dies nicht der Fall, so bestünde keine Veranlassung für einen Klienten, einen Sozialarbeiter aufzusuchen. Eine Voraussetzung, die der Sozialarbeiter im Gegensatz zum Arzt mitbringt, ist die, daß er es vermag, den Klienten in die Beurteilung seiner eigenen Lage einzubeziehen. Die Mitarbeit des Klienten ist eines der wichtigsten Ziele in der Sozialarbeit.

Die Beurteilung in der Sozialarbeit beruht weniger auf den Fragen des Sozialarbeiters als auf dem Verhalten des Klienten. Detaillierte Fragen werden in der Membership-Theorie sogar abgelehnt, da es nicht das Ziel sein darf, Antworten zu bekommen, sondern den Klienten kennenzulernen. Der Sozialarbeiter unterscheidet zwischen Informationen per se und dem Klienten, der Informationen zur Verfügung stellt. Deshalb werden bevorzugt Gespräche geführt, in denen nur wenige Fragen gestellt werden und an deren Durchführung Sozialarbeiter und Klient bewußt teilnehmen. Ein Beispiel:

*Sozialarbeiter:* Um zu beginnen, sollten Sie mir vielleicht erzählen, warum Sie hergekommen sind. Das gibt uns die Möglichkeit, unsere gemeinsame Arbeit zu beginnen.
*Klient:* Was wollen Sie wissen?
*Sozialarbeiter:* Alles, von dem Sie glauben, daß es unsere Arbeit in Gang bringt.
*Klient:* Ich habe viele Probleme und ich will, daß Sie mir sagen, wie ich mit dem Trinken meiner Frau umgehen kann.
*Sozialarbeiter:* Daran werden wir gemeinsam arbeiten.

Wichtig ist, daß der Sozialarbeiter nicht nur die Regeln festlegt („Daran werden wir gemeinsam arbeiten"), sondern auch, daß er vom Klienten eine Vorstellung bekommt, wie dieser mit seinem Hilfsersuchen umgeht. Man beachte, daß der Klient meint, der Sozialarbeiter solle etwas gegen das Alkoholproblem seiner Frau unternehmen.

Häufig kommen nicht alle nötigen Informationen in einem solchen Gespräch spontan zutage. In diesem Fall kann der Sozialarbeiter dem Klienten sagen, daß er noch weitere Informationen benötigt und warum er sie braucht. Dann stellt er vielleicht einige Fragen.

> *Sozialarbeiter:* Wir haben uns bereits eine Stunde lang unterhalten, und uns bleiben nur noch wenige Minuten. Um unser nächste Treffen planen zu können, muß ich wissen, wann Sie in die Sprechstunde kommen können. Was für eine Art von Arbeit haben Sie, und wann arbeiten Sie?
>
> Oder
>
> *Sozialarbeiter:* Sie haben Ihre Frau erwähnt, aber über die anderen Bewohner Ihres Hauses haben wir uns noch nicht unterhalten. Wir sollten darüber nachdenken, ob Sie weiterhin alleine herkommen sollten. Manchmal ist es hilfreich, wenn andere Familienmitglieder auch kämen, aber das ist Ihre Entscheidung.
> *Klient:* Nun, wir haben drei Töchter. Zwei sind ausgezogen und haben selber Familie. Unsere jüngste wohnt noch bei uns.

Die beiden wichtigsten Ziele bei diesem Ansatz sind folgende: Der Klient hat den Eindruck, daß er aktiv teilnimmt und kehrt mit dem Eindruck nach Hause, daß er nicht nur Informationen gegeben hat, sondern auch etwas bekommen hat. Eine erste Beurteilung der Lage ist also schon eine Form der Intervention. Das folgende Beispiel illustriert dies:

> *Sozialarbeiter:* In einigen Minuten ist unsere Sitzung vorbei. Deshalb schlage ich vor, daß wir uns darüber klar werden, was wir heute erreicht haben, besonders, weil heute unser erstes Treffen war.
> *Klient:* In Ordnung.
> *Sozialarbeiter:* [wartet]
> *Klient:* Ich habe Ihnen eine Menge über mich erzählt.
> *Sozialarbeiter:* Ich möchte, daß das, was Sie mir erzählt haben, sich setzen kann.
> *Klient:* Zum ersten Mal hat mir überhaupt jemand zugehört.
> *Sozialarbeiter:* Und das sind Sie nicht gewohnt.
> *Klient:* Wann treffen wir uns das nächste Mal?
> *Sozialarbeiter:* Wie wär's mit montags um fünf Uhr nachmittags?
> *Klient:* Von mir aus.
> *Sozialarbeiter:* [erhebt sich] Bis dann.

Der Sozialarbeiter sagt dem Klienten nicht nur, was er von ihm wissen möchte, sondern beobachtet auch diesen Prozeß. In einer ersten Sitzung kann es vorkommen, daß sich der Klient eingeschüchtert fühlt und wissen will, wie er sich verhalten soll. Aber auch das zu beobachten ist wichtig, denn ein solches Verhalten kann für die spätere Hilfe förderlich oder schädlich sein. Festzuhalten ist, daß jegliches Verhalten des Klienten in die Gesamtbeurteilung des Sozialarbeiters einfließen kann.

Folgendes Gespräch fand in einer Gruppe statt:

> *Sozialarbeiter:* Wir haben uns jetzt eine Stunde lang unterhalten. Bevor wir für heute aufhören, wollen wir mal sehen, was wir erreicht haben.
> *Member A:* Ich glaube, daß wir heute viel geschafft haben, aber ich weiß nicht genau, wohin das alles führen soll.
> *Sozialarbeiter:* [wartet und schaut in der Runde herum]

*Member B:* Wir haben jetzt einige Informationen, aber ich weiß nicht, was wir damit anfangen können.
*Member C:* Mary [die Sozialarbeiterin] wird uns hoffentlich nächstes Mal sagen, was wir damit anfangen können.
*Sozialarbeiter:* Meine Aufgabe ist es, die Informationen zu beschaffen. Was wir damit machen können, darüber sollten wir gemeinsam entscheiden.

Wie im vorhergehenden Beispiel nimmt die Sozialarbeiterin hier aktiv am Gruppenprozeß teil. Das bedeutet, daß sie Informationen sammelt und den Klienten gleichzeitig mitteilt, was ihre Rolle ist. Die Klienten geben etwas von sich und erhalten Eindrücke und Informationen und merken, daß die Sozialarbeiterin bei der Arbeit mit ihnen kompetent ist.

Solange ein Sozialarbeiter die Treffen so leitet, daß die Ziele der Gruppe erreicht werden, ist es unwichtig, wo er beginnt. Die Frage muß immer sein: „Welche Bedürfnisse haben die Klienten und der Sozialarbeiter in der bestimmten Situation?" Beim ersten und zweiten Treffen kann man davon ausgehen, daß sie die Möglichkeit brauchen, sich gegenseitig kennenzulernen. Was sie nicht brauchen, ist eine Liste mit vorgefertigten Fragen, die als Routineübung gestellt werden. Das würde den Fragen zu viel Gewicht geben und den Klienten überfordern („Erst muß ich sie kennen, bevor ich was für sie tun kann"). Beim Membership-Ansatz wird auf beides gleich viel Wert gelegt (d. h. auf das, was zwischen Sozialarbeiter und Klient geschieht). Aus diesem Grunde erklärt der Sozialarbeiter dem Klienten, was er tut und wieso.

Bei dieser Vorgehensweise gibt es ein Nebenprodukt: Indem der Sozialarbeiter den Klienten erkennen läßt, wie er die Klientenrolle sieht, erfährt der Klient, was Klientsein eigentlich bedeutet. Man muß davon ausgehen, daß unerfahrene Klienten nicht wissen, wie sie am besten von einer Zusammenarbeit mit einem Sozialarbeiter profitieren können. Wenn der Sozialarbeiter in der Eingangsphase dem Klienten mitteilt, was die einzelnen Schritte bedeuten, lernt der Klient, seine Erwartungen an die Zusammenarbeit zu artikulieren.

Bisher wurde die Membership-Theorie als dauerhaftes Element im Prozeß des Beurteilens angesehen. Dieser dauerhafte Prozeß wird durch genaue Beobachtung sichergestellt. Eine Beurteilung findet vor allem am Anfang der Zusammenarbeit von Sozialarbeiter und Klient, am Anfang jedes Treffens und am Ende jedes Treffens statt. Fallbeispiele wurden zitiert, um eine erste Beurteilung in einem ersten Treffen zu verdeutlichen. Ebenso wurde ein Fallbeispiel herangezogen, um das Ende eines Treffens zu zeigen („wo wir begonnen haben, was wir erreicht haben"). Es fehlt noch eine Beurteilung, die während eines Treffens in der Mitte der Zusammenarbeit gemacht wurde, und eine, mit der die Zusammenarbeit von Sozialarbeiter und Klient endet. Folgendes Beispiel illustriert eine mittlere Beurteilung:

*Klient:* Ich habe den Eindruck, daß meine größten Anstrengungen zwischen unseren Treffen liegen.
*Sozialarbeiter:* Ja, unsere Arbeit ist nicht dann vorbei, wenn Sie diesen Raum verlassen.
*Klient:* Manchmal kann ich nicht schlafen, nachdem ich hier gewesen bin.
*Sozialarbeiter:* Herzukommen ist nicht immer angenehm.
*Klient:* Wenn ich hier bei Ihnen bin, fühle ich mich gar nicht schlecht – das kommt erst, wenn ich nach Hause gehe.

Oder

*Klient:* Neulich habe ich darüber nachgedacht, daß ich schon seit neun Wochen zu Ihnen komme. Was hat es mir gebracht?

> *Sozialarbeiter:* Sie hören sich an wie ein Käufer, und Sie wollen, daß ich Sie davon überzeuge, daß ich Ihnen eine gute Ware verkaufe.
> *Klient:* Sie sollen gar nichts tun. Ich mache meine eigenen Entscheidungen. Wenn ich Sie nicht mehr brauche, werden Sie das schon merken – Ich werde einfach nicht zu Ihnen zurückkommen, Sie [Fluch].
> *Sozialarbeiter:* Lassen Sie uns darüber reden, wie Sie mit Ihrer Wut umgehen.
> *Klient:* Ich bin nicht wütend, nur verärgert.
> *Sozialarbeiter:* Worüber oder mit wem verärgert?
> *Klient:* Mit mir selbst.
>
> Oder
>
> *Sozialarbeiter:* Ich schlage vor, daß wir mal schauen, an was wir uns aus unserem letzten Treffen erinnern.
> *Klient:* Wir haben uns über die Alkoholprobleme meiner Frau unterhalten.
> *Sozialarbeiter:* Ich meine mich zu erinnern, daß wir auch darüber gesprochen haben, was Sie dabei fühlen.
> *Klient:* Das ist doch dasselbe.

Trotz der Bemerkung des Klienten am Ende des letzten Beispiels ist das, an was sich Sozialarbeiter und Klient erinnern, nicht dasselbe. Der Sozialarbeiter vermied es absichtlich, die Frau des Klienten als Alkoholikerin zu bezeichnen. Der Klient erinnert sich, daß er über seine Frau gesprochen hat, während sich der Sozialarbeiter daran erinnert, daß sie über die Gefühle des Klienten gegenüber seiner Frau geredet haben. Permanent findet eine Beurteilung statt: die Einschätzungen des Klienten werden beobachtet, während der Sozialarbeiter gleichzeitig eingreift, um z. B. Tatsachen klarzustellen.

Ohne die Bedeutung der einzelnen Phasen im Hilfeprozeß überzubewerten, gibt es gewisse Entwicklungen, die kurz nach dem Anfang und kurz vor Ende der Zusammenarbeit eintreten. Oft zeichnet sich das Ende allerdings bereits sehr früh ab, und zwar dort, wo sich Sozialarbeiter und Klient Ziele stecken. Zum Beispiel:

> *Sozialarbeiter:* Ich glaube, wir wissen jetzt so ungefähr, was Sie von unserer Zusammenarbeit erwarten.
> *Klient:* Da haben Sie recht. Vielleicht werde ich mich in sechs Wochen besser fühlen.
> *Sozialarbeiter:* Das hoffe ich auch. In der Zwischenzeit können wir gemeinsam unseren Erfolg beobachten.

Hier ist leicht zu erkennen, wie der Sozialarbeiter und der Klient das Ende der Zusammenarbeit in den Anfang einbauen. Das ist besonders einfach, wenn ein explizites Ziel formuliert wird. Dieses Ziel kann sich, wie bereits gesagt, im Laufe der Zusammenarbeit ändern. Eine solche Modifizierung steht sowohl dem Sozialarbeiter als auch dem Klienten zur Verfügung.

Die Beurteilung am Ende der Zusammenarbeit folgt demselben Ablauf wie im eben zitierten Beispiel. Es müssen aber noch zwei weitere Aspekte beachtet werden. Der eine ist die Beendigung der Hilfe, der andere ist die Beurteilung, ob die zu Ende gehende Zusammenarbeit erfolgreich war. Dies ist besonders wichtig in den Bereichen der Sozialarbeit, wo Sozialarbeiter und Klienten über Monate, ja z. T. Jahre, zusammenarbeiten. Hier entstehen Beziehungen, in die Gefühle und Abhängigkeiten hineinspielen. Sie können nicht überstürzt beendet werden, wenn negative Folgen vermieden werden sollen. Es reicht nicht aus, nur ein Datum für ein letztes Treffen auszuwählen und einzuhalten. Die Beurteilung der gemeinsamen Arbeit kann sehr direkt sein und zeigen, wie die Beendigung und die Beurteilung zusammenwirken können.

Das nun folgende Beispiel stammt aus dem letzten Treffen nach einer langfristigen Zusammenarbeit.

*Sozialarbeiter:* Wir haben schon seit mehreren Wochen davon gesprochen, daß heute unser letztes Treffen ist...
*Klient:* Ich weiß gar nicht, was ich mit der Zeit anfangen werde...
*Sozialarbeiter:* Und mit der Zeit und dem Geld, das Ihre Teilnahme gekostet hat.
*Klient:* Ich werde wieder reich sein [er lacht].
*Sozialarbeiter:* Wenn wir uns darüber unterhalten, was wir gemeinsam erreicht haben, werden Sie vielleicht auch eine Vorstellung davon bekommen, was Sie selber noch tun müssen, wenn wir unsere Zusammenarbeit beendet haben. Eventuell werden wir auch erkennen, was wir nicht erreicht haben.
*Klient:* Darüber kann ich im Augenblick nicht nachdenken. Ich erinnere mich daran, als ich das erste Mal herkam. Ich hatte Angst.
*Sozialarbeiter:* Und heute?
*Klient:* Ab und zu habe ich immer noch Angst, wenn ich mich über meine Eltern sprechen höre. Wissen Sie, ich wurde in dem Glauben erzogen, daß man seine Eltern in der Gegenwart von Fremden nie kritisieren solle. Das sehe ich jetzt anders.
*Sozialarbeiter:* Wie denn?
*Klient:* Gefühle sind nun mal eben Gefühle, und es ist zwecklos, sich selbst zu bestrafen, nur weil man sie hat.

Das nächste Beispiel stammt aus der abschließenden Sitzung einer kurzfristigen Zusammenarbeit. Der Ablauf und die Anzahl der Treffen waren bereits am Anfang festgelegt. Es wird deutlich, daß sich der Prozeß der Bewertung und Einschätzung bei einer Zusammenarbeit von kurzer Dauer nicht von einer mit langer Dauer unterscheidet.

*Sozialarbeiter:* Heute ist unser achtes und letztes Treffen.
*Klientin:* Ich weiß. Es ist erstaunlich, wie schnell die Zeit vergangen ist.
*Sozialarbeiter:* Meinen Sie, daß wir das erreicht haben, was Sie erreichen wollten?
*Klientin:* Ich glaube schon. Schließlich haben wir zu Beginn gesagt, daß unsere Zusammenarbeit nur kurz sein würde. Ich wollte die Entscheidung treffen, ob ich die Verlobung mit Mike beenden sollte oder nicht. Das habe ich getan.
*Sozialarbeiter:* Haben Sie sie beendet?
*Klientin:* Nein, ich habe aber eine Entscheidung getroffen.
*Sozialarbeiter:* Wichtig war also nicht, ob Sie die Verlobung beenden oder nicht, sondern ob Sie es gekonnt hätten, wenn Sie gewollt hätten.
*Klientin:* Genau – ob ich ängstliches Wesen beängstigende Entscheidungen treffen könnte.
*Sozialarbeiter:* Sie machen immer noch einen etwas ängstlichen Eindruck.
*Klientin:* Ja, aber viel weniger als vorher.

Prinzipiell läuft hier derselbe Prozeß ab wie in dem vorhergehenden Beispiel. Was fehlt ist die Bewertung der Beziehung zwischen Sozialarbeiter und Klientin und deren symbolhafte Internalisierung, die eine typische Begleiterscheinung langfristiger Interventionen ist. Es wird aber deutlich, wie in beiden Fällen die Beurteilung Teil der Zusammenarbeit ist, vom Anfang bis zum Ende. Beurteilung gehört zu jeder bewußten, zielgerichteten und sinnvollen Sozialen Arbeit.

In allen Beispielen wurden die qualitativen Aspekte von Membership dargestellt, die Art, wie Menschen in gemeinsamen Situationen Member sind. In allen Fällen waren die Member entweder Klienten oder Sozialarbeiter. Der Prozeß der Interaktion unterscheidet sich in Abhängigkeit von (1) der gestellten Aufgabe, (2) den teilnehmenden Klienten und dem Sozialarbeiter, (3) der Auffassung, die sowohl Klienten als auch Sozialarbeiter von ihrer Zusammenarbeit haben. Beurteilung durch Beobachtung unterstreicht den dynamischen Charakter der Intervention in der Sozialarbeit, vorausgesetzt, die Klienten nehmen aktiv an jedem Aspekt der gemeinsamen Arbeit teil.

## Themen der Beurteilung

Am Ende dieses Kapitels liste ich kurz die Themen auf, die typischerweise bei der Beurteilung in der Sozialen Arbeit herangezogen werden. Das tue ich, um zu zeigen, welch breites Spektrum die Aufmerksamkeit des Sozialarbeiters abdecken muß. Ich will auf keinen Fall zum Ausdruck bringen, daß ein Themenbereich wichtiger ist als ein anderer. Ihre Relevanz hängt von den Bedürfnissen und Wünschen des Klienten und dem ab, was der Sozialarbeiter leisten kann.

Es gibt eine Reihe von grundlegenden Dimensionen, die für die Beurteilung in der Sozialarbeit von Bedeutung sind. Da sie für eine große Bandbreite von Interventionen relevant sein sollen, wurden sie möglichst allgemein gehalten. Ihr Sinn liegt nicht darin, daß der Sozialarbeiter alleine sie in Fragen umformuliert, die er dann dem Klienten stellt. Sie sollen als Anregung für Gespräche zwischen Sozialarbeiter und Klient dienen, an denen beide gleichermaßen teilnehmen.

In einer ersten Veröffentlichung zur Beurteilung in der Membership-Theorie (Carlton, 1984; Falck, 1981) wurden 15 Beurteilungsdimensionen für die Sozialarbeit im Gesundheitsbereich entwickelt. Zwar wurden sie mit Hinblick auf ein spezielles Gebiet entworfen, doch lassen sie sich ohne Schwierigkeit auf viele andere Bereiche der Sozialen Arbeit übertragen. Auch wenn es gelänge, einheitliche Beurteilungskriterien für jegliche Form der Sozialarbeit zu entwickeln, würden sie nur dann Sinn machen, wenn sie der Situation eines bestimmten Klienten angepaßt werden. Die nun folgenden Beurteilungskategorien basieren auf den oben erwähnten Bereichen.

*Lebensabschnitt*

In welchem Lebensabschnitt befindet sich der Klient? Welchen Entwicklungsstand hat er erreicht?

*Grund der Inanspruchnahme von Sozialer Arbeit*

Worin besteht das Bedürfnis oder Problem des Klienten?

*Familie und andere Membership-Beziehungen*

Welche familiären Fragen und andere Membership-Konstellationen sind an die Situation gekoppelt, in der Hilfe benötigt wird? Wie sind sie verbunden?

*Minderheiten*

Ist der Klient Angehöriger einer Minderheit? Gibt es sozio-kulturelle Faktoren, die die Situation oder das Problem, für das Hilfe benötigt wird, beeinflussen?

*Soziale Schicht*

Stufen Sie den Klienten in seine soziale Schicht ein und verbinden Sie diese mit seiner Situation bzw. seinem Problem.

*Beruf*

Wie beeinflußt der Zustand bzw. das Problem des Klienten seinen Beruf, z. B. durch eine vorübergehende oder permanente Behinderung?

*Finanzielle Lage*

Wie beeinflußt der Zustand bzw. das Problem des Klienten seine finanzielle Lage? Wie versucht er, sein Einkommen zu sichern? Hat er Ersparnisse? Wird er von anderen unterstützt? Von wem?

*Versicherungen*

Verfügt der Klient über Kranken-, Unfall-, Lebensversicherungen? Werden mit ihnen die benötigten Leistungen bezahlt? Wer zahlt?

*Beweglichkeit*

Welche Verkehrsmittel stehen dem Klienten zur Verfügung? Kann er Verwandte, Freunde und andere Menschen erreichen?

*Wohnung*

Wie wohnt der Klient? Wie beeinflußt das Problem des Klienten seine Wohnungslage? Wie beeinflußt die Wohnungslage die Situation des Klienten? Wer wohnt mit dem Klienten zusammen?

*Mentaler Zustand*

Beschreiben Sie den mentalen Zustand des Klienten. Ist der Klient in der Lage, mit Zeit, Ort und Personen umzugehen? Kann er bewußt Entscheidungen über seine Zukunft treffen?

*Erkenntnis*

Versteht der Klient die Lage, in der er sich befindet? Wie drückt er Sorge über seine Lage aus?

*Befolgen von Anweisungen (trifft nicht überall zu)*

Ist der Klient in der Lage, sich Medikamente selbst zu verabreichen? Kann er sich selber pflegen? Wer ist ihm in dieser Hinsicht behilflich? Von wem ist der Klient abhängig?

*Psychosoziale Elemente*

Wie leicht fällt es dem Klienten, um Hilfe zu bitten, bzw. sie anzunehmen, wenn sie ihm angeboten wird? Wie kooperiert er mit dem Sozialarbeiter oder anderen Personen, die Hilfe anbieten?

*Metaphysische Fragen*

An was glaubt der Klient? Wie erklärt er sich die Bedeutung von Unglück, Tod, Krankheit, Verletzung und Verantwortung? Wie zeigt sich seine Auffassung in seinem Verhalten?
Die aufgeführten Beurteilungskategorien können der jeweiligen praktischen Situation Sozialer Arbeit angepaßt werden. Ziel war es zu zeigen, welche Typen von Kategorien die Membership-Theorie benötigt. Allen Kategorien liegen Aspekte von Membership zugrunde. Wichtig ist immer wieder die Bedeutung, die Menschen dem Verhalten einer anderen Person zusprechen.

## 7.2 Fazit

Beurteilung kann in der Membership-Theorie systematisch und mit Mitarbeit des Klienten erfolgen. Die jeweiligen Techniken können den Bedürfnissen des Klienten und des Sozialarbeiters angepaßt werden. Die herausgearbeiteten standardisierten Beurteilungskriterien können angepaßt in den unterschiedlichen Bereichen der Sozialarbeit verwendet werden.

**Literatur**

Carlton, T.O. (1984). Clinical social work in health settings: A guide to professional practice with exemplars. New York: Springer Publishing Company.
Falck, H.S. (1981). The social status examination in health care. Richmond, VA: Virginia Commonwealth University School of Social Work.

# 8 Gemeinwesenarbeit in der Membership-Theorie

Gemeinwesenarbeit kann wie jeder andere Bereich der Sozialen Arbeit mit Hilfe der Membership-Theorie analysiert werden. Die vier Bereiche von Membership – soziale Interaktion, Symbolisierung, Internalisierung und biologisches Verhalten – lassen sich alle in der Gemeinwesenarbeit wiederfinden.

In diesem Kapitel wenden wir uns besonders folgenden Aspekten zu: grundlegende Überlegungen zur Gemeinwesenarbeit; Symbolisierung in der Gemeinwesenarbeit; Internalisierung in der Gemeinwesenarbeit; Ziele der Gemeinwesenarbeit; Motivation und Einschätzung der Gemeinwesenarbeit; Kontext der Gemeinwesenarbeit; Sozialarbeiter und sonstige Mitarbeiter in der Gemeinwesenarbeit; Religion und Gemeinwesenarbeit. Dies ist eine beeindruckende Liste von Themen. Es ist zu zeigen, wie und warum die Gemeinwesenarbeit professionelle Hilfe bei der Handhabung von Membership bieten kann.

## 8.1 Allgemeine Betrachtungen über Gemeinwesenarbeit

Gemeinwesenarbeit beschäftigt sich im weitesten Sinn mit kommunalen Problemen. Diesen Problemen ist gemein, daß ihre Konsequenzen von außerordentlicher Bedeutung sind. Die Aktivitäten einer einzelnen sozialen Organisation mögen sehr begrenzt erscheinen. Dennoch stellt der Sozialbereich, der auch manchmal als Dienstleistungsindustrie bezeichnet wird, eine beachtliche Größe im Verhältnis zum Bruttosozialprodukt dar. Entscheidungen in diesem Bereich betreffen Millionen von Menschen, z. B. Steuerzahler, Hilfsempfänger, Sozialarbeiter, ehrenamtliche Helfer. Außerdem ist der Sozialbereich ein komplexes Politikfeld, in dem viele und gegensätzliche Motivationen, Finanzierungsformen und Ideologien aufeinandertreffen. Es ist ungemein schwierig, all die unterschiedlichen Versuche und Interessen, die im Sozialbereich zum Ausdruck kommen, auf einen gemeinsamen Nenner zu bringen. Der Bereich der Sozialarbeit, der am engsten hiermit verbunden ist, wird als Gemeinwesenarbeit bezeichnet. Ich bin mir der Unzulänglichkeit dieses Begriffes und der vielen Bereiche des öffentlichen Lebens, die er nur unvollständig faßt, völlig bewußt.

Eine Eigenschaft, die die Gemeinwesenarbeit von der klinischen Sozialarbeit unterscheidet, ist die Tatsache, daß es keinen *direkten* Klienten gibt. Der Vorstandsvorsitzende einer Bank, der im Aufsichtsrat eines nationalen Spendenfonds sitzt, ist nicht persönlicher Klient der Sozialarbeiter, die dort angestellt sind, ebensowenig der Pfarrer, der in einer Nachbarschaftsgruppe arbeitet, die sich um Sozialwohnungen kümmert. Die Gemeinwesenarbeit befaßt sich in erster Linie mit der Kommune und ihren Repräsentanten.

Neben der Definition des Klientels besteht ein weiterer Unterschied zwischen Gemeinwesenarbeit und klinischer Sozialarbeit darin, daß in der Gemeinwesenarbeit viel weniger Sozialarbeiter tätig sind als in der klinischen. Vielen klinischen Sozialarbeitern ist die Relevanz der Gemeinwesenarbeit erst bei genauem Überlegen klar. (Strean 1985) Die Gemeinwesenarbeit scheint für eine stets abnehmende Zahl von Sozialarbeitern und Studenten von Interesse zu sein. Dies darf nicht als tragischer Fehler der Geschichte oder als unerklärliches Phänomen, das nicht vorauszusehen war, abgetan werden. Vor zwei Jahrzehnten befaßte sich Gurin (1970) mit dieser Entwicklung in einer detaillierten Analyse der Praxis der Gemeinwesenarbeit. Er wies auf die Vielschichtigkeit der Praxis hin und schlug vor, daß ein interdisziplinärer Ansatz gewählt werden sollte und daß Nicht-Sozialarbeiter das Fach an den Hochschulen unterrichten sollten. Dieser Vorschlag scheint nicht aufgegriffen worden zu sein.

Ein weiteres Problem, das sowohl die Gemeinwesenarbeit als auch die klinische Sozialarbeit beeinträchtigt, ist die Dichotomie Individuum-Umwelt. Die Arbeit mit dem Individuum wird der klinischen Sozialarbeit zugerechnet, während die Gemeinwesenarbeit für die (soziale) Umwelt zuständig ist. Würde der Mangel an einer theoretischen Grundlage der Gemeinwesenarbeit lediglich auf ein wissenschaftliches Problem mit unbekannten oder vernachlässigbaren Konsequenzen hinweisen, könnte man getrost darüber hinwegsehen. Sozialarbeiter werden aber für die Gemeinwesenarbeit benötigt, um Probleme anzugehen, die nicht einfach mit dem Verweis auf „die Umwelt" zu lösen sind. Auch für die Arbeit mit Minderheiten ist die Gemeinwesenarbeit nötig. Vor dem Hintergrund der Anmerkungen über die Arbeit mit Minderheiten in Kapitel 6 muß festgestellt werden, daß solche Gruppen viel weniger Interesse an dem Individualismus der herrschenden Kultur haben als an Fragen der Gemeinschaft. Mexikoamerikaner und Chicanos sind zwei solche Gruppen. Gibson (1983) fordert weniger starre Modelle für die Soziale Arbeit mit diesen Gruppen. Obwohl diese ethnischen Gruppen demographisch schneller wachsen als andere Bevölkerungsteile und obwohl sie häufig wirtschaftlich bedürftig sind, wurden bis heute keine theoretischen Grundlagen für eine Soziale Arbeit geschaffen, die die ethnische Zugehörigkeit und die Gemeinschaft als Grundlage für die Arbeit mit Menschen ansieht, ob sie nun aus einer Minderheit oder der Mehrheit stammen. Es gibt keine zentrale Theorie der Gemeinwesenarbeit, die wenigstens annähernd den entfalteten Theorien der klinischen Sozialarbeit entsprechen würde. Viele Sozialarbeiter gelangen über Umwege in die Verwaltung, die Planung und andere Bereiche, die der Gemeinwesenarbeit zugerechnet werden. Dies ist weniger das Resultat einer geeigneten wissenschaftlichen Ausbildung oder durchdachten Karriereplanung als eine logische Konsequenz des „Aufstiegs" innerhalb der Sozialen Arbeit.

Trotz des Fehlens einer klaren konzeptionellen Basis der Gemeinwesenarbeit müssen wir uns mit diesem Element der Sozialen Arbeit aus praktischen Erwägungen heraus befassen. Es gibt eine Reihe von Beobachtungen, die direkte Auswirkungen auf die Praxis haben. Zunächst einmal gilt, daß die Membership-Perspektive auch in der Gemeinwesenarbeit Gültigkeit hat. Das Ziel dieses Kapitels ist es daher zu zeigen, warum die allzu deutlich herausgestellte Unterscheidung in klinische und Gemeinwesenarbeit unnötig ist und warum die gesamte Soziale Arbeit als einheitliche Profession mit einheitlichen Konzepten angesehen werden kann.

## 8.2 Interaktion in der Gemeinwesenarbeit

Zwei wichtige Aspekte der Gemeinwesenarbeit bestehen darin, Gruppen führen und mit ihren Membern interagieren zu können. Da die Membership-Perspektive auch die Mitarbeiter in sozialen Organisationen als Gruppe definiert, beschränkt sich die

Fähigkeit der Interaktion nicht auf Gruppen von Klienten. Die soziale Einrichtung als Gruppe umfaßt alle Mitarbeiter vom Leiter bis hin zur Sekretärin, die professionellen Sozialarbeiter und sonstige nicht-professionelle Mitarbeiter. Im klinischen Setting gehört auch der Klient zur Gruppe, in der Gemeinwesenarbeit darüber hinaus noch der ehrenamtliche Helfer.

Der Sozialarbeiter kann daher in der Gemeinwesenarbeit Erkenntnisse über Gruppendynamik und Kleingruppen anwenden. Wenn er sich der Ergebnisse dieser Untersuchungen bedient, muß er vorsichtig vorgehen, da er auf unzulängliche Untersuchungen stoßen wird, die methodisch verengt vorgehen und Gruppen charakterisieren, als handele es sich um Individuen. Trotzdem können diese Untersuchungen nützlich sein, insbesondere solche über Probleme der Entscheidungsfindung, die für die Gemeinwesenarbeit besonders relevant sind.

Die Interaktionsforschung ist eine grundlegende wissenschaftliche Komponente der Membership-Theorie. Indem nämlich die Fähigkeit, mit anderen zu interagieren, als Definition eines Members angesehen wird, öffnet sich der Zugang zu einem der zentralen Bedürfnisse der Gemeinwesenarbeit. Sozialarbeiter müssen über fundierte Kenntnis der Gruppenprozesse und der Gruppendynamik verfügen, um andere Member positiv beeinflussen zu können. Anders gesagt: die Fähigkeit des Sozialarbeiters, einer Gruppe vorzusitzen oder anderen dabei behilflich zu sein, hilft jedem Member, gemeinsame Ziele zu erreichen.

Diese Fähigkeit setzt professionelles Wissen und Leitungsqualitäten voraus. Erfolg stellt sich aber erst dann ein, wenn die Bedürfnisse der Member beachtet werden, die keinen Gruppenvorsitz haben, aber für das Gelingen des Gruppenprozesses wichtig sind. In der Gemeinwesenarbeit ist folgendes gefragt: die Fähigkeit, andere erfolgreich beeinflussen zu können, Kompromisse schließen zu können, ohne grundlegende Positionen aufzugeben, Vorsitzende und Sprecher für Untergruppen auszuwählen und zu verhindern, daß sich Gruppen in zu viele Untergruppen aufteilen.

**Führungsqualitäten**

Ross und Hendry (1957) weisen darauf hin, daß eine Theorie der Menschenführung nicht nur auf den charismatischen Elementen oder dem Funktionieren des Individuums, der „Anführer" genannt wird, beruhen darf. Sie gehen von drei Typen von Führungspersönlichkeiten aus. Zunächst gibt es „die Person, die durch einen außergewöhnlichen Erfolg herausragt, die so ihrer Gruppe *voraus* ist, eine Person wie Einstein". Dann gibt es „die Person, der aus welchem Grund auch immer der Führungsstatus übertragen wurde, die mit formaler Autorität *der Kopf* der Gruppe wird". Schließlich gibt es „die Person, die sich in einer bestimmten Lage als fähig erweist, der Gruppe beim Bestimmen und Erreichen ihrer Ziele behilflich zu sein, und so die Gruppe stärkt. Sie ist *ein Kopf* der Gruppe" (S. 15).

Ross und Hendry, wie auch die Membership-Theorie interessieren sich vor allem für den Typ 2 und 3 und die Weise, wie er sich in der Membership-Gruppe herausbildet. Typ 2 kann bei der Entscheidungsfindung in einem Gruppenkonflikt dem Sozialarbeiter große Probleme bereiten. Es besteht die Möglichkeit, das Potential des Gruppenkonflikts zu nutzen und darauf zu bestehen, daß eine Entscheidung wirklich von der Gruppe getroffen wird. Der Sozialarbeiter legt Wert darauf, daß Entscheidungen, die die Gruppe betreffen, auch tatsächlich in Anwesenheit und mit der Mitarbeit aller Member getroffen werden, und nicht von einer Führungspersönlichkeit, die Entscheidungen informell trifft und Kollegen und Freunde heranzieht, die gar nicht zur Gruppe gehören. Es handelt sich um ein schwieriges Problem für den Sozialarbeiter, der oftmals nichts über die Kontakte der Führungspersönlichkeit außerhalb der Gruppe wissen kann. In Situationen, wo sich die Gemeinschaft mit Geld, geschäftlichen Verbindungen und anderen Aspekten von Macht und Einfluß beschäftigen muß, fällt es einer Führungspersönlichkeit und ein, zwei Verbündeten besonders leicht, Entscheidungen zu diktieren, die eigentlich die Gruppe treffen sollte. So werden zwar potentielle Gruppenkonflikte vermieden, doch der Sozialarbeiter hat die Aufgabe, die Gruppe als Membership-Gemeinschaft so weit wie möglich funktionsfähig zu machen und auf der Unverletzbarkeit des Gruppenprozesses zu bestehen.

Bei Typ 3 kommen Führungsqualitäten immer dann zum Ausdruck, wenn die Ziele und Aufgaben der Gruppe gefördert werden sollen. Hier sprechen wir deshalb nicht von „dem Leiter", sondern nur von Führungsqualitäten. Jeder Member hat zumindest theoretisch die Möglichkeit, Führungsqualitäten an den Tag zu legen und dafür Anerkennung zu erhalten. Es geht nicht darum, ob eine Art von Führung besser ist als eine andere. Die Erkenntnis ist wichtig, daß sich Führungsqualitäten auf unterschiedliche Weisen ausdrücken können, und daß gerade in der Gemeinwesenarbeit Entscheidungen hinsichtlich ihrer Definition und Anwendung getroffen werden müssen.

Vor dem Hintergrund der großen Anzahl von Untersuchungen über Führungsqualitäten (Stogdill, 1974) ist es nötig, einige Anmerkungen über Berufsprobleme in der Sozialarbeit zu machen, z. B. was die Rolle des Sozialarbeiters in den sozialen Gruppen angeht. In Gruppen, die aus Klienten und dem Sozialarbeiter bestehen, läßt sich die Tendenz beobachten, daß der Sozialarbeiter als Leiter der Gruppe bezeichnet wird. Das Problem wird dann verstärkt, wenn der Klient als Patient definiert oder sein Status auf den eines passiven Members reduziert wird, weil der Sozialarbeiter in die Rolle des Leiters schlüpft. Dies hat nicht nur Auswirkungen auf die soziale Selbsteinschätzung der Klienten, sondern festigt auch ihre Abhängigkeit, mit der so viele Klienten gerade den Sozialarbeiter aufsuchen. Sie bekommen den Eindruck, daß nur der professionelle Sozialarbeiter Macht ausüben kann, obwohl sie gleichzeitig aufgefordert werden, in ihrem Privatleben mehr Entscheidungen zu treffen.

In der Gemeinwesenarbeit wird der Sozialarbeiter nur selten als Leiter der Gruppe, in der er arbeitet, bezeichnet. Dort ist der Gruppenleiter in der Regel ein Laie. Die Rolle des Sozialarbeiters kann hier nur schwer definiert werden. Er ermöglicht den anderen, ihre Aufgabe zu erfüllen, indem er ihnen notwendige Informationen liefert oder indem er bei der Steuerung des Gruppenprozesses behilflich ist.

## 8.3 Symbolisierung und Delegation in der Gemeinwesenarbeit

In Kapitel zwei wurde die Symbolisierung in der Sozialarbeit besprochen, und zwar dort, wo ein Klient Hilfe bei persönlichen Problemen sucht. Es wurde darauf hingewiesen, daß Symbolisierung und soziale Interaktion zwei untrennbare Aspekte der Membership-Theorie sind. Einer findet nicht ohne den anderen statt. In der Praxis der Gemeinwesenarbeit muß eine weitere Form der Symbolisierung hinzugefügt werden. Es handelt sich um das *Konzept der Delegation*.

Da Gemeinwesenarbeit häufig in Gruppen stattfindet, muß der Sozialarbeiter viel über die Dynamik von Gruppen wissen. Ihm stellen sich folgende Fragen: Was symbolisiert die Delegation in Gruppen? Was bedeutet sie? Wie tritt sie zutage? Welches sind die wichtigen Aspekte der Delegation? Symbolisierung ist deshalb wichtig, weil eine Delegiertengruppe wie jede andere Gruppe „aussieht": Eine Anzahl von Personen sitzt um einen Tisch herum und unterscheidet sich nicht von anderen Gruppen.

Delegation ist ein Mechanismus, mit dem das Problem gelöst werden soll, daß es nicht möglich ist, mit all denjenigen direkt zusammenzuarbeiten, die ein Interesse an einer bestimmten Aufgabe haben. In Kapitel drei wurde die sehr große Gruppe als tertiäre Gruppe definiert, die sich durch indirekte Interaktion und unpersönliche Beziehungen auszeichnet. Demgegenüber wurde die sekundäre Gruppe als direkt und unpersönlich bezeichnet. Bei der repräsentativen Gruppe handelt es sich im Kontext der Symbolisierung um eine sekundäre Gruppe. Die sekundäre Gruppe repräsentiert Member der tertiären Gruppe. Beide unterscheiden sich von der primären Gruppe durch ihre Unpersönlichkeit, d. h. daß Member nicht zusammenkommen, um sich über private wie z. B. familiäre Angelegenheiten auszutauschen.

Einige Jahre bevor die Frage danach, wer wen im sozialen Bereich repräsentierte, für Konflikte sorgte, schrieben Alexander und McCann (1956), daß Delegation „in der Literatur in vielen Kontexten vorkommt und daß deshalb ihre wahre Bedeutung unklar bleibe." Sie zitierten McMillen (1945), Trecker (1950) und Trecker/Trecker (1952) und zeigten, daß „der Begriff mit 'gegensätzlichen Interessen', 'unterschiedlichen Standpunkten und Ansichten' oder sogar mit 'allen Gruppen des sozialen Bereichs'„ (S. 49) gleichgesetzt wurde. Als Antwort auf die Forderung der „maximalen Teilnahme an Armutbekämpfungsprogrammen" der 60er Jahre versuchte Alexander (1976), das Konzept der Delegation neu zu bewerten. Er legte Nachdruck auf den Gesichtspunkt, daß Delegation nur dann von Bedeutung ist, wenn sie erlernt und geplant wird.

Delegation findet auf folgende Weisen statt. Zunächst einmal gibt es die *gewählte* Delegation. Dort gibt es in der Regel Vorgaben, die durch gewählte Delegierte vertreten werden. Eine weitere Form der Delegation ist die *kategoriale* Delegation. Diese Art der Delegation findet im sozialen Bereich statt: der Sozialarbeiter wird von der sozialen Einrichtung für eine Aufgabe abgestellt. Man geht davon aus, daß derjenige, der eine Bevölkerungsgruppe repräsentieren soll, auch deren Belange vertreten kann. Als Beispiel für kategoriale Delegation gelten Pfarrer, die in einem Ausschuß sitzen, um die Ansichten der religiösen Gruppe einzubringen, die sie vertreten. Der dritte Typ der Delegation basiert auf der Annahme, daß der Delegierte die Gruppe, die er vertritt, durch seine persönlichen Eigenschaften verkörpert. Eine Frau, ein Schwarzer, ein Jude, ein Industriearbeiter werden so zum Gruppenmember. Diese Art der Delegation findet aus zwei Gründen statt. Es ist aufgrund der großen Anzahl von Konstituenten der Gruppe nicht möglich, anders als durch willkürliche Auswahl einen Delegierten auszuwählen. Außerdem besteht für den Delegierten nicht die Möglichkeit, mit seiner Gruppe Rücksprache zu halten, um Entscheidungen abzusichern, die er für die breite Masse trifft. Deshalb muß davon ausgegangen werden, daß der Delegierte wirklich repräsentiert.

Einer der wichtigsten Aspekte der Delegation in Sekundärgruppen ist die Frage der Verantwortlichkeit. Die Vertretung von Gruppeninteressen wird eine Vertrauenssache, es sei denn, die Gruppe (z. B. eine Gewerkschaft) macht ihrem Vertreter Vorschriften und macht ihn persönlich verantwortlich. In dem Fall, daß der Delegierte mehr Wert darauf legt, mit anderen Delegierten auszukommen, als die Interessen seiner Gruppe zu vertreten, kommt es zu enormen Schwierigkeiten in der Sozialen Arbeit. Deshalb muß der Symbolisierung in der Gemeinwesenarbeit Bedeutung beigemessen werden. Nur wenn sich der Sozialarbeiter der Rolle der Symbolisierung in seiner Arbeit bewußt ist, wird diese Gefahr vermieden.

Zwar ist Identität eine persönliche Angelegenheit, doch muß der Sozialarbeiter in der Gemeinwesenarbeit darauf achten, persönliche und klinische Fragen nicht zu vermischen. Gibt es eine solche Tendenz, so sollte sie bewertet und kontrolliert werden. Gleichzeitig darf nicht vergessen werden, daß der Einfluß persönlicher Eigenschaften für den Erfolg oder Mißerfolg in der Gemeinwesenarbeit von Bedeutung ist. Wenn aus der Gemeinwesenarbeit ein Feierabendclub wird, hat dies katastrophale Folgen für das Erreichen der ursprünglichen Ziele. Für den Sozialarbeiter bedeutet das, daß er die Probleme von Führung, Autorität, Unterordnung, Zielsetzung und Passivität beachten muß. Ziel ist es, jedem Member der sozialen Gruppe, den Professionellen und den Laien, bei der Erfüllung seiner Aufgabe behilflich zu sein. Nur wenn der Sozialarbeiter weiß, welche Fähigkeiten er dazu einsetzen muß, kann er verhindern, daß die Führungsrolle an den gesprächigsten, aggressivsten oder risikobereitesten Member übergeht.

Es ist wichtig, dem Gruppenprozeß und der Symbolisierung Beachtung zu schenken, doch ist es leicht, sie im Verhältnis zur eigentlichen Arbeit in der Gruppe zu hoch zu bewerten. Der Grund, warum es Gemeinwesenarbeit überhaupt gibt, darf nicht in Vergessenheit geraten. Die Frage, ob sich Member einer Gruppe gut oder schlecht verstehen, ist nur von begrenzter Bedeutung. Viel wichtiger ist es, ob die gemeinsame Arbeit darunter leidet, bzw. ob sie gar nicht oder unangemessen ausgeführt wird. Der Zweck der Sozialen Arbeit ist es, eine gemeinsame Aufgabe zu bewältigen, und nicht, zumindest nicht primär, den persönlichen Bedürfnissen der Member zu entsprechen, auch wenn dies einen Motivationsfaktor darstellt. Anders gesagt: Auch wenn sich die Symbolisierung in der klinischen Sozialen Arbeit von der in der Gemeinwesenarbeit unterscheidet, so ist sie doch in beiden Bereichen wichtig.

## 8.4 Internalisierung in der Gemeinwesenarbeit

Bei Internalisierung drückt sich Membership persönlicher aus als in allen anderen Bereichen. Soziale Interaktion ist öffentlich. Symbolisierung wird zwar von verschiedenen Menschen unterschiedlich ausgeführt, enthält aber empirisch beobachtbare Elemente. Mit Hilfe der Internalisierung hingegen macht jeder Member eine Beziehung zu seiner eigenen.

Internalisierung ist im Leben aller Menschen tief verwurzelt, und es geht darum, wie ein Mensch mit seinen Membership-Beziehungen umgeht. Die Internalisierung hat ein zeitliches, kumulatives Element. Sie beginnt sehr früh im Leben eines Menschen. Sie ist vielschichtig und betrifft viele Bereiche. Ein wichtiger Bereich ist der des Umgangs mit Autoritätspersonen. Die Art, wie man selbst mit Macht, Autorität und Einfluß umgeht, basiert auf den Erfahrungen, die man mit Eltern und später anderen Autoritätspersonen, z. B. Lehrern, gemacht hat. Danach folgen Arbeitgeber und andere Personen, die belohnen und bestrafen können. Internalisierung ist direkt und tief mit der eigenen Identität verbunden (Assael & Perez, 1985).

Eine These der Membership-Theorie der Gemeinwesenarbeit geht davon aus, daß die internalisierten Beziehungen zwischen den Handelnden im Gemeinwesen und ihren Mitmenschen eine häufig übersehene Rolle in der Entscheidungsfindung spielen, vor allem dann, wenn die zu treffenden Entscheidungen scheinbar nicht mit psychodynamischen Faktoren erklärt werden können. Der Erfolg eines Sozialarbeiters in der Gemeinwesenarbeit wird davon abhängen, wie weit er zu verschiedenen Menschen mit unterschiedlichem Hintergrund eine Passung herstellen kann. Je mehr der Sozialarbeiter unbewußt mit eigenen, ungelösten Problemen internalisierter Beziehungen ringt, die scheinbar nichts mit seiner Arbeit zu tun haben, desto schwieriger wird es sein, die Aufgaben erfolgreich zu lösen. Das soll nicht heißen, daß die Internalisierung vergangener Beziehungen die einzige zu beachtende Variable darstellt. Wichtig ist aber, daß diese Erfahrungen nicht als irrelevant für die gegenwärtige Arbeit angesehen werden. Gemeinschaftliche Entscheidungen, Verwaltungsaufgaben, soziale Planung und alle Situationen, in denen Autorität eine Rolle spielt, sind deshalb wichtig, weil sie klare Definitionen von Zielen und persönlichen Möglichkeiten und Schwächen der Beteiligten erfordern.

Eine weitere Variable, die vornehmlich aus der klinischen Sozialarbeit stammt und mit internalisierten Beziehungen zu tun hat, ist die Handhabung von Übertragungs- und Gegenübertragungsphänomenen. Zunächst muß der Sozialarbeiter diese Phänomene als normal für eine dynamische Persönlichkeitsentwicklung ansehen. Sie sind nicht mit psychischer Erkrankung oder klinischer Behandlung verbunden. Es handelt sich um grundlegende Aspekte menschlichen Lebens, denn der Mensch verbindet das, was er mit einem anderen Menschen erlebt, mit früheren Erfahrungen. Der Sozialarbeiter, der ja in der Gegenwart arbeitet, wird Schwierigkeiten haben, wenn er sich der Verzerrungen nicht bewußt ist, die dadurch entstehen, daß gegenwärtige Beziehungen vor dem Hintergrund vergangener stattfinden. Die britische Tavistock-Schule ist die bekannteste Bewegung, die sich der psychoanalytischen Theorie außerhalb des klinischen Settings bedient. Sie hat sich mit dem Beitrag der Psychiatrie zum organisatorischen Verhalten beschäftigt (Rice, 1969). Die Soziale Arbeit blieb davon fast gänzlich unberührt. Ich ziehe zwei Beispiele zur Verdeutlichung heran:

*Sozialarbeiter:* Ich kann es nicht haben, wie der Sozialdezernent damit prahlt, wieviel Geld er verdient. Er redet permanent von sich selbst und davon, wie er Karriere gemacht hat.
*Chef des Sozialarbeiters:* Von Ihnen wird erwartet, daß Sie Ihre Arbeit tun – und nicht, daß Sie sich über seine Person Gedanken machen.
*Sozialarbeiter:* Ich kann ihn nicht ausstehen. Außerdem bin ich nicht Sozialarbeiter geworden, um für die Reichen und Mächtigen zu arbeiten.
*Chef des Sozialarbeiters:* Das ist es doch! Sie haben eine Antipathie gegen Angeber mit Geld und meinen, der Leiter sei einer von der Sorte.

Oder

*Sozialarbeiter:* Nun haben wir doch noch eine Frau in der Abteilung für soziales Sponsoring. Ich bin aber nach wie vor der Ansicht, daß Frauen dort besser aufgehoben sind, wo man sich um griesgrämige Klienten kümmert. Soziales Sponsoring wird besser von Männern betrieben, die wissen, wie man mit Managern und Bankern umgeht.

In beiden Fällen kommen stereotype Haltungen zur sozialen Rollenverteilung von Männern und Frauen zum Ausdruck. Wie im ersten Beispiel kommt es häufiger vor, daß Sozialarbeiter, die aus der Arbeiterschicht stammen, Probleme mit ihrem Erfolg haben. Im zweiten Beispiel versucht der Sozialarbeiter, sich vor der von ihm so empfundenen psychologischen Bedrohung durch eine Kollegin zu schützen.

Welche internalisierten Einstellungen und Verhaltensweisen bringt der Sozialarbeiter mit in seinen Beruf? Zunächst ist es das Fachwissen in dem Bereich, mit dem sich die soziale Einrichtung und andere Gruppen in der Gemeinwesenarbeit befassen sollen. Zweitens ist es die Fähigkeit, Personen auswählen zu können, die nicht nur sich selbst, sondern Teile der Kommune repräsentieren. Diese Fähigkeit beruht auf der Einsicht, daß Gemeinwesenarbeit nur dann Erfolg hat, wenn sich diese Personen ihres Memberships bewußt sind. Eine dritte Voraussetzung ist die Fähigkeit des Sozialarbeiters, mit emotionaler Selbstdisziplin an die Arbeit zu gehen. Nur wenn er weiß, was es bedeutet, Sozialarbeiter zu sein, kann er sich mit dem Beruf des Sozialarbeiters identifizieren, auch wenn er auf Vorurteile über Sozialarbeiter trifft. Eine angemessene Selbsteinschätzung und die Fähigkeit, mit vielen Menschen unterschiedlichen Hintergrunds umgehen zu können, erfordern in der Gemeinwesenarbeit ebenso viel Selbstdisziplin und Autonomie wie in der klinischen Sozialarbeit.

## 8.5 Die Rolle des Körpers

Die körperlichen Aspekte von Verhalten sind in der Gemeinwesenarbeit schwer zu identifizieren, da sie unbewußt ablaufen. Untersuchungen zu nichtverbalem Verhalten (Hare, 1976; Keefe, 1976) haben gezeigt, daß der Übergang von körperlicher zu sozialer Interaktion nahtlos verläuft. Nichtverbale Kommunikation drückt sich durch Mimik, Kleidung, Haltung, aber auch in bestimmten Krankheitszuständen aus (Weiner, 1977, 1982). Sexuelle Variablen beeinflussen sowohl Symbolisierung als auch Internalisierung zwischenmenschlichen Verhaltens (Jacobson, 1971; Kernberg, 1976). Folgendes gilt sowohl in der klinischen Sozialarbeit als auch in der Gemeinwesenarbeit: Wenn der Sozialarbeiter versucht, einen Menschen in seine biologischen, psychologischen und sozialen Elemente aufzuteilen, anstatt diese Faktoren als Aspekte oder Komponenten der Person zu sehen, bedient er sich einer atomisierenden Logik, die wissenschaftlich nicht zu halten ist.

## 8.6 Ziele der Gemeinwesenarbeit

Die Ziele der Gemeinwesenarbeit basieren auf der Annahme, daß das Leben in der Kommune so verändert werden kann, daß die meisten Member davon Vorteile haben. Deshalb versucht sie, das Zusammenleben von Männern, Frauen und Kindern abzusichern und zu verbessern. So ist Gemeinwesenarbeit nicht, um die Worte Wilenskys und Lebeauxs (1958) zu benutzen, eine „Rest"-Anstrengung, um jenen zu helfen, die sich nicht selber helfen können. Im Gegenteil: Gemeinwesenarbeit bedeutet, daß alle Member der Gemeinschaft alle anderen unterstützen, und zwar auf lokaler, regionaler und nationaler Ebene. Die institutionelle Soziale Arbeit kann als Selbsthilfeprozeß angesehen werden, der aus unzähligen Komponenten besteht. Diese Sichtweise widerspricht dem Ansatz von Wilensky und Lebeaux (1958), die ausdrücklich von Individuen, individuellen Bedürfnissen und individueller Hilfe als eigentlichem Ziel der Sozialen Arbeit sprachen (S. 138-139). Die Membership-Theorie behauptet demgegenüber, daß alle Maßnahmen im sozialen Bereich der Gemeinschaft gelten. Damit sind alle Menschen gemeint, die wählen, Steuern zahlen und Abgeordnete bestimmen, die Steuermittel wieder der Gemeinschaft zufließen lassen. In der Membership-Theorie gibt es keinen Platz für den Versuch, die Regierung für alles verantwortlich zu machen und damit dem Bürger die Verantwortung zu nehmen für das, was in seinem Namen geschieht.

Die Konsequenzen kommunaler Entscheidungen sind weitreichend. Sie betreffen sowohl die Verteilung von Steuergeldern als auch die Sicherstellung eines ausgewogenen Staatshaushalts. Solche Entscheidungen erfordern eine genaue Planung, soziales Sponsoring, die Aufteilung von verfügbaren finanziellen Mitteln und ein soziales Management des Sozialbereichs. Konflikte darüber sind Teil des öffentlichen Lebens. Sie sind nicht nur unvermeidbar, sondern sogar wünschenswert. Eine Profession wird gebraucht, die das Recht jedes Members schützt, seine Interessen zu Gehör zu bringen. Die Handhabung von Konflikten bei der Verteilung von finanziellen Mitteln im Sozialbereich ist eine Komponente von Membership.

## 8.7 Motivation und Wahrnehmung in der Gemeinwesenarbeit

Warum werden professionelle Sozialarbeiter und ehrenamtliche Helfer in der Gemeinwesenarbeit aktiv? Viele haben wahrscheinlich eine ideale Vorstellung von der Kommune, für die sie arbeiten. Es gibt folgende Gründe: religiöse Motivation; das Ideal, für eine gerechtere Welt zu arbeiten; Mitleid; Schuldgefühle; ein Verantwortungsgefühl gegenüber sich selbst und anderen. Die Gründe können auf Gesetzen und Traditionen beruhen, z. B. in der jüdischen Sozialen Arbeit, oder sie sind Ausdruck humanistischer Werte. Allen Motivationen ist ein Sinn für Membership gemein.

Sozialarbeiter und andere haben eine Vorstellung von der Kommune, auf die sie durch ihren Einsatz hinarbeiten. Professionelle Sozialarbeiter und ehrenamtlich Tätige betrachten das Gemeinwesen als Ganzes. Mit der Ausnahme von Membern, die sich in einer Gruppe mit der eigenen chronischen Krankheit beschäftigen, bieten viele in der Gemeinwesenarbeit Tätige Unterstützung und Hilfe, die sie selbst möglicherweise nie in Anspruch nehmen werden. Durch ihren Einsatz zeigen sie, daß es richtig ist, sich für mehr als nur die eigenen Interessen einzusetzen. Gemeinwesenarbeit impliziert eine Kritik am Individualismus, doch wäre es falsch, diese Sicht überzubewerten.

In einem früheren Kapitel wurde darauf hingewiesen, daß die Begriffe „sozial", „Umwelt" und „Gemeinwesen" in der professionellen Sozialarbeit für Verwirrung sorgen. Ein Beispiel dafür ist die unterschiedliche Bezeichnung von Gruppen. Eine Gruppe von Klienten wird therapeutische oder Selbsterfahrungsgruppe genannt, während die Gruppe in der Gemeinwesenarbeit als aufgabenorientierte Gruppe bezeichnet wird. Diese unterschiedlichen Bezeichnungen stiften Verwirrung. Es wird impliziert, daß klinische Soziale Arbeit nicht aufgabenorientiert ist und nichts mit dem Gemeinwesen zu tun hat. Eine solche Unterteilung (Toseland & Rivas, 1984) legt nahe, daß in der Behandlungsgruppe persönliche Elemente höher als soziale eingestuft werden, während in den aufgabenorientierten Gruppen der Gemeinwesenarbeit (in Ausschüssen, Kommissionen) eine Aufgabe erfüllt werden muß, die die Beteiligten nicht persönlich betrifft. Tatsächlich beschäftigen sich beide Gruppen mit zielgerichteten Aufgaben, die Membership sowohl auf persönlicher als auch auf gemeinschaftlicher Basis verbessern sollen. Die Existenz beider Arten von Gruppen ist von Vorteil für das persönliche als auch das gemeinschaftliche Membership aller. Diese Vorstellung ist Teil der Membership-Theorie, die davon ausgeht, daß das Persönliche nie individuell, sondern immer mit dem Wohl der Gemeinschaft verbunden ist.

Es ist außerdem nicht ungewöhnlich, daß ein Sozialarbeiter von einem Mitarbeiter in einem Komitee um persönliche Hilfe gebeten wird. Zunächst einmal liegt die Aufgabe des Sozialarbeiters in der Gemeinwesenarbeit darin, Ressourcen aufzuspüren. Darüber hinaus werden an ihn Fragen herangetragen, die nichts mit der eigentlichen Zielsetzung der Gemeinwesenarbeit zu tun haben. Die Fähigkeiten zuzuhören, Interaktionen zu beobachten und Fragen zu verstehen, sind nicht nur für den klinischen Sozialarbeiter wichtig, sondern auch für den Sozialarbeiter in der Gemeinwesenarbeit. Persönliche Belange spielen, wie in allen Gruppen, auch in der Gemeinwesenarbeit eine Rolle. Janis (1972) und Janis und Mann (1977) zitieren Fälle, in denen persönliche Belange und die Persönlichkeitsdynamik in nichtklinischen Gruppen wichtig sind. Besonders beeindruckend ist Janis' Analyse der Entscheidungsfindung im Weißen Haus während des Koreakriegs und der Kubakrise. Eine ähnliche Dynamik scheint für die Mißachtung der Warnung vor dem Angriff auf Pearl Harbour am 7.12.1941 verantwortlich zu sein. Es wird gezeigt, daß es niemals eine völlige Trennung von gemeinschaftlichen und persönlichen Interessen gibt. Persönlichkeit kommt nicht nur auf der Freudschen Couch zum Ausdruck.

## 8.8 Der Kontext von Gemeinwesenarbeit: ehrenamtliche und professionelle Mitarbeit

Ein wichtiger Vorteil der allgemeinen Membership-Theorie besteht für die professionelle Soziale Arbeit darin, daß sie in der Lage ist, einer Vielzahl von Handlungsfeldern Raum zu bieten. Ohne ein solches hochabstraktes Modell würde die Profession nicht wie eine Einheit, sondern wie eine Ansammlung konkurrierender Felder, jedes mit eigener Tradition und eigenem Handlungsbereich, erscheinen. In der Gemeinwesenarbeit, bei der viele unterschiedliche Professionen aufeinandertreffen, müssen nicht die unterschiedlichen Felder der Sozialen Arbeit definiert werden, sondern das, was den Kern der vielfältigen Arbeit ausmacht. Der Kern der Gemeinwesenarbeit liegt darin, daß diejenigen, die das Gemeinwesen repräsentieren, tatsächlich Klienten sind. Man muß nicht krank sein, um Klient zu werden. Auch ein persönliches Problem ist nicht Voraussetzung, um Klient zu werden. Man kann Klient einfach deshalb sein, weil man Member einer Gemeinschaft ist, ein Member, der sich Gedanken macht oder der einen professionell ausgebildeten Sozialarbeiter damit beauftragt, ihm bei der Lösung von Problemen behilflich zu sein. Dadurch wird der Member einer Gemeinschaft zu einem Klienten. Der Sozialarbeiter hat nun dieselbe Aufgabe wie in anderen Bereichen der Profession: Er bietet professionelle Hilfe bei der Handhabung von Membership. Ein großer Vorteil der Arbeit mit verschiedenen Gruppen, die ein Gemeinwesen repräsentieren, liegt darin, daß der Sozialarbeiter nicht erraten muß, wo die Probleme der Kommune bzw. der Kommunen liegen. Zwar erhält der Sozialarbeiter eine Menge an Informationen aus Studien, statistischen Erhebungen und anderen Quellen, doch seine wichtigste Quelle ist der Member einer Gemeinschaft, der viele andere vertritt. Ehrenamtliche Helfer stellen eine weitere direkte Verbindung zwischen dem Gemeinwesen als Ganzem und dem Sozialarbeiter, der selbst Member des Gemeinwesens ist, dar.

Es ist leicht zu beobachten, wie viele, wenn nicht sogar alle, ehrenamtlichen Helfer eine bestimmte Entwicklung durchlaufen. Im Laufe der Jahre steigen sie in Positionen mit hohem Prestige auf. Sozialarbeiter, die über einen langen Zeitraum hinweg an einem Ort tätig sind, können leicht erkennen, wie und warum ein bestimmter

Helfer in immer wichtigere Positionen gelangt, die sich durch Einfluß, Öffentlichkeit und Belohnung auszeichnen. Stellt sich Erfolg ein, gilt dem ehrenamtlichen Helfer die Hochachtung seiner Mitmenschen. Wird sein Name hingegen mit Mißerfolgen in Verbindung gebracht, treten die Konsequenzen dieses Mißerfolgs ebenso sichtbar zutage. Nehmen wir als Beispiel den Fall eines ehrenamtlichen Helfers, der bei einer örtlichen Wohltätigkeitsorganisation mitarbeitete. Er übernahm die Spendensammlung für ein bestimmtes Projekt. Das Projekt scheiterte aus Gründen, die kaum mit dem Helfer in Verbindung gebracht werden konnten. Trotzdem wurde sein guter Ruf in Mitleidenschaft gezogen. Daraufhin zog er sich aus jeglicher ehrenamtlicher Arbeit zurück. Allerdings ist es nicht möglich, sich durch Rücktritt aus einer Membership-Verbindung zu lösen. Der Helfer war durch seinen Beruf weiterhin aktiver Member der Gemeinschaft, doch das Stigma eines teilweise beeinträchtigten Memberships blieb. Nur wenige Menschen sind in der Lage, einer solchen Situation mit Gleichgültigkeit zu begegnen. Sie müssen lernen, mit Versagen umzugehen.

In diesem Zusammenhang ist es interessant zu beobachten, welche Auswirkungen ein Mißerfolg auf den Sozialarbeiter hat. Wenn der Mißerfolg keine großen Ausmaße annimmt, bleibt der betroffene Sozialarbeiter relativ anonym. In der Regel weiß der Sozialarbeiter, worauf der Mißerfolg basiert. Er kann deshalb den Verantwortlichen die Schuld zuweisen. Die soziale Spendenaktion wird häufig von Personen mit hohem Prestige geleitet, um eben das Spendenaufkommen zu vergrößern. Während der Sozialarbeiter in der Öffentlichkeit kaum in Erscheinung tritt, muß der ehrenamtliche Helfer, den die Öffentlichkeit kennt, die Hauptlast des Mißerfolgs tragen. Bei Erfolg steht er natürlich dementsprechend im Rampenlicht.

Trotz dieser Sichtbarkeit des Helfers und der Unsichtbarkeit des Sozialarbeiters in der Öffentlichkeit stellt die Fähigkeit beider Seiten, offen und ehrlich zu kommunizieren, den Schlüssel zum Erfolg dar. Gegenseitiger Respekt für die Einschätzungen des anderen ist nötig. Der eine muß dem anderen zur Verfügung stehen. Durch solche Interaktionen wird die Beziehung zu einer Membership-Beziehung. Egal, ob die Betreffenden freiwillig ihre Zeit und Energie für die gemeinsame Aufgabe zur Verfügung stellen, oder ob ein professioneller Sozialarbeiter mitarbeitet, hängt der Erfolg oder Mißerfolg von gemeinschaftlichem Membership von der Fähigkeit ab, an Gruppeninteraktionen teilzunehmen und die eigenen Möglichkeiten einzusetzen.

Ehrenamtliche Tätigkeit ist in den USA nicht zufällig entstanden. In keiner westlichen Gesellschaft sind die Ideen der freiwilligen Arbeit so tief verwurzelt wie in der amerikanischen. Ein Grund ist der, daß die Regierung dem Bürger weniger Leistungen zukommen läßt als in anderen westlichen Demokratien. Die staatlichen Sozialleistungen der meisten westlichen Länder sind in den USA gänzlich unbekannt. Wenn beispielsweise ein deutscher Bürger staatliche Sozialleistungen einfordert, so interagiert er mit der Regierung in einer Weise, die den Eindruck erweckt, als sei das zuständige Sozialamt quasi unabhängig und könne mit den finanziellen Mitteln so umgehen, als gehörten sie ihm. Dem Durchschnittsamerikaner würde bei diesem Verfahren ein Element fehlen, das in den USA die Rolle der Regierung definiert, und zwar gibt es die Regierung nur deshalb, weil der Bürger es so will. Auch wenn der amerikanische Bürger häufig unter einer unflexiblen Verwaltung leidet, so bleibt das Grundprinzip, das die Regierung dem Bürger dient und nicht andersherum, doch bestehen.

Dementsprechend schließen sich Amerikaner als Member der Gesellschaft im größten und kompliziertesten System ehrenamtlicher Tätigkeit der Welt zusammen. Die beachtliche soziale Leistung, auf die das System aufbaut und die sich sowohl in örtlichen Organisationen als auch in der großen nationalen Vereinigung ausdrückt, wird kaum beachtet. Es gibt keinen formalen sozialen Membership-Vertrag mit offizieller Sanktionierung. Es handelt sich um eine informelle Vereinbarung, die auf dem Wunsch der Bürger beruht, sich einzubringen. Viele der finanziellen Beiträge lassen sich von der Steuer absetzen. Diese Steuerfragen zeigen, daß der Bürger indirekt für das bezahlt, was die Regierung nicht direkt zur Verfügung stellt. Dies wurde besonders in den 80er Jahren deutlich, als die Regierung in Washington versuchte, soziale Leistungen, die mit Steuergeldern finanziert wurden, an den privaten Bereich abzugeben. Es wurde verschwiegen, daß sich viele Einsparungen der Regierung durch die steuerliche Absetzbarkeit von Spenden aufhoben.

Ein weiterer Membership-Aspekt des amerikanischen Systems ehrenamtlicher Tätigkeit ist die lokale Dimension. Freiwillige Hilfe und Spenden sind lokale Aktivitäten, auch wenn die Organisationen vor Ort mit nationalen Organisationen verbunden sind. Einige haben einen stark überregionalen Charakter, so z. B. das Amerikanische Rote Kreuz, die amerikanische Pfadfinderbewegung und die Heilsarmee. Dennoch sind viele Organisationen vor Ort angesiedelt. Sie treffen Entscheidungen über ihren Haushalt, ihre Aufgaben, ihr Personal und ihr Programm auf lokaler Ebene.

United Way ist eine rein lokale Organisation. Sie übernimmt in den meisten amerikanischen Gemeinden und Städten die Aufgaben der Sozialen Arbeit. Dennoch funktioniert diese Organisation kaum anders als staatliche Ämter. United Way führt vor der Vergabe von Geldern genau wie staatliche Stellen Konsultationen durch. Die Organisation verfügt über beträchtlichen Einfluß vor Ort und wird häufig von Mitgliedern der Wirtschaft und der oberen Mittelschicht dominiert. Das wird bei einer Analyse ihrer Leitungsgremien deutlich.

Es ist beeindruckend, daß tausende, ja hunderttausende von Amerikanern jährlich soziale Leistungen persönlich und finanziell zur Verfügung stellen und so das gemeinsame Membership in der Gesellschaft zum Ausdruck bringen. Es wäre nicht übertrieben, von dem ehrenamtlichen Teil des amerikanischen Sozialwesens als einem informellen sozialen Gesellschaftsvertrag zu sprechen. Die Regierung greift unterstützend ein, z. B. durch Steuervergünstigungen für gemeinnützige Vereine oder durch gesetzliche Vorschriften in der Kinderbetreuung. Im Grunde ist und bleibt das ehrenamtliche System in Amerika aber durchweg ehrenamtlich. Das System wird von den Bürgern unterstützt (oder auch nicht), wenn die Geber es als angemessen betrachten. In einer so gestalteten Gemeinwesenarbeit kommt der Sozialarbeiter zum Einsatz.

## 8.9 Gemeinwesenarbeiter, Sozialarbeiter und andere Professionelle im Gemeinwesen

Dadurch, daß viele Ehrenamtliche Positionen in der Gemeinwesenarbeit innehaben, wird deutlich, daß eine professionelle Kontrolle in vielen Bereichen, die der Sozialarbeiter als seine eigenen betrachtet, nur begrenzt möglich ist. In Stellenanzeigen für Positionen in der Sozialen Arbeit wird häufig nur ein „Human Relations Training" vorausgesetzt. Dies verstärkt den Glauben, daß Sozialarbeit keine besondere Profession ist. In anderen Fällen wird um die Bewerbung von Sozialarbeitern und Psychologen gebeten, ohne daß ihre unterschiedlichen Ausbildungsgänge berücksichtigt werden.

Das Problem stellt sich stärker in der Gemeinwesenarbeit als in der klinischen Sozialarbeit. Das liegt u. a. daran, daß sogar der Sozialarbeiter nur schwer die Frage beantworten kann, warum eine bestimmte Aufgabe besonders gut von einem Sozialarbeiter und nicht von einem Anwalt oder einem Soziologen ausgeführt werden kann. Der Sozialarbeiter geht davon aus, daß es sich um *seine* Stelle handelt, obwohl das in Wirklichkeit nicht der Fall ist.

Wer sich mit Gemeinwesenarbeit befaßt, kann tatsächlich bei der Unterteilung in die einzelnen Aufgabenbereiche Schwierigkeiten haben. Deshalb ist es wichtig, die „Grenzprobleme" zu lösen, die zwischen der Sozialen Arbeit und verwandten Bereichen bestehen. Die Tatsache, daß das wichtigste Ziel der Sozialen Arbeit noch keine vollständige Anwendung in der Gemeinwesenarbeit gefunden hat, liegt, zumindest teilweise, daran, daß sich die Theorie in den letzten Jahren nur langsam weiterentwickelt hat.

Die Membership-Theorie macht Aussagen über die Praxis, die sowohl in der Gemeinwesenarbeit als auch in der klinischen Sozialarbeit von Relevanz sind. An diese Feststellung schließen sich folgende Beobachtungen an.

Sowohl die Gemeinwesenarbeit als auch die klinische Sozialarbeit befaßt sich mit wesentlichen menschlichen Problemen, die gelöst werden müssen. In der klinischen Sozialarbeit handelt es sich um das persönliche Problem eines Members. Die Intervention der Sozialen Arbeit richtet sich auf die Bedürfnisse und Probleme des Klienten, die für das Zusammenleben mit anderen Menschen wichtig sind. In der Gemeinwesenarbeit findet Intervention jenseits der Bedürfnisse eines einzelnen Menschen, einer Familie oder einer Kleingruppe statt. In beiden Fällen hilft der Sozialarbeiter aber Menschen, ihr Membership zu handhaben.

In der Gemeinwesenarbeit und in der klinischen Sozialarbeit wird Wert auf die Qualität, und nicht nur die quantitativen Aspekte von Membership gelegt. Gemeinwesenarbeit findet in der Regel in Gruppen statt. Trotz unterschiedlicher Ziele, z. B. Verwaltungsaufgaben und Spendenkampagnen, handelt es sich um den *Gruppenprozeß einer Kleingruppe*. Vor diesem Hintergrund wird besonders deutlich, welchen Beitrag die professionelle Sozialarbeit in der Gemeinwesenarbeit leistet. Der methodologische Kern der Gemeinwesenarbeit ist die Kleingruppenaktivität im Kontext von Verwaltung, Planung, Spenden und Mittelzuteilung.

## 8.10 Gemeinwesenarbeit und religiöse Motivation

Du sollst das Recht des Fremdlings und der Waise nicht beugen und sollst der Witwe nicht das Kleid zum Pfand nehmen... Wenn Du auf dem Acker geerntet und eine Garbe vergessen hast auf dem Acker, so sollst du nicht umkehren, sie zu holen, sondern sie soll dem Fremdling, der Waise und der Witwe zufallen... Wenn du deinen Weinberg abgelesen hast, so sollst du nicht nachlesen; es soll dem Fremdling, der Waise und der Witwe zufallen. Denn du sollst daran denken, daß du Knecht in Ägyptenland gewesen bist.
(5. Mose 24, 17-22)

Religiöse Zugehörigkeit beeinflußt Membership im persönlichen und kommunalen Bereich. In der amerikanischen Gesellschaft sind der religiöse und der soziale Bereich eng verknüpft. Ganz abgesehen von theologischen Begründungen ist es klar, daß Religion eine gemeinschaftliche Angelegenheit mit wichtigen Membership-Elementen ist. Begriffe wie soziale Gerechtigkeit, Nächstenliebe, Gerechtigkeit und Errettung können nur in einer Gruppe Anwendung finden. Das trifft sogar auf den Geber zu, der außerhalb existierender Strukturen spendet. Das Ziel von Religion ist normativ. Das obige Zitat aus dem fünften Buch Mose ist ein grundlegendes Beispiel für die Beziehung zwischen dem religiösen und dem sozialen Bereich, da es, jenseits der normativen Elemente, die Art einer menschlichen Gemeinschaft mit ihren Rechten und Pflichten zum Ausdruck bringt.

Die Beziehungen zwischen religiösem und sozialem Bereich sind aber nicht ohne Probleme und Spannungen, die ihre Wurzeln in der Geschichte haben. Dies liegt auch an der unterschiedlichen Bewertung dieser Beziehungen in den einzelnen Religionsgemeinschaften. Coughlin (1964) weist darauf hin, daß der Protestantismus erst vor kurzer Zeit das Prinzip aufgegeben hat, daß nur das Individuum für eine gerechte Welt eintreten kann. Protestanten erkannten die Notwendigkeit eines institutionellen Engagements im sozialen Bereich. Die katholische Kirche vertritt das Prinzip der Subsidiarität, d. h. sie wird da aktiv, wo das staatliche Angebot lückenhaft ist. Hinsichtlich des Judentums weist Coughlin auf den Konflikt zwischen den säkularen und den religiösen Strömungen hin. Sie sind jedoch nicht so scharf zu trennen wie in anderen Religionen. Es stimmt, wenn Coughlin berichtet, daß sich viele Juden zu ihrer Religion bekennen, ohne sich mit theologischen und sonstigen religiösen Fragen zu beschäftigen. Die meisten Juden legen Wert auf die Zugehörigkeit zur jüdischen Gemeinschaft und auf die dazugehörigen Membership-Aspekte. Das Verhältnis zwischen Religion und Sozialer Arbeit variiert stark, denn es kommen unterschiedliche Motivationen, Zielsetzungen, Methoden und Überzeugungen zum Ausdruck.

Uns beschäftigt allerdings nicht die Frage, wie die Rolle von Religion im sozialen Bereich in Amerika genau aussieht. Uns interessiert vielmehr, wie der Gemeinwesenarbeiter mit den religiösen Aspekten von Membership-Beziehungen umgeht. Sobald man sich den Anforderungen eines religiös fundierten Ansatzes in der Sozialen Arbeit widmet, merkt man, daß man sich einer Gemeinschaft gegenüber sieht, die soziale Werte vertritt, die über die eines einzelnen Sozialarbeiters hinausragen. Der Sozialarbeiter muß sich eher dem Wertesystem einer tertiären (d. h. nicht-intimen und nicht-direkten) Gruppe anpassen als dem einer sekundären Gruppe, wie sie die Kirchengemeinde oder Synagoge darstellt. Kirchliche Wohlfahrtsorganisationen vertreten tertiäre Werte.

Im staatlichen Bereich der Sozialarbeit wird versucht, normierte Ziele, Methoden und Überzeugungen umzusetzen. Im kirchlichen Bereich zählt darüber hinaus vor allem Loyalität. Loyalität ist grundsätzlich freiwillig, besonders in Fragen von religiösem Membership und religiösen Überzeugungen. Auch wenn die kirchliche Soziale Arbeit Sozialarbeiter ohne oder aus einer anderen Konfession oder Religion beschäftigt, so ziehen sie es vor, Mitglieder ihrer eigenen Glaubensgemeinschaft zu unterstützen, die die Hilfe eines Sozialarbeiters benötigen, die also aufgrund ihrer eigenen Überzeugung den Vorstellungen und dem Dogma der Glaubensgemeinschaft gegenüber loyal sind. Anders ausgedrückt: die praktische Realisierung religiöser Überzeugungen ist mehr als eine theoretische Frage von Prinzipien. Sie umfaßt sowohl die religiösen Botschaften, die der Sozialarbeiter dem Klienten vermittelt, als auch die Loyalitäten und die Überzeugungen der Sozialarbeiter selbst.

Mit der Membership-Thematik, d. h. in diesem Fall Fragen nach Religion und Gruppenloyalität, ist die Tatsache verbunden, daß Religionsgemeinschaften fast immer gewisse Standards für die qualitativen Aspekte von Membership implizieren. Diese Aspekte zeigen, woran man einen „guten Katholiken" oder „guten Juden" erkennen könnte, so man denn einen zu Gesicht bekommt, und zwar indem sein soziales Handeln definiert wird.

In der jüdischen Tradition basiert soziales Engagement auf den Vorstellungen der Rechtschaffenheit (Zedakah) und Gemilut Hasadim. Während Rechtschaffenheit biblisch fundiert ist, weist Spiro (1984) darauf hin, daß Gemilut Hasadim kein Gebot ist, sondern mehr mit der „vorsichtigen, einfühlsamen Antwort" auf menschliche Bedürfnisse zu tun hat. So kann „Gemilut Hasadim als höchste Stufe auf der ansteigenden Linie von Zedakah angesehen werden" (S. 450). Spiros Anmerkungen sind für Membership in jeder Religion von Bedeutung, da in einer Religion nicht nur auf die Existenz von Membership, sondern auf qualitative Aspekte von Membership Wert gelegt wird. Eine Religion schreibt ein Membership-Verhalten vor, das bewertet wird und das die Qualität von sozialem Engagement beleuchtet. Anders ausgedrückt: Während die säkulare Welt ein gewisses Membership-Verhalten einfach deshalb voraussetzt, weil jeder Member in Verbindung mit anderen steht, so macht Religion eigene Aussagen über die Qualitäten eines menschlichen Lebens. Membership-Qualitäten, die in einer religiösen Tradition stehen, kommen nicht nur in primären und sekundären Gruppen zum Ausdruck, sondern ragen bis in die tertiäre Gruppe hinein, d. h. bis in die Gesellschaft, wo religiöse Werte und Normen die metaphysische Basis für Membership darstellen. In diesem Sinne verbinden sich die klinische Soziale Arbeit, die sich nur jeweils mit einem Member oder wenigen beschäftigt, und die Gemeinwesenarbeit, die der Masse Aufmerksamkeit schenkt, denn sie befassen sich letztendlich mit denselben Belangen.

## 8.11 Fazit

In diesem Kapitel wurde die Gemeinwesenarbeit aus der Sicht der Membership-Theorie betrachtet. Das Konzept des Klienten wurde angepaßt, um den Zielen der Gemeinwesenarbeit gerecht zu werden. Weitere Punkte, die zur Sprache kamen, waren empirische Aspekte von Membership und sozialer Interaktion und biologischem Verhalten, aber auch die nicht-empirische, dennoch ebenso wichtige Dynamik von Symbolisierung und Internalisierung. Die Ziele der Gemeinwesenarbeit kamen ebenso zur Sprache wie die Mitarbeit ehrenamtlicher Helfer und anderer Professioneller. Schließlich wurde auf die religiöse Motivation in der Gemeinwesenarbeit hingewiesen. Die Ziele der Sozialen Arbeit, die Mitarbeit von Professionellen und ehrenamtlichen Helfern und die Rolle der Religion wurden in Verbindung mit den vier grundlegenden Komponenten dargestellt, die Membership ausmachen: (1) soziale Interaktion; (2) biologische Funktion; (3) Symbolisierung und (4) Internalisierung.

### Literatur

Alexander, C.A. (1976). What does a representative represent? Social Work 21 (1), 5-9.
Alexander, C.A.; McCann, C. (1956). The concept of representativeness in community organization. Social Work, 1 (1), 48-52.
Assael, M.; Perez, L. (1985). The lack of national identity: A psychopathogenic factor. Journal of Psychology and Judaism, 9 (1), 5-16.
Coughlin, B.J. (1964). Church and state in social welfare. New York: Columbia University Press.

Gibson, G. (hg). (1983). Our kingdom stands of brittle glass. Silver Spring, MD: National Association of Social Workers.
Gurin, A. (1970). Community organization curriculum in graduate social work education: Report and recommendations. New York: Council on Social Work Education.
Hare, A.P. (1976). Handbook of small group research. New York: Free Press.
Jacobson, E. (1971). Depression. New York: International Universities Press.
Janis, I.L. (1972). Victims of groupthink. Boston: Houghton Mifflin.
Janis, I.L.; Mann, L. (1977). Decision making. New York: Free Press.
Keefe, T. (1976). Empathy: The critical skill. Social Work, 21 (1), 10-13.
Kernberg, O.F. (1976). Object relations theory and clinical psychoanalysis. New York: Jason Aronson.
McMillen, W. (1945). Community organization for social change. Chicago: University of Chicago Press.
Rice, A.K. (1969). Individual, group, and intergroup processes. Human Relations, 22 (6), 565-584.
Ross, M.G.; Hendry, C.E. (1957). New understandings of leadership. New York: Association Press.
Spiro, J.D. (1984). An exploration of Gemilut Hasadim. Judaism, 33 (132), 448-457.
Stogdill, R.M. (1974). Handbook of leadership. New York: Free Press.
Strean, H.S. (1985). Clinical social work: What's in a name? NASW News, 30 (8), 17.
Toseland, R.W.; Rivas, R.F. (1984). An introduction to group work practice. New York: Macmillan.
Trecker, H.B. (1950). Group process in administration. New York: Women's Press.
Trecker, H.B.; Trecker, A.R. (1952). How to work with groups. New York: Women's Press.
Weiner, H. (1977). Psychobiology and human disease. New York: Elsevier.
Weiner, H. (1982). The prospect for psychosomatic medicine. Psychosomatic Medicine, 44 (6), 491-517.
Wilensky, H.; Lebeaux, C. (1958). Industrial society and social welfare. New York: Russell Sage.

# 9 Der Sinn von Gemeinschaft: Über die Wechselseitigkeit von Membership

## 9.1 Über Membership und Gemeinschaft

Ich habe versucht zu zeigen, daß das Grundelement der Sozialen Arbeit darin besteht, dem Klienten bei der Handhabung von Membership behilflich zu sein, d. h. ihm dabei zu helfen, Aspekte seines Memberships mit anderen Menschen zu verändern. Um die konkrete Basis dieser Theorie und ihrer Bedeutung für die Soziale Arbeit darzulegen, habe ich vermieden, vom Hauptthema in spekulative, philosophische Bereiche auszuweichen.

In der Sprache von Membership zu denken und auch mit ihr zu sprechen ist nicht leicht. Es ist sehr einfach, in den Stil des individualistischen Denkens und Redens zurückzufallen. Ein hohes Maß an Disziplin ist notwendig, um dies zu vermeiden. Schuld daran ist natürlich eine kulturelle Prägung. Wer Member einer individualistischen Gesellschaft ist, findet es schwierig, sich von ihren Grundannahmen zu trennen. Menschen, die glauben, daß sie einzigartig und unabhängig sind und Anrecht auf privates Glück haben, ohne sich um die Lage anderer zu kümmern, werden ihre Meinung durch noch so viele Argumente empirischer Natur über Membership nicht ändern. Auch der Sozialarbeiter, der glaubt, daß die Entwicklung eines Menschen nach der Geburt ein individualistischer Prozeß ist, wird Individuen, Gruppen und Gemeinschaften weiterhin als unabhängige Elemente ansehen.

Überzeugungen über die geistige/psychologische Natur des menschlichen Lebens werden mehr, nicht weniger, glaubhaft, wenn sie mit Fakten untermauert werden können. Dies ist der Fall in Sachen Membership. Es gibt einen Unterschied zwischen dem Ansatz, daß jeder Mensch ein Member ist, und dem, daß sich jeder wie ein Member verhalten sollte (was in der Regel ein freundliches und hilfreiches Verhalten bedeutet). Die eigentliche Frage ist jedoch folgende: Können Menschen jemals nicht als Member handeln? Die Antwort ist eindeutig nein, da Membership jeder Form der menschlichen Existenz zugrunde liegt, unabhängig von der jeweiligen Ausprägung.

Die Klage, daß sich Menschen, wenn sie als Individuen gesehen werden, nicht immer wie Member verhalten, macht keinen Sinn. Alle Menschen verhalten sich wie Member, weil sie Member sind. Kein Mensch kann gleichzeitig Individuum und Member sein, da die Grenzen zwischen den Menschen nicht geschlossen (aber auch nicht wahllos offen) sind.

Die Integrität und Autonomie eines jeden Menschen wird in der Membership-Theorie hoch bewertet, doch immer vor dem Hintergrund, daß diese Integrität und Autonomie aus der permanenten Verbindung mit einer oder mehreren Personen herrühren. Es ist ein faktischer Fehler, wenn im Individualismus Membership auf die Ebene der freien Entscheidung reduziert wird.

Der Sozialarbeiter, der die Bedeutung des Individuums unterstreicht, sieht im Individuum auch den Baustein der Gruppe. Alle anderen Aspekte menschlicher Interaktion werden lediglich als sekundär betrachtet. Eine solche Ansicht widerspricht den Tatsachen der menschlichen Existenz, auch wenn sie aufgrund theologischer, wirtschaftlicher und anderer Gründe das bevorzugte Denk- und Handlungsmodell darstellt.

Wenn es nicht möglich ist, den Menschen aus den starren Grenzen des Individualismus zu befreien, wird ein echtes Gemeinschaftsgefühl unmöglich. Sobald aber diese Grenzen nicht mehr völlig starr sind, werden andere Elemente wichtig. Sie verändern das zuvor abgekapselte „Ich" und machen das soziale „Wir" möglich, und damit die Sozialität jeglicher menschlicher Existenz.

Die Betonung des Individuums verhindert den Blick auf gemeinschaftliche Elemente. Eine Idealisierung der Gemeinschaft um ihrer selbst muß aber ebenfalls vermieden werden. Die Gemeinschaft ist zu Greueltaten, Totalitarismus und Völkermord fähig. Es bringt nichts, die gutartigen Elemente der Gemeinschaft hervorzuheben und ihr gefährliches Potential zu ignorieren. Eine Gemeinschaft mit destruktiven Werten ist gefährlich; sie überwältigt ihre Member und zerstört einige von ihnen durch die Macht des ungebändigten Staates. Trotzdem ist es fraglos besser, die Hilflosigkeit einiger Member gegenüber Diskriminierung anzuerkennen, als zu glauben, daß eine Gemeinschaft nur in guten Zeiten existiert. An sich ist das Konzept der Gemeinschaft ebenso neutral wie das des Memberships.

Die Beziehung zwischen Gemeinschaft und Membership ist eine gegenseitig verstärkende. Sie stehen in einem zwingenden und kreisförmigen Verhältnis zueinander. Zwingend deshalb, weil Gemeinschaft und Membership gleichzeitig Mittel und Ziel sind. Das Ziel der Gemeinschaft liegt darin, daß sie um ihrer selbst willen existiert, denn ohne Membership gibt es auch kein soziales (und sonstiges) Leben. Gemeinschaft ist die Auswirkung der biologischen, sozialen, psychologischen und symbolischen Existenz. Diese Elemente stiften der Gemeinschaft und dem Membership Bedeutung. Dazu gehört das Überleben, das sich u. a. in der Hoffnung auf eine bessere Zukunft ausdrückt. Ideell und konkret besteht diese Hoffnung in der Realität von Membership. Während es in der Natur des Menschen liegt, Member zu sein, entscheiden die Member über die Qualität dessen, was die Natur zur Verfügung stellt.

Die Gemeinschaft bedeutet Leben, egal, ob sie gutartig oder schädlich ist und unabhängig von den Ereignissen und Prozessen, die ihre Qualität ausmachen. Das Gefühl der Qualität einer bestimmten Gemeinschaft ist nicht absolut, sondern hängt von gemeinsamen Werten, von den historischen Erfahrungen und von den zukünftigen Erwartungen ihrer Member ab.

## 9.2 Member oder Mitgliedsein als unteilbare Größe

Nehmen wir an, man könne über Membership frei entscheiden. Mit Hilfe dieses theoretischen Ansatzes können wir feststellen, was Membership erfordert: (1) die Erkenntnis, daß es andere Menschen gibt, (2) die Erkenntnis, daß alle von anderen abhängig sind und (3) die Fähigkeit und Bereitschaft, sich aus dem Bereich des eigenen, unabhängigen Ich hinauszubewegen.

Die Erkenntnis, daß es andere gibt und daß der Mensch von anderen abhängt, sowie die Bereitschaft, nicht in seinem Ich verhaftet zu bleiben, müssen beim Membership-Ansatz nicht erst geschaffen werden. Alle drei Elemente sind bereits gegeben, denn sie sind natürliche Elemente des menschlichen Lebens. Die eigene Bereitschaft ist hier völlig irrelevant.

Wichtig ist nicht die Frage, ob es Membership geben sollte. Es stellt sich vielmehr die Frage nach der Qualität von Membership, die sich z. B. in der Verteilung finanzieller Mittel ausdrückt. Hierauf wurde bereits in Kapitel 7 eingegangen, als wir Sozialpolitik als menschliche Handlung diskutierten. Gefühle der Entfremdung, der Isolation und unsoziales Verhalten drücken Membership aus, denn sie umfassen das Ich und andere zur selben Zeit. Dieser zentrale Aspekt von Membership muß besonders dann beachtet werden, wenn das Verhalten eines Menschen darauf hindeutet, daß er sich von anderen zurückgezogen hat und nicht mehr zur Gruppe oder Gesellschaft gehört. Folgende Fragen müssen beantwortet werden: *Wer* ist dem Member gleichgültig? *Wem* ist der Member gleichgültig? *Wem* ist er feindlich gegenüber eingestellt? Die Antwort auf all diese Fragen ist immer einer oder sind immer viele Member, einschließlich des Handelnden selbst. *Das Membership-Konzept sagt aus, daß der Member universell ist, daß jegliche Form menschlichen Lebens das Leben des Members ist.*

Es muß im Bewußtsein bleiben, daß alles, was der Klient zum Sozialarbeiter bringt, und alles, was der Sozialarbeiter dem Klient anbietet, einen sozialen Inhalt hat. Ein Member bietet an, ein anderer nimmt an. Daß Membership ein natürliches Phänomen ist, steht außer Frage. Die Qualitäten von Membership müssen hingegen permanent beobachtet werden. Die Aufgabe der Sozialen Arbeit ist es, bei der Verbesserung von Membership zu helfen.

In der Praxis der Sozialen Arbeit sind sowohl Klienten als auch Sozialarbeiter Member. Deshalb findet Soziale Arbeit mitten im täglichen Leben statt. Das wiederum bedeutet, daß alles, was ein Member erlebt, Einfluß auf andere Member haben wird, egal, ob er darüber mit dem Sozialarbeiter spricht oder nicht. In diesem Sinne ist Soziale Arbeit ein Ausdruck dessen, was Membership bedeutet und was es zur Veränderung und Verbesserung von Verhalten beitragen kann.

*Membership ist daher nicht nur eine grundlegende, sondern auch eine unteilbare Größe im Leben jedes Menschen.*

## 9.3 Membership als universeller Ansatz in der Sozialen Arbeit

In einem so breiten Berufsfeld wie dem der Sozialen Arbeit ist es unumgänglich, daß es automatisch zu einer Spezialisierung in der Praxis kommt. Es ist natürlich, daß Spezialisierung und Fachwissen in einem bestimmten Bereich zusammenfallen, in dem ein Sozialarbeiter aktiv ist und über den er mehr weiß als andere Sozialarbeiter. Spezialisierung verschleiert allerdings manchmal gemeinsame Themen. In einer interdisziplinären Umwelt kann es vorkommen, daß sich der Sozialarbeiter mehr mit anderen Professionellen identifiziert, z. B. mit einem Arzt, als mit den Grundlagen und Aufgaben seiner eigenen Profession. Membership und die Hilfe in Membership-Fragen kann diese Verzerrung aufheben, da Membership die Basis der Sozialen Arbeit darstellt, unabhängig von der Spezialisierung des einzelnen Sozialarbeiters. Das Membership-Konzept und die Definition der Sozialarbeit ist genügend generalisiert, um der Profession scharfe Konturen zu verleihen, so daß eine Vermischung mit anderen Professionen von nun an seltener auftreten kann. Auf dieser Basis wird es leichter, die Rolle der Spezialisierung zu erkennen, ohne daß die zentralen Elemente der Sozialen Arbeit unscharf werden.

Diese Aussage ist an vielen Stellen in den vorhergehenden Kapiteln belegt worden. Es wurden Beispiele aus verschiedenen Bereichen der Sozialarbeit zitiert. In einer Diskussion der Beurteilung wurde gezeigt, wie eine systematische Struktur von Bereichen erstellt werden kann, die dem Sozialarbeiter dabei hilft, seine Klienten als Member zu sehen. Die Handhabung von Gegenübertragung wurde als unumgänglich in jeder Art von Sozialer Arbeit erkannt, ohne Bezugnahme auf Spezialisierung und Arbeitsfeld. Es wurde gezeigt, daß die Handhabung von Gegenübertragung den bewußten Einsatz der eigenen Person als disziplinierte Maßnahme der Sozialarbeit zum Ausdruck bringt. In jedem Fall ist die gleiche Formulierung von Membership nötig, da alle Menschen, die an Sozialer Arbeit teilnehmen, also einschließlich des Sozialarbeiters, Member sind.

Weil alle Klienten Member sind, hat Verhalten Konsequenzen, und zwar nicht nur für den einzelnen Klienten, sondern auch für andere Menschen. Die Trennlinie zwischen dem Klienten und anderen ist keineswegs absolut, und auch wenn der Zugang von einem zum anderen bedingt ist, so ist er dennoch konstant. Aus diesem Grund muß das alte Konzept der Selbstbestimmung von dem der sozialen Selbstbestimmung abgelöst werden. Der Klient ist ein soziales Wesen, ein Member, ein Mensch mit Verbindungen.

Es ist richtig, daß der relative Zugang einer Person zu einer anderen Gefahren birgt, doch gleichzeitig gibt es auch Schutzmechanismen, vorausgesetzt, man sieht die zwischenmenschliche Beziehungen nicht wie Hobbes als *bellum omnium contra omnes* an, also als Krieg von jedem gegen jeden (Hobbes, 1950). Wahr ist, daß der offene Mensch, der zugängliche Mensch, sowohl Quelle als auch Empfänger all dessen ist, was ausgetauscht wird. Membership ist demnach ebenso potentiell gefährlich wie es beruhigend ist. Der Zugang, der Zuneigung, Hilfe und Hilfsbereitschaft zuläßt, macht auch Verletzungen, Ablehnung und Schaden möglich. In diesem Sinne ist Membership riskant. Eltern und Lehrer sind sich dieses Risikos bewußt. Es ist ein Risiko, das die Menschen gut kennen, die andere zu schützen versuchen.

Der Gemeinplatz, daß die Welt sowohl friedlich als auch gefährlich ist, zeigt, daß die Grundsätze von Membership implizit von vielen anerkannt werden. Deshalb verwundert es, daß die Sprache des Individualismus zumindest in der westlichen Welt immer noch als realitätsnah angesehen wird. Man geht von der irrigen Annahme aus, daß jeder Mensch souverän sei, mit der Konsequenz, daß das Individuum in guten und schlechten Zeiten als selbstbestimmt und eigenverantwortlich gesehen wird. Diese Vorstellung ist nicht nur in dem politischen System einiger westlicher Staaten, sondern sogar in einigen westlichen Religionen verankert. Neben wissenschaftlichen Erkenntnissen über das Leben des Menschen spielen auch soziokulturelle Determinanten eine Rolle – die nicht immer mit Fakten übereinstimmen.

## 9.4 Membership-Theorie und Methode

Die traditionelle Aufteilung der Sozialarbeitsmethodologie in Einzelarbeit, Gruppenarbeit, Organisation, Verwaltung, soziale Planung und Forschung ist nicht mehr angemessen. Membership-Arbeit befaßt sich mit jedem einzelnen Member und beachtet gleichzeitig andere Member. Die Membership-Theorie nimmt somit die Mitte der Bandbreite der Sozialen Arbeit ein, mit dem Individuum an einem Ende und dem Kollektiv am anderen. Sie verbindet wichtige Elemente beider Seiten und bringt ein neues Konstrukt hervor.

Die Membership-Theorie ist aber mehr als die Verbindung traditioneller Methoden zu einer neuen. Eine wahre Integration findet nicht auf der Ebene der Methoden, sondern auf der Ebene des Verstehens menschlichen Handelns statt. Hier kann der holistische Ansatz von Membership empirisch überprüft werden.

Die Membership-Theorie verwirft den Glauben, daß es so etwas wie „einen Fall", „eine Gruppe", oder „eine Gemeinschaft" gibt und daß man mit „ihnen" arbeitet. Alle traditionellen Konzepte überbetonen die Grenzen zwischen den Bereichen. Der wissenschaftlichen Erkenntnis, daß Grenzen halbdurchlässig sind, daß sie durch das Prinzip der Selektion gesteuert werden und daß es einen Zugang von einem Bereich zum anderen gibt, egal, ob es sich um eine Zelle, ein Gespräch, ein Symbol oder eine Persönlichkeit handelt, wird nicht Rechnung getragen. Da die Gründe für persönliche Probleme und Situationen niemals individueller, sondern sozialer Natur sind, muß die Lösung bzw. ein Lösungsansatz die sozialen Gründe beachten. Der Sozialarbeiter interveniert nicht in einem Fall, einer Gruppe oder einer Gemeinschaft. Er interveniert im Leben eines Menschen, der mit anderen Menschen zusammenlebt.

## 9.5 Membership-Theorie als Haltung

Die Membership-Haltung wird als die gewollte und gewohnte Art zu denken und zu handeln definiert, die sowohl das Ich als auch den anderen als einen kontinuierlichen Prozeß ansieht. Sowohl das Ich als auch der andere sind unverkennbare Einheiten, also Menschen mit eigener Identität, Geschichte und Zukunft. In der Membership-Theorie gehen wir davon aus, daß sich der Mensch durch seine Interdependenz auszeichnet.

Auf einer bewußten Ebene legt Membership Wert auf Zusammengehörigkeit, Gemeinschaft, ethnische Identität (anstelle von ethnischen Gegensätzen) und Verbundenheit. Aus der Sicht der Sozialen Arbeit ist der Begriff Gerechtigkeit wichtiger als der der Barmherzigkeit. Soziale Gerechtigkeit betont all das, auf das ein Member Anrecht hat, weil er eben ein Member ist. Die Vorstellung wird verworfen, daß nur die Wohlhabenden verpflichtet sind, durch Spenden oder durch Steuern für arme Menschen aufzukommen. Membership und soziale Gerechtigkeit führen zu bestimmten Verpflichtungen.

Ehrenamtliche Hilfe kann nur Mindeststandards erfüllen. Steuern für den Sozialbereich finden nur minimale Akzeptanz. Wer aufgrund eines Gefühls von Gerechtigkeit zum Geber wird, übernimmt Verantwortung für das, was recht ist. Ein solches Geben bringt Geber und Empfänger näher, wobei sich Geben nicht auf das Finanzielle beschränkt. Man kann herablassende Äußerungen vermeiden, sich um Kranke kümmern, Einsame besuchen, ein Kind auf dem Weg zur Schule und von der Schule begleiten.

Das Prinzip der Gegenseitigkeit ist ein wichtiges Element von Membership. Das freiwillige Geben wird höher eingeschätzt als das Geben unter Zwang. Das Prinzip verwirft auch die Vorstellung, die Armen hätten so wenig, daß sie nur empfangen könnten. Im Gegenteil: Sogar die Ärmsten haben ein Anrecht auf Ehre und Respekt für sich selbst und von anderen, Respekt, der darauf beruht, daß man anderen etwas geben kann, wie z. B. die eigene Person.

Membership fördert das Beste im Menschen zutage. Darum ist letztendlich jeder Sozialarbeiter bemüht. Die Fähigkeit, das Beste aus dem eigenen Membership zu machen, sollte das sein, was der Klient durch die Intervention des Sozialarbeiters lernt. Er soll in die Lage versetzt werden, diese Einsicht auf seine Beziehungen mit anderen zu übertragen und davon zu zehren, noch lange nach dem Ende der Intervention. Darin liegt der eigentliche Sinn Sozialer Arbeit.

**Literatur**

Hobbes, T. (1950). Leviathan (New American ed.). New York: E.P. Dutton.

# Nachwort des Autors zur deutschen Ausgabe

Die Membershiptheorie der Sozialen Arbeit ist eine amerikanische Schrift und zugleich eine deutsche Veröffentlichung. Das bedeutet, daß die Argumentation des Originalbuches auf die Traditionen und Diskussionen der nordamerikanischen Sozialarbeit (social work) abgestimmt ist. Die Grundgedanken der Membershiptheorie zielen aber auf etwas allgemeineres, kulturübergreifendes. Um den deutschen Lesern und Leserinnen diese Grundgedanken zugänglich zu machen, war eine Annäherung an den deutschen Sprachgebrauch und die Traditionen und Diskussionen hierzulande notwendig. Die Tatsache, daß der Versuch und das Resultat möglich waren, ist mit auf die Arbeit zweier deutscher Kollegen an der Universität-Gesamthochschule Siegen zurückzuführen, die die Erstfassung der Übersetzung von Herrn Dönch mit dem Autor, dem Übersetzer und untereinander diskutiert und an die deutsche Fachsprache und -diskussion angenähert haben. Dies sind Jürgen Zinnecker und Michael Schumann, die geduldige Übertragungsarbeit geleistet haben. Auch die zwischenmenschlichen Beziehungen spielen eine wichtige Rolle in solch einer Unternehmung. Für beides bedanke ich mich. Mein Dank gilt außerdem dem Forschungsinstitut für Geistes- und Sozialwissenschaften (figs) der Universität-Gesamthochschule Siegen, das mir eine sechsmonatige Gastprofessur im Wintersemester 1995/96 ermöglichte, was die Gelegenheit schuf, die dem Buch zugrundeliegende Theorie wiederholt einem deutschen Fachpublikum vorzutragen und dabei Möglichkeiten und Probleme der Rezeption in Deutschland genauer kennenzulernen. Nicht unerwähnt sollen die Fördermittel bleiben, die die Forschungskommission der Siegener Hochschule zur Finanzierung der Übersetzung gewährte.

Welche Hauptgedanken leiteten das vorliegende Werk?

Soziale Arbeit, wo immer sie wirkt, ist nicht an irgendeine Kultur gebunden oder an irgendeine Gesellschaft. Stattdessen begreifen wir sie als eine universale menschliche Möglichkeit. Je nachdem, wie sie sich kulturspezifisch ausdrückt, trägt sie zur Identität einer Gesellschaft oder Kultur bei. In materialistischen Gesellschaften wie den USA oder auch Deutschland wirkt der Unterschied zwischen Reich und Arm besonders stark, vor allem weil Privatbesitz als grundlegend begriffen wird – grundlegend auch in dem Sinne, daß der Mensch nach dem Wert seines privaten Besitzes gemessen und eingeschätzt wird. Der Akzent ruht hierbei gleichzeitig auf Besitz und auf privat. Der Transfer von Besitz, das Recht auf exklusiven privaten Besitz, die Individualisierung der Kontrolle von Besitz – alles dieses sind Aspekte der vielseitigen Probleme, auf die man in Ethik und Wissenschaft stößt, wenn man sich mit dem Thema Membership in der modernen Gesellschaft befaßt. In diesem Sinn liefert die Tradition des Christentums in westlichen Gesellschaften bis heute Argumente für einen Besitzindividualismus und liefert Stoff für einen moralischen Konflikt, der anscheinend nicht beigelegt werden kann. Die christliche Tradition gibt uns wie kaum eine andere Religion die Idee des Individuums, tief verwurzelt in der Hoffnung auf göttliche Erlösung in einer nichtirdischen Welt, und dadurch gekennzeichnet, daß jeder Mensch, nach christlichem Glauben, in individueller Art und allein seine Zukunft zu gestalten hat. Dieser Erlösungsindividualismus ist natürlich nur eine Version eines äußerst modernen Dualismus, wo auf der einen Seite der Begriff der christlichen Nächstenliebe seine Rolle spielt, während auf der anderen Seite Privateigentum, soziale Abgaben, Steuern, Kontrolle und Macht die Gegenmelodie spielen.

Parallel zum christlichen Einfluß auf die Entwicklung des Individualismus und die Sozialphilosophien, die Soziale Arbeit in westlichen Gesellschaften begründen und deuten, gab es eine über eintausend Jahre alte deutsch-jüdische Tradition. Sie ruhte auf den zwei biblischen Konzepten, der sozialen Gerechtigkeit einerseits und dem Glauben an eine bessere irdische Welt andererseits. Sie scheint in Deutschland nur noch gelegentlich und in zerstörter Form auf, ungeachtet aller Beseitigung von Kriegsruinen. Genau genommen hat Mitte des 20. Jahrhunderts die ganze europäische Welt – und nicht nur der sowieso nur kleine jüdische Teil – an Tiefe und Breite verloren, was das Prinzip Hoffnung und dessen philosophische Qualität angeht. Es ist praktisch nicht möglich, das Ausmaß des Verlustes abzuschätzen. Man kann ihn manchmal, Ende des Jahrhunderts, erahnen – in den desorientierten Diskussionen an den Universitäten, in der Hoffnungslosigkeit, in der Menschen manchmal leben, im wenig optimistischen Familienleben, das Millionen europäischer und nordamerikanischer Bürger heute leben.

Das 20. Jahrhundert brachte historisch gesehen sowohl die Ideale von Liberalität und Demokratie zur Geltung, als auch die Möglichkeiten von Diktatur, Krieg und unglaublicher menschlicher Zerstörung. Dieses Jahrhundert bot auch den Zeitrahmen, innerhalb dessen die moderne Soziale Arbeit ins Leben gerufen wurde. Soziale Arbeit hat sich während eines einzigen Jahrhunderts von gut motivierten, aber sehr oft wenig nützlichen Hilfebemühungen zu einer Profession entwickelt, der zusehends größere Anerkennung und Ressourcen zufließen – auch wenn sie unter dauerndem Druck steht, niemals genug Ressourcen zur Verfügung zu haben, immer mehr zu wollen, als sie in Wirklichkeit leisten kann und mit menschlichen Problemen konfrontiert zu sein, die genau genommen unlösbar sind. Und das historisch verbunden mit zwei Weltkriegen, dem Holocaust, mehreren Verlusten ganzer Generationen von Männern, die Witwen und Waisen hinterließen. Am Ende des Jahrhunderts erscheinen Menschen in vielen Ländern auf die Möglichkeit reduziert zu sein, daß jeder jeden im Namen eines liberalen Individualismus bekämpft und sich selbst vorlügt, daß das irgend etwas anderes sei als schierer Materialismus, der ein bißchen an die Ratten erinnert, die das sinkende Schiff verlassen möchten. Aber das Schiff kann nicht verlassen werden – alle sind mit allen verbunden, Freund mit Feind, Egoist mit Helfendem, Schuldiger mit Unschuldigem.

In dieser Situation sehen wir uns mit einer Membershiptheorie konfrontiert, die dem Sozialarbeiter und jedem anderen Leser begreiflich machen will, daß – was immer wir einander antun, ob mit Liebe oder mit Haß – es keinen Weg gibt, dem zu entfliehen. Auch wenn man sich persönlich rettet, nimmt man im Fluchtgepäck „den" und „die" mit, die einen nahezu zerstört haben. Und indem man versucht, mit dieser Situation im Leben zurecht zu kommen, begreift man existentiell, was Membership bedeutet.

Trotz aller Hiobsbotschaften steht Soziale Arbeit in den USA und – mit einer gewissen historischen Verzögerung – auch in Deutschland besser da als je zuvor. Sozialarbeit ist professionalisiert; sie verfügt über einen ethischen Code, der in erster Linie Klienten schützt; in ihr wird die Idee vertreten, daß abhängige Klienten Rechte besitzen und daß es die Aufgabe jedes Sozialarbeiters ist, soziale Veränderungen zu unterstützen, ja zu bewirken. Hinzu kommt der Glaube an die Würde des Menschen und sein Recht auf öffentliche Unterstützung, finanziell wie durch Dienstleistungen.

Die Sozialarbeit in den USA ist gegenwärtig in 118 amerikanischen Universitäten durch eigene Fakultäten vertreten, was dazu führt, daß über viele Aspekte der Praxis wissenschaftlich gearbeitet und geforscht wird, so daß sich auch weiterhin erhebliche Verbesserungen des wissenschaftlichen Status des Faches voraussagen lassen.

*Die Membershiptheorie der Sozialen Arbeit* steht in engem Zusammenhang mit der Tatsache, daß der Autor ein Kind des 20. Jahrhunderts ist, mit allen Höhen und Tiefen dieser leidensvollen Zeit. Weder ein Kollektivismus, der die Person ignoriert, wenn nicht verachtet, noch ein Individualismus, der die Behauptung wagt, daß Eigentum völlig „privat" sein kann, sind ethisch oder wissenschaftlich zu begründen. Das sind die Hauptthemen des Werkes. Wenn auch die ethische Problematik seit Jahrhunderten bekannt ist, so ist die wissenschaftliche Bearbeitung des Problems neu.

Dieser neuartige Versuch hat inzwischen viele amerikanische Leser die Erfahrung machen lassen, daß sie neue Aspekte in der Membershiptheorie entdecken können, daß sie durch Nachlesen und Reflektion neue Beispiele finden können, welche die Theorie bestätigen. Es gehört zu den Bauprinzipien guter Theoriebildung, daß die Theorie so kurz, sparsam und knapp formuliert werden soll wie möglich zusammen mit Beispielen, um sie verständlich werden zu lassen. Den Rest muß der Leser, der Studierende oder der Wissenschaftler selbst beitragen. Sollte sich herausstellen, daß die Membershiptheorie falsch ist oder ihre Möglichkeiten erschöpft sind, ist es Zeit, sie durch eine bessere Theorie zu ersetzen.

Hinzu kommt, daß Wissenschaft im Westen auf der (kulturgebundenen) Praxis beruht, daß Untersuchungen einzelne, vorab definierte Variablen voraussetzen und daß diese empirisch auch überprüft werden, d. h. klar umrissen, definiert und dargestellt werden können. Es ist ein kompliziertes epistemologisches und wissenschaftphilosophisches Prinzip, Realität genau und klar umschrieben darzustellen. Ganz besonders in der Sozialen Arbeit, in der menschliche Relationen und nicht nur individuelle Variablen zählen, gibt es große Schwierigkeiten, die Praxis Sozialer Arbeit in wissenschaftliche Kategorien zwingen zu wollen, die ihrem Wesen nur teilweise entsprechen.

Schließlich sind, wie im vorliegenden Text immer wieder festgestellt wird, unsere Vorstellungen von einem Individuum, welches mit völliger Autonomie und Selbstbestimmung ausgestattet wäre, obsolet. Wir haben in dem vorliegendem Werk gezeigt, daß der zentrale Focus der Membershiptheorie der Aspekt der Relation bzw. der Verbundenheit ist, nicht in einem romantischen Sinne oder im Namen eines gewissen Existentialismus, sondern ausschließlich im Kontext einer wissenschaftlichen Begründung. Auch wenn, wie schon erwähnt, der Individualismus, seine Geschichte und Wurzeln etliche Tausende von Jahren bestehen, ist es eine der Leistungen des 20. Jahrhunderts, zu zeigen, daß eine wissenschaftliche Betrachtung uns anderes lehrt. Es ist eben so, daß alles miteinander komponentiell zusammenhängt, was natürlich auch für die Soziale Arbeit gilt, das Verhältnis Sozialarbeiter-Klient. Die Schlüsselworte in dieser Beziehung sind „wir" und „uns". Die Arbeit, die Sozialarbeiter und Klient verrichten, muß verstanden werden als „unsere" Arbeit, geleitet von „unserem" Verständnis des Klienten und dem Verständnis derer, die ihm von

Bedeutung sind. In einer Gesellschaft in der alles immer wieder auf das „ich" fokussiert ist, ist es nicht leicht, die richtige Sprache zu finden, die die wahre Situation – d. h. das „wir" – zum Ausdruck bringt. Nicht zuletzt sind auch die Ressourcen, die gebraucht werden, um Klienten zu helfen, „unsere" und nicht, wie viele zu denken scheinen, die des Steuerzahlers, des privaten Spenders oder Eigentümers. Die Ressourcen werden von der Natur produziert, sind das Eigentum aller Menschen, sind „unser" Produkt und Allgemeingut, an welchem jeder einen Anteil beanspruchen kann.

Beim Lesen des vorliegenden Buches besteht die Möglichkeit, daß sich beim Leser allmählich ein Denkprozeß entwickelt, der mit der Einsicht verbunden ist, daß es ein Konzept gibt, welches den dialektischen Zwiespalt zwischen Individuum und Individuum, zwischen Kollektiv und Individuum überbrückt bzw. auflöst und die verschiedenen Aspekte integriert. Im Kontext solcher Überlegungen könnte dem Leser zum ersten Male der Begriff Membership in seiner tieferen Bedeutung vermittelt und einsichtig werden.

Sprache ernst zu nehmen bedeutet, nicht nur vom Allgemeingebrauch der Wörter auszugehen, sondern auch über ihre Schattierungen nachzudenken. Im Falle des Wortes *Member* war es erforderlich, genau abzuwägen, welcher Bedeutungsgehalt mit dem Begriff verbunden werden soll. Der Begriff Member kann in verschiedenster Weise verwendet werden. Nachdem wir alle möglichen Alternativen überdacht haben (wie Mitglied, Zugehöriger, Teil, Komponente) haben wir uns dazu entschieden, die amerikanische Wortform zu behalten, auch wenn es unser Interesse war, eine deutsche Übersetzung zu finden. Das Wort Member besagt, daß es keine absoluten Grenzen zwischen Personen gibt, daß Selbstentscheidung und Selbstentscheidungsrecht soziale Phänomene und nicht individuelle sind, eben weil es niemals wahr ist, daß ein Mensch ausschließlich für sich, unberührt von anderen oder auch für andere handeln kann. Ebenso läßt der Begriff Member es zu, über eine oder mehrere Person in identifizierbarer Art zu denken und zu sprechen, ohne andere entweder zu nennen oder vielleicht sogar auszulassen. So gesehen, bietet das Wort Flexibilität und vermeidet die Aporien, welche mit der Sprachfigur 'Teil-Ganzes' verbunden sind. Jeder Mensch ist danach eine Komponente der Menschheit, nicht ein Teil, der leicht abgespalten oder wieder ersetzt werden kann.

*Die Membershiptheorie der Sozialen Arbeit* ist ein Buch über Klienten und Sozialarbeiter. Der Zweck ist es, dem Leser zu zeigen, wie man nicht für den Klienten arbeitet, sondern mit ihm, indem man sich als professioneller Sozialarbeiter als eine Komponente begreift, die damit beschäftigt ist, Hilfen zu geben im Management von Membership. „Management" in diesem Sinne bedeutet, mit den Situationen umzugehen, mit denen man als Member unter Members zurechtkommen muß. Bei der Verwendung des Begriffes „Zurechtkommen" fehlt eine gewisse intellektuelle Eleganz; es ist eben etwas, was jeder tut und auch tun muß: Mit seiner Membership „zurechtkommen" ist etwas universales, das niemanden ausschließt, das das Alltägliche ganz besonders interessiert. In der Geschichte der Sozialen Arbeit, in Deutschland wie anderswo in der Welt, ist und war das der Schwerpunkt Sozialer

Arbeit: sich selbst und andere als Member zu begreifen als das unerschöpflich Menschliche, mit allen Leiden und Gefahren, aber auch den Freuden und der Möglichkeit des 'Sich-auf-den-anderen-Verlassens', die unser Jahrhundert prägen.

Siegen, im März 1996                                                                 Hans S. Falck

# Sachregister

Alter 29f
Ansatz, dualer 11
–, holistischer 16
Anthropologie 21
Autonomie 70

Befähigung 93
Behinderung 33f
Beobachtung 91
Beratung 93
Bericht 60
Berufswissen 76, 84
–, humane Ressourcen 77
–, soziales Handeln 78
beurteilen 101
Beurteilung 104
Beurteilungsdimension 106
Beurteilungskriterium 106
Beziehung 58, 60
–, helfende 40, 66, 80, 98
–, menschliche 33
Bindestrichvariante 15
Biologie 25, 36

Case work 6f, 9, 85

Diagnoseverfahren, medizinisches 101
Diagnostische Schule 7
Delegation 112f
–, gewählte 113
–, kategoriale 113

Ehrenamtliche Tätigkeit 119
– – in den USA 119
Eigenschaften, biologische 2
–, menschliche 1
–, psychologische 2
Einzelfallhilfe 2
Entscheidung 51, 63
–, Konsequenz von 70
–, Umgang mit 69
Entscheidungsfindung 56, 69, 115
Entscheidungsprozeß 52
Entfremdung 33
Entwicklung von Optionen 94
Ereignis 28
Evaluation 4
Evaluationsforschung 79

Fachliteratur 1
Familie 35
Feedback 101

Forschung 5, 79
Freiheit 55
Fremdheit 33
Führungspersönlichkeit 112
Führungsqualität 111
Funktionale Schule 7f

Gefühle, Umgang mit 69
Gegenübertragung 52, 83, 115, 128
Gemeinschaft 44, 55, 129
–, destruktive Werte 126
–, Idealisierung der 126
–, menschliche 29, 39
–, Membership und 126
Gemeinschaftsgefühl 126
Gemeinwesen 117
Gemeinwesenarbeit 45, 84f, 109, 121
–, Interaktion in der 110
–, Internalisierung in der 114
–, konzeptionelle Basis 110
–, methodologischer Kern 121
–, Theorie der 110
–, Ziel der 116
Gemilut Hasadim 123
Geschichte erzählen 65
Gesellschaft 3, 35, 39, 45, 75, 78
Gesellschaftsvertrag 120
Gespräch 101f
Gesundheit 4
Gruppe 3, 8, 16f, 35, 39, 44, 47, 53,
  55f, 58, 61ff, 72, 84, 99, 117, 125
–, als Membership–, Gemeinschaft 112
–, helfende 44ff, 49, 52f
–, Lernprozeß 71
–, psychosoziale Typen 48
–, primäre 48, 113
–, sekundäre 48, 113
–, tertiäre 49, 113
–, sichtbare 46
–, soziale 89
–, unsichtbare 46, 56, 63
Gruppenarbeit 71, 85
Gruppenarbeiter 3
Gruppendynamik 111
Gruppenkonflikt 111
Gruppenprozeß 111, 114

Handeln 63
Hilfe 41, 56, 64
– zur Selbsthilfe 56
Hilfsangebot 74
Hilfsersuchen 74
Hilfsorganisation 63
Hilfsprozeß 70, 83, 104

Hilfssituation 61, 71
holistisch 23

Ich 32f, 63, 126
Ich-Konzept 31
Ich-Psychologie 7
Identität 114
Individualisierungsprozeß 10
Individualismus 1ff, 11, 17, 21, 36, 39, 45, 57, 70, 79, 89, 117, 125, 128
Individualismusideologie 2
Individuum 2ff, 9ff, 16f, 34, 50, 77, 110, 125, 128
Individuum-Umwelt 12, 35, 110
–, additive Variante 14
Inszenierung 60
Integrität 29
Interaktion 5, 11, 26, 28, 30, 34, 36, 52, 62
–, soziale 26, 54f, 66, 112
Interaktionsprozeß 50, 88
Internalisierung 30ff, 66, 114
– von Objektrelationen 28, 30f
Interpretation 95
Intervention 4, 52, 56f, 65, 79, 84, 89, 98, 100f, 106, 130
– soziale 89, 97
Intuition 101

Judentum 122

Kirche, katholische 122
Kleingruppe 35
Klient 39, 42, 46f, 50, 55f, 58, 63f
– als Berichterstatter 59
– – Darsteller seiner Vergangenheit 60
– – Planer 61
–, Bedürfnis des 42
–, Fähigkeit des 44, 89
–, Kompetenz des 65
–, Rolle 65, 103
–, Verhalten des 52, 76
–, werden 64
–, Zugangsmechanismus 44
Klientel 3
Klient-Helfer-Beziehung 64
–, Dimensionen 62
–, Grundlagen 55
Klientsein 103
–, Fertigkeit 71
Kollektivismus 21
Kompetenz 42
Konfrontation 92
Krankheit 4, 53, 89
–, psychische 77
Kultur 28

Lebensereignis 30
Lebenslauf 30
Lebenszyklus 29f
Leiden 24

Machtverhältnis 33
Management 41
Mediator 8
Member 21ff, 26, 29ff, 34f, 39, 44f, 48, 52f, 63f, 78, 118, 125
Membership 17, 21, 23, 32ff, 40, 42, 61, 63, 66, 125
– als Bedeutung 28
– – intrapsychischer Prozeß 30
– – sozialer Prozeß 26
– – universelles Prinzip 50
– – unteilbare Größe 127
–, Art von 50
–, bedingte Zugänglichkeit 24
–, dauerhaftes Verbundensein 23, 32f
–, Handhabung von 73, 89f, 118, 121, 125
–, holistischer Ansatz 129
–, Management von 41
–, metaphysische Basis 123
–, negatives 33
–, positives 32
–, Qualität von 127
–, religiöse Tradition 123
–, Tatsache von 50
–, Verbesserung von 127
–, „Wir" im Membership 67
–, zweideutiges 34
Membership-Arbeit 46
Membership-Beziehung 27f, 32ff, 39, 65
–, religiöser Aspekt von 122
Membership-Eigenschaften 33f, 42
Membership-Gitter 35
Membership-Haltung 129
Membership-Handeln 25, 32
Membership-Konzept 49, 55
Membership-Methode 53
Membership-Perspektive 2, 16
–, in der Gemeinwesenarbeit 110
Membership-Prinzip 36
Membership-Rolle 71
Membership-Theorie 21, 27, 31f, 39, 50f, 59, 70, 75, 79, 98, 103
–, empirische Basis 83
Membership-Verhalten 21, 52, 64
Menschenführung, Theorie der 111
Methode 85, 100
Methodologie 85
Mitgliedsein 34
Minderheiten, ethnische 33
Modell, duales 1f
–, holostisches 8
–, ökologisches 7
Moral 51

Netzwerk 4

Objekt 31
Objektrelation 31f
Objektrelationstheorie 31
–, psychoanalytische 31, 54

Öffentlichkeit 45
Ökologie 11, 78
Option, Entwicklung von 94

Permanente Verbundenheit 35
Persönlichkeitsdynamik 31, 52
Persönlichkeit 76
–, biologische Elemente 52
–, soziale Elemente 52
Perspektive, soziokulturell 97
Planung 61
Politik 39
Praxis, sozialarbeiterische 43, 51
Prinzip der Gegenseitigkeit 129
–, praktisches 51
Profession 40, 42, 81, 127
Professionalität 41, 72
Protestantismus 122
Prozeß, helfender 44
Psychoanalyse 11
psychoanalytische Theorie 31

Rassenfrage 33
Rationalität 81
Rechtschaffenheit (Zedakah) 123
Religion 121
Ressourcen 41, 118

Schweigepflicht 42
Selbstbestimmung 52
–, Recht auf 50
–, soziale 55
Selbstdisziplin 50f, 84, 116
Selbsthilfe 55f, 71
–, Hilfe zur 56
–, soziale 55
Selbsthilferolle 56
sozial 50, 52, 117
Sozialarbeiter 39, 42, 46, 50f, 56, 59
– als Gruppenleiter 112
– – Member 84f
–, methodisches Handeln 83
–, professioneller 65, 101
–, Rolle des 73, 75
–, sozialarbeiterisches Handeln 73
–, Verhaltensmuster 80
Sozialarbeiter und Klient 47, 49, 52, 55ff, 62
– – –, Beurteilen 100
– – –, Beurteilung der Zusammenarbeit 105
– – –, Bewertung der Beziehung 105
– – –, Beziehung 40, 58
– – –, Funktionen 88
– – –, gegenseitige Intervention 88
– – –, gemeinsame Arbeit 99
– – –, Kommunikation 66, 88
– – –, Kontrolle 100
– – –, Zusammenarbeit 53, 100
sozialarbeiterische Praxis 43, 51
Sozialarbeitsethik 5

Sozialarbeitsforschung 5
Sozialarbeitstheorie und -praxis 2
Sozialbereich 109
Soziale Arbeit 1ff, 7, 8, 9, 39f, 42, 44f,, 51, 55f
– – als Kunst 77
– – – wissenschaftliche Profession 81
– –, anthropologische Grundlagen 2
– –, Aufgabe der 74
– –, Aufgabenorientierung der 75
– –, Berufsproblem in der 112
– –, Beziehung 56f
– –, Effizienz 57
– –, Gegenstand 41
– –, Interaktionstechnik 91
– –, klinisch orientierte 77, 82f, 97, 109f, 121
– –, Methodologie 53, 128
– –, Möglichkeit und Reichweite 74
– –, moralphilosophische Basis 70
– –, nichtklinische 63
– –, Praxis 9, 40
– –, professionelle 36, 82, 118
– –, Spezialisierung 127
– –, Theorie 6, 9, 82, 85
– –, Wissen 85
– –, wissenschaftlicher Einfluß 82
soziale Einrichtung 39, 42
– Erfahrung 63
– Gerechtigkeit 129
– Gruppenarbeit 8f, 79
– Interaktion 26, 54f, 66, 112
– Intervention 89, 97
– –, Stile 90
– Planung 74
– Rolle 65
– Struktur 5, 33, 63
– Ungerechtigkeit 34
sozialer Kontext 10
soziales Engagement 123
– Problem 41f
– Umfeld 3
Sozialpolitik 78
Sozialpsychologie 63
Sozialwesen 40, 45
Sozialwissenschaft 36
–, angewandte 77
Spiegelkonzept 70
Subkultur 28
Symbole 28
symbolische Interaktionstheorie 63
Symbolisierung 28, 30, 51, 66, 112, 114
Systemtheorie 10, 15ff

Teil-Ganzes Variante 15
Theoriediskussion 6
Therapie 45
–, psychosoziale 7
Tradition, jüdische 123
–, religiöse 123
Trauer 66f

Übertragung 60, 83, 115
Umwelt 5ff, 10ff, 16, 78, 110, 117
Unterschicht 33

Variante der Vermittlung 15
Verantwortung 70
Verbindung, konstante 26
Verbundenheit, konstante 25, 28f, 31, 72, 76, 79
–, menschliche 36
Vergewisserung 91
Verhalten des Klienten 52
– – –, menschliches 21, 29, 36
– – –, Strukturanalyse sozialen 31
Verhaltenskodex 5

Verhaltensregeln 42
Verleugnen 67
Verlust 67
Verlusterfahrung 66

Wir 126
Wir-Aspekt 32
Wissen, professionelles 50
Wissensbestände 82

Zugang, bedingter 25, 28f, 33, 76, 79
–, begrenzter 72
Zugangskriterium 42
Zugehörigkeitsgefühl 32

Bei Fragen zur Produktsicherheit wenden Sie sich bitte an:
If you have any questions regarding product safety,
please contact:

Walter de Gruyter GmbH
Genthiner Straße 13
10785 Berlin
productsafety@degruyterbrill.com